INDONESISCH

WOORDENSCHAT

THEMATISCHE WOORDENLIJST

NEDERLANDS
INDONESISCH

De meest bruikbare woorden
Om uw woordenschat uit te breiden en
uw taalvaardigheid aan te scherpen

9000 woorden

Thematische woordenschat Nederlands-Indonesisch - 9000 woorden

Door Andrey Taranov

Woordenlijsten van T&P Books zijn bedoeld om u woorden van een vreemde taal te helpen leren, onthouden, en bestudering. Dit woordenboek is ingedeeld in thema's en behandelt alle belangrijk terreinen van het dagelijkse leven, bedrijven, wetenschap, cultuur, etc.

Het proces van het leren van woorden met behulp van de op thema's gebaseerde aanpak van T&P Books biedt u de volgende voordelen:

- Correct gegroepeerde informatie is bepalend voor succes bij opeenvolgende stadia van het leren van woorden
- De beschikbaarheid van woorden die van dezelfde stam zijn maakt het mogelijk om woordgroepen te onthouden (in plaats van losse woorden)
- Kleine groepen van woorden faciliteren het proces van het aanmaken van associatieve verbindingen, die nodig zijn bij het consolideren van de woordenschat
- Het niveau van talenkennis kan worden ingeschat door het aantal geleerde woorden

T&P Books Publishing
www.tpbooks.com

ISBN: 978-1-78616-491-9

Dit boek is ook beschikbaar in e-boek formaat.
Gelieve www.tpbooks.com te bezoeken of de belangrijkste online boekwinkels.

INDONESISCHE WOORDENSCHAT
nieuwe woorden leren

T&P Books woordenlijsten zijn bedoeld om u te helpen vreemde woorden te leren, te onthouden, en te bestuderen. De woordenschat bevat meer dan 9000 veel gebruikte woorden die thematisch geordend zijn.

- De woordenlijst bevat de meest gebruikte woorden
- Aanbevolen als aanvulling bij welke taalcursus dan ook
- Voldoet aan de behoeften van de beginnende en gevorderde student in vreemde talen
- Geschikt voor dagelijks gebruik, bestudering en zelftestactiviteiten
- Maakt het mogelijk om uw woordenschat te evalueren

Bijzondere kenmerken van de woordenschat

- De woorden zijn gerangschikt naar hun betekenis, niet volgens alfabet
- De woorden worden weergegeven in drie kolommen om bestudering en zelftesten te vergemakkelijken
- Woorden in groepen worden verdeeld in kleine blokken om het leerproces te vergemakkelijken
- De woordenschat biedt een handige en eenvoudige beschrijving van elk buitenlands woord

De woordenschat bevat 256 onderwerpen zoals:

Basisconcepten, getallen, kleuren, maanden, seizoenen, meeteenheden, kleding en accessoires, eten & voeding, restaurant, familieleden, verwanten, karakter, gevoelens, emoties, ziekten, stad, dorp, bezienswaardigheden, winkelen, geld, huis, thuis, kantoor, werken op kantoor, import & export, marketing, werk zoeken, sport, onderwijs, computer, internet, gereedschap, natuur, landen, nationaliteiten en meer ...

INHOUDSOPGAVE

UITSPRAAKGIDS

Letter	Indonesisch voorbeeld	T&P fonetisch alfabet	Nederlands voorbeeld
Aa	zaman	[a]	acht
Bb	besar	[b]	hebben
Cc	kecil, cepat	[ʧ]	Tsjechië, cello
Dd	dugaan	[d]	Dank u, honderd
Ee	segera, mencium	[e], [ə]	zeven, zesde
Ff	berfungsi	[f]	feestdag, informeren
Gg	juga, lagi	[g]	goal, tango
Hh	hanya, bahwa	[h]	het, herhalen
Ii	izin, sebagai ganti	[i], [j]	bidden, januari
Jj	setuju, ijin	[ʤ']	jeans, gin
Kk	kemudian, tidak	[k], [']	kennen, glottisslag
Ll	dilarang	[l]	delen, luchter
Mm	melihat	[m]	morgen, etmaal
Nn	berenang	[n], [ŋ]	nemen, optelling
Oo	toko roti	[o:]	rood, knoop
Pp	peribahasa	[p]	parallel, koper
Qq	Aquarius	[k]	kennen, kleur
Rr	ratu, riang	[r]	trillende [r]
Ss	sendok, syarat	[s], [ʃ]	spreken, shampoo
Tt	tamu, adat	[t]	tomaat, taart
Uu	ambulans	[u]	hoed, doe
Vv	renovasi	[v]	beloven, schrijven
Ww	pariwisata	[w]	twee, willen
Xx	boxer	[ks]	links, maximaal
Yy	banyak, syarat	[j]	New York, januari
Zz	zamrud	[z]	zeven, zesde

Lettercombinaties

aa	maaf	[aʔa]	a+glottisslag
kh	khawatir	[h]	het, herhalen
th	Gereja Lutheran	[t]	tomaat, taart
-k	tidak	[']	glottisslag

AFKORTINGEN
gebruikt in de woordenschat

Nederlandse afkortingen

abn	-	als bijvoeglijk naamwoord
bijv.	-	bijvoorbeeld
bn	-	bijvoeglijk naamwoord
bw	-	bijwoord
enk.	-	enkelvoud
enz.	-	enzovoort
form.	-	formele taal
inform.	-	informele taal
mann.	-	mannelijk
mil.	-	militair
mv.	-	meervoud
on.ww.	-	onovergankelijk werkwoord
ontelb.	-	ontelbaar
ov.	-	over
ov.ww.	-	overgankelijk werkwoord
telb.	-	telbaar
vn	-	voornaamwoord
vrouw.	-	vrouwelijk
vw	-	voegwoord
vz	-	voorzetsel
wisk.	-	wiskunde
ww	-	werkwoord

Nederlandse artikelen

de	-	gemeenschappelijk geslacht
de/het	-	gemeenschappelijk geslacht, onzijdig
het	-	onzijdig

BASISBEGRIPPEN

Basisbegrippen Deel 1

1. Voornaamwoorden

ik	saya, aku	[saja], [aku]
jij, je	engkau, kamu	[eŋkau], [kamu]
hij, zij, het	beliau, dia, ia	[beliau], [dia], [ia]
wij, we	kami, kita	[kami], [kita]
jullie	kalian	[kalian]
U (form., enk.)	Anda	[anda]
U (form., mv.)	Anda sekalian	[anda sekalian]
zij, ze	mereka	[mereka]

2. Begroetingen. Begroetingen. Afscheid

Hallo! Dag!	Halo!	[halo!]
Hallo!	Halo!	[halo!]
Goedemorgen!	Selamat pagi!	[slamat pagi!]
Goedemiddag!	Selamat siang!	[slamat siaŋ!]
Goedenavond!	Selamat sore!	[slamat sore!]
gedag zeggen (groeten)	menyapa	[mənjapa]
Hoi!	Hai!	[hey!]
groeten (het)	sambutan, salam	[sambutan], [salam]
verwelkomen (ww)	menyambut	[mənjambut]
Hoe gaat het?	Apa kabar?	[apa kabar?]
Is er nog nieuws?	Apa yang baru?	[apa yaŋ baru?]
Tot ziens! (form.)	Selamat tinggal!	[slamat tiŋgal!],
	Selamat jalan!	[slamat dʒ'alan!]
Doei!	Dadah!	[dadah!]
Tot snel! Tot ziens!	Sampai bertemu lagi!	[sampaj bərtemu lagi!]
Vaarwel! (inform.)	Sampai jumpa!	[sampaj dʒ'umpa!]
Vaarwel! (form.)	Selamat tinggal!	[slamat tiŋgal!]
afscheid nemen (ww)	berpamitan	[bərpamitan]
Tot kijk!	Sampai nanti!	[sampaj nanti!]
Dank u!	Terima kasih!	[tərima kasih!]
Dank u wel!	Terima kasih banyak!	[tərima kasih banja'!]
Graag gedaan	Kembali! Sama-sama!	[kembali!], [sama-sama!]
Geen dank!	Kembali!	[kembali!]
Geen moeite.	Kembali!	[kembali!]
Excuseer me, ...	Maaf, ...	[ma'af, ...]
excuseren (verontschuldigen)	memaafkan	[mema'afkan]

zich verontschuldigen	meminta maaf	[meminta ma'af]
Mijn excuses.	Maafkan saya	[ma'afkan saja]
Het spijt me!	Maaf!	[ma'af!]
vergeven (ww)	memaafkan	[mema'afkan]
Maakt niet uit!	Tidak apa-apa!	[tida' apa-apa!]
alsjeblieft	tolong	[toloŋ]

Vergeet het niet!	Jangan lupa!	[dʒ'aŋan lupa!]
Natuurlijk!	Tentu!	[tentu!]
Natuurlijk niet!	Tentu tidak!	[tentu tida'!]
Akkoord!	Baiklah! Baik!	[bajklah!], [baj'!]
Zo is het genoeg!	Cukuplah!	[tʃukuplah!]

3. Hoe aan te spreken

Excuseer me, ...	Maaf, ...	[ma'af, ...]
meneer	tuan	[tuan]
mevrouw	nyonya	[nenja]
juffrouw	nona	[nona]
jongeman	nak	[na']
jongen	nak, bocah	[nak], [botʃah]
meisje	nak	[na']

4. Kardinale getallen. Deel 1

nul	nol	[nol]
een	satu	[satu]
twee	dua	[dua]
drie	tiga	[tiga]
vier	empat	[empat]

vijf	lima	[lima]
zes	enam	[enam]
zeven	tujuh	[tudʒ'uh]
acht	delapan	[delapan]
negen	sembilan	[sembilan]

tien	sepuluh	[sepuluh]
elf	sebelas	[sebelas]
twaalf	dua belas	[dua belas]
dertien	tiga belas	[tiga belas]
veertien	empat belas	[empat belas]

vijftien	lima belas	[lima belas]
zestien	enam belas	[enam belas]
zeventien	tujuh belas	[tudʒ'uh belas]
achttien	delapan belas	[delapan belas]
negentien	sembilan belas	[sembilan belas]

twintig	dua puluh	[dua puluh]
eenentwintig	dua puluh satu	[dua puluh satu]
tweeëntwintig	dua puluh dua	[dua puluh dua]

drieëntwintig	dua puluh tiga	[dua puluh tiga]
dertig	tiga puluh	[tiga puluh]
eenendertig	tiga puluh satu	[tiga puluh satu]
tweeëndertig	tiga puluh dua	[tiga puluh dua]
drieëndertig	tiga puluh tiga	[tiga puluh tiga]

veertig	empat puluh	[empat puluh]
eenenveertig	empat puluh satu	[empat puluh satu]
tweeënveertig	empat puluh dua	[empat puluh dua]
drieënveertig	empat puluh tiga	[empat puluh tiga]

vijftig	lima puluh	[lima puluh]
eenenvijftig	lima puluh satu	[lima puluh satu]
tweeënvijftig	lima puluh dua	[lima puluh dua]
drieënvijftig	lima puluh tiga	[lima puluh tiga]

zestig	enam puluh	[enam puluh]
eenenzestig	enam puluh satu	[enam puluh satu]
tweeënzestig	enam puluh dua	[enam puluh dua]
drieënzestig	enam puluh tiga	[enam puluh tiga]

zeventig	tujuh puluh	[tudʒuh puluh]
eenenzeventig	tujuh puluh satu	[tudʒuh puluh satu]
tweeënzeventig	tujuh puluh dua	[tudʒuh puluh dua]
drieënzeventig	tujuh puluh tiga	[tudʒuh puluh tiga]

tachtig	delapan puluh	[delapan puluh]
eenentachtig	delapan puluh satu	[delapan puluh satu]
tweeëntachtig	delapan puluh dua	[delapan puluh dua]
drieëntachtig	delapan puluh tiga	[delapan puluh tiga]

negentig	sembilan puluh	[sembilan puluh]
eenennegentig	sembulan puluh satu	[sembulan puluh satu]
tweeënnegentig	sembilan puluh dua	[sembilan puluh dua]
drieënnegentig	sembilan puluh tiga	[sembilan puluh tiga]

5. Kardinale getallen. Deel 2

honderd	seratus	[seratus]
tweehonderd	dua ratus	[dua ratus]
driehonderd	tiga ratus	[tiga ratus]
vierhonderd	empat ratus	[empat ratus]
vijfhonderd	lima ratus	[lima ratus]

zeshonderd	enam ratus	[enam ratus]
zevenhonderd	tujuh ratus	[tudʒuh ratus]
achthonderd	delapan ratus	[delapan ratus]
negenhonderd	sembilan ratus	[sembilan ratus]

duizend	seribu	[seribu]
tweeduizend	dua ribu	[dua ribu]
drieduizend	tiga ribu	[tiga ribu]
tienduizend	sepuluh ribu	[sepuluh ribu]
honderdduizend	seratus ribu	[seratus ribu]

miljoen (het)	juta	[dʒⁱuta]
miljard (het)	miliar	[miliar]

6. Ordinale getallen

eerste (bn)	pertama	[pərtama]
tweede (bn)	kedua	[kedua]
derde (bn)	ketiga	[ketiga]
vierde (bn)	keempat	[keempat]
vijfde (bn)	kelima	[kelima]

zesde (bn)	keenam	[keenam]
zevende (bn)	ketujuh	[ketudʒⁱuh]
achtste (bn)	kedelapan	[kedelapan]
negende (bn)	kesembilan	[kesembilan]
tiende (bn)	kesepuluh	[kesepuluh]

7. Getallen. Breuken

breukgetal (het)	pecahan	[petʃahan]
half	seperdua	[seperdua]
een derde	sepertiga	[sepertiga]
kwart	seperempat	[seperempat]

een achtste	seperdelapan	[seperdelapan]
een tiende	sepersepuluh	[sepersepuluh]
twee derde	dua pertiga	[dua pertiga]
driekwart	tiga perempat	[tiga perempat]

8. Getallen. Eenvoudige berekeningen

aftrekking (de)	pengurangan	[peŋuraŋan]
aftrekken (ww)	mengurangkan	[məŋuraŋkan]
deling (de)	pembagian	[pembagian]
delen (ww)	membagi	[membagi]

optelling (de)	penambahan	[penambahan]
erbij optellen	menambahkan	[mənambahkan]
(bij elkaar voegen)		
optellen (ww)	menambahkan	[mənambahkan]
vermenigvuldiging (de)	pengalian	[peŋalian]
vermenigvuldigen (ww)	mengalikan	[məŋalikan]

9. Getallen. Diversen

cijfer (het)	angka	[aŋka]
nummer (het)	nomor	[nomor]
telwoord (het)	kata bilangan	[kata bilaŋan]

minteken (het)	minus	[minus]
plusteken (het)	plus	[plus]
formule (de)	rumus	[rumus]

berekening (de)	perhitungan	[pərhituŋan]
tellen (ww)	menghitung	[məŋhituŋ]
bijrekenen (ww)	menghitung	[məŋhituŋ]
vergelijken (ww)	membandingkan	[membandiŋkan]

Hoeveel?	Berapa?	[bərapa?]
som (de), totaal (het)	jumlah	[dʒʲumlah]
uitkomst (de)	hasil	[hasil]
rest (de)	sisa, baki	[sisa], [baki]

enkele (bijv. ~ minuten)	beberapa	[beberapa]
weinig (bw)	sedikit	[sedikit]
restant (het)	selebihnya, sisanya	[selebihnja], [sisanja]
anderhalf	satu setengah	[satu seteŋah]
dozijn (het)	lusin	[lusin]

middendoor (bw)	dua bagian	[dua bagian]
even (bw)	rata	[rata]
helft (de)	setengah	[seteŋah]
keer (de)	kali	[kali]

10. De belangrijkste werkwoorden. Deel 1

aanbevelen (ww)	merekomendasi	[merekomendasi]
aandringen (ww)	mendesak	[məndesaʔ]
aankomen (per auto, enz.)	datang	[dataŋ]
aanraken (ww)	menyentuh	[mənjentuh]
adviseren (ww)	menasihati	[mənasihati]

afdalen (on.ww.)	turun	[turun]
afslaan (naar rechts ~)	membelok	[membeloʔ]
antwoorden (ww)	menjawab	[məndʒʲawab]
bang zijn (ww)	takut	[takut]
bedreigen (bijv. met een pistool)	mengancam	[mənantʃam]

bedriegen (ww)	menipu	[mənipu]
beëindigen (ww)	mengakhiri	[məŋahiri]
beginnen (ww)	memulai, membuka	[memulaj], [membuka]
begrijpen (ww)	mengerti	[məŋerti]
beheren (managen)	memimpin	[memimpin]

beledigen (met scheldwoorden)	menghina	[məŋhina]
beloven (ww)	berjanji	[bərdʒʲandʒʲi]
bereiden (koken)	memasak	[memasaʔ]
bespreken (spreken over)	membicarakan	[membitʃarakan]

| bestellen (eten ~) | memesan | [memesan] |
| bestraffen (een stout kind ~) | menghukum | [məŋhukum] |

17

betalen (ww)	membayar	[membajar]
betekenen (beduiden)	berarti	[bərarti]
betreuren (ww)	menyesal	[mənjesal]

bevallen (prettig vinden)	suka	[suka]
bevelen (mil.)	memerintahkan	[memerintahkan]
bevrijden (stad, enz.)	membebaskan	[membebaskan]
bewaren (ww)	menyimpan	[mənjimpan]
bezitten (ww)	memiliki	[memiliki]

bidden (praten met God)	bersembahyang, berdoa	[bərsembahjaŋ], [bərdoa]
binnengaan (een kamer ~)	masuk, memasuki	[masuk], [memasuki]
breken (ww)	memecahkan	[memetʃahkan]
controleren (ww)	mengontrol	[məŋontrol]
creëren (ww)	menciptakan	[məntʃiptakan]

deelnemen (ww)	turut serta	[turut serta]
denken (ww)	berpikir	[bərpikir]
doden (ww)	membunuh	[membunuh]
doen (ww)	membuat	[membuat]
dorst hebben (ww)	haus	[haus]

11. De belangrijkste werkwoorden. Deel 2

een hint geven	memberi petunjuk	[memberi petundʒiuʔ]
eisen (met klem vragen)	menuntut	[mənuntut]
excuseren (vergeven)	memaafkan	[mema'afkan]
existeren (bestaan)	ada	[ada]
gaan (te voet)	berjalan	[bərdʒialan]

gaan zitten (ww)	duduk	[duduʔ]
gaan zwemmen	berenang	[bərenaŋ]
geven (ww)	memberi	[memberi]
glimlachen (ww)	tersenyum	[tərsenyum]
goed raden (ww)	menerka	[mənerka]

grappen maken (ww)	bergurau	[bərgurau]
graven (ww)	menggali	[məŋgali]

hebben (ww)	mempunyai	[mempunjaj]
helpen (ww)	membantu	[membantu]
herhalen (opnieuw zeggen)	mengulangi	[məŋulaŋi]
honger hebben (ww)	lapar	[lapar]

hopen (ww)	berharap	[bərharap]
horen	mendengar	[məndeŋar]
(waarnemen met het oor)		
huilen (wenen)	menangis	[mənaŋis]
huren (huis, kamer)	menyewa	[mənjewa]
informeren (informatie geven)	menginformasikan	[məŋinformasikan]
instemmen (akkoord gaan)	setuju	[setudʒiu]
jagen (ww)	berburu	[bərburu]
kennen (kennis hebben	kenal	[kenal]
van iemand)		

| kiezen (ww) | memilih | [memilih] |
| klagen (ww) | mengeluh | [məŋeluh] |

kosten (ww)	berharga	[bərharga]
kunnen (ww)	bisa	[bisa]
lachen (ww)	tertawa	[tərtawa]
laten vallen (ww)	tercecer	[tərʧeʧer]
lezen (ww)	membaca	[membaʧa]

liefhebben (ww)	mencintai	[mənʧintaj]
lunchen (ww)	makan siang	[makan siaŋ]
nemen (ww)	mengambil	[məŋambil]
nodig zijn (ww)	dibutuhkan	[dibutuhkan]

12. De belangrijkste werkwoorden. Deel 3

onderschatten (ww)	meremehkan	[meremehkan]
ondertekenen (ww)	menandatangani	[mənandataŋani]
ontbijten (ww)	sarapan	[sarapan]
openen (ww)	membuka	[membuka]
ophouden (ww)	menghentikan	[məŋhentikan]
opmerken (zien)	memperhatikan	[memperhatikan]

opscheppen (ww)	membual	[membual]
opschrijven (ww)	mencatat	[mənʧatat]
plannen (ww)	merencanakan	[merenʧanakan]
prefereren (verkiezen)	lebih suka	[lebih suka]
proberen (trachten)	mencoba	[mənʧoba]
redden (ww)	menyelamatkan	[mənjelamatkan]

rekenen op ...	mengharapkan ...	[məŋharapkan ...]
rennen (ww)	lari	[lari]
reserveren	memesan	[memesan]
(een hotelkamer ~)		
roepen (om hulp)	memanggil	[memaŋgil]
schieten (ww)	menembak	[mənembaʔ]
schreeuwen (ww)	berteriak	[bərteriaʔ]

schrijven (ww)	menulis	[mənulis]
souperen (ww)	makan malam	[makan malam]
spelen (kinderen)	bermain	[bərmajn]
spreken (ww)	berbicara	[bərbiʧara]
stelen (ww)	mencuri	[mənʧuri]
stoppen (pauzeren)	berhenti	[bərhenti]

studeren (Nederlands ~)	mempelajari	[mempeladʒʲari]
sturen (zenden)	mengirim	[məŋirim]
tellen (optellen)	menghitung	[məŋhituŋ]
toebehoren ...	kepunyaan ...	[kepunjaʔan ...]
toestaan (ww)	mengizinkan	[məŋizinkan]
tonen (ww)	menunjukkan	[mənundʒʲuʔkan]

| twijfelen (onzeker zijn) | ragu-ragu | [ragu-ragu] |
| uitgaan (ww) | keluar | [keluar] |

uitnodigen (ww)	mengundang	[məŋundaŋ]
uitspreken (ww)	melafalkan	[melafalkan]
uitvaren tegen (ww)	memarahi, menegur	[memarahi], [menegur]

13. De belangrijkste werkwoorden. Deel 4

vallen (ww)	jatuh	[dʒʲatuh]
vangen (ww)	menangkap	[mənaŋkap]
veranderen (anders maken)	mengubah	[məŋubah]
verbaasd zijn (ww)	heran	[heran]
verbergen (ww)	menyembunyikan	[mənjembunjikan]

verdedigen (je land ~)	membela	[membela]
verenigen (ww)	menyatukan	[mənjatukan]
vergelijken (ww)	membandingkan	[membandiŋkan]
vergeten (ww)	melupakan	[melupakan]
vergeven (ww)	memaafkan	[memaʔafkan]

verklaren (uitleggen)	menjelaskan	[məndʒʲelaskan]
verkopen (per stuk ~)	menjual	[məndʒʲual]
vermelden (praten over)	menyebut	[mənjebut]
versieren (decoreren)	menghiasi	[məŋhiasi]
vertalen (ww)	menerjemahkan	[mənerdʒʲemahkan]

vertrouwen (ww)	mempercayai	[mempertʃajaj]
vervolgen (ww)	meneruskan	[məneruskan]
verwarren (met elkaar ~)	bingung membedakan	[biŋuŋ membedakan]
verzoeken (ww)	meminta	[meminta]
verzuimen (school, enz.)	absen	[absen]

vinden (ww)	menemukan	[mənemukan]
vliegen (ww)	terbang	[tərbaŋ]
volgen (ww)	mengikuti ...	[məŋikuti ...]
voorstellen (ww)	mengusulkan	[məŋusulkan]
voorzien (verwachten)	menduga	[mənduga]
vragen (ww)	bertanya	[bərtanja]

waarnemen (ww)	mengamati	[məŋamati]
waarschuwen (ww)	memperingatkan	[memperiŋatkan]
wachten (ww)	menunggu	[mənuŋgu]
weerspreken (ww)	keberatan	[keberatan]
weigeren (ww)	menolak	[mənolaʔ]

werken (ww)	bekerja	[bekerdʒʲa]
weten (ww)	tahu	[tahu]
willen (verlangen)	mau, ingin	[mau], [iŋin]
zeggen (ww)	berkata	[bərkata]
zich haasten (ww)	tergesa-gesa	[tərgesa-gesa]

zich interesseren voor ...	menaruh minat pada ...	[mənaruh minat pada ...]
zich vergissen (ww)	salah	[salah]
zich verontschuldigen	meminta maaf	[meminta maʔaf]
zien (ww)	melihat	[melihat]
zijn (leraar ~)	ialah, adalah	[ialah], [adalah]

zijn (op dieet ~)	sedang	[sedaŋ]
zoeken (ww)	mencari ...	[mənʧari ...]
zwemmen (ww)	berenang	[bərenaŋ]
zwijgen (ww)	diam	[diam]

14. Kleuren

kleur (de)	warna	[warna]
tint (de)	nuansa	[nuansa]
kleurnuance (de)	warna	[warna]
regenboog (de)	pelangi	[pelaŋi]

wit (bn)	putih	[putih]
zwart (bn)	hitam	[hitam]
grijs (bn)	kelabu	[kelabu]

groen (bn)	hijau	[hiʤʲau]
geel (bn)	kuning	[kuniŋ]
rood (bn)	merah	[merah]

blauw (bn)	biru	[biru]
lichtblauw (bn)	biru muda	[biru muda]
roze (bn)	pink	[pinʔ]
oranje (bn)	oranye, jingga	[oranje], [ʤiŋga]
violet (bn)	violet, ungu muda	[violet], [uŋu muda]
bruin (bn)	cokelat	[ʧokelat]

| goud (bn) | keemasan | [keemasan] |
| zilverkleurig (bn) | keperakan | [keperakan] |

beige (bn)	abu-abu kecokelatan	[abu-abu keʧokelatan]
roomkleurig (bn)	krem	[krem]
turkoois (bn)	pirus	[pirus]
kersrood (bn)	merah tua	[merah tua]
lila (bn)	ungu	[uŋu]
karmijnrood (bn)	merah lembayung	[merah lembajuŋ]

licht (bn)	terang	[teraŋ]
donker (bn)	gelap	[gelap]
fel (bn)	terang	[teraŋ]

kleur-, kleurig (bn)	berwarna	[bərwarna]
kleuren- (abn)	warna	[warna]
zwart-wit (bn)	hitam-putih	[hitam-putih]
eenkleurig (bn)	polos, satu warna	[polos], [satu warna]
veelkleurig (bn)	berwarna-warni	[bərwarna-warni]

15. Vragen

Wie?	Siapa?	[siapa?]
Wat?	Apa?	[apa?]
Waar?	Di mana?	[di mana?]

Waarheen?	Ke mana?	[ke mana?]
Waar ... vandaan?	Dari mana?	[dari mana?]
Wanneer?	Kapan?	[kapan?]
Waarom?	Mengapa?	[məŋapa?]
Waarom?	Mengapa?	[məŋapa?]

Waarvoor dan ook?	Untuk apa?	[untu' apa?]
Hoe?	Bagaimana?	[bagajmana?]
Wat voor ...?	Apa? Yang mana?	[apa?], [yaŋ mana?]
Welk?	Yang mana?	[yaŋ mana?]

Aan wie?	Kepada siapa?	[kepada siapa?],
	Untuk siapa?	[untu' siapa?]
Over wie?	Tentang siapa?	[tentaŋ siapa?]
Waarover?	Tentang apa?	[tentaŋ apa?]
Met wie?	Dengan siapa?	[deŋan siapa?]

Hoeveel?	Berapa?	[bərapa?]
Van wie?	Milik siapa?	[mili' siapa?]

16. Voorzetsels

met (bijv. ~ beleg)	dengan	[deŋan]
zonder (~ accent)	tanpa	[tanpa]
naar (in de richting van)	ke	[ke]
over (praten ~)	tentang ...	[tentaŋ ...]
voor (in tijd)	sebelum	[sebelum]
voor (aan de voorkant)	di depan ...	[di depan ...]

onder (lager dan)	di bawah	[di bawah]
boven (hoger dan)	di atas	[di atas]
op (bovenop)	di atas	[di atas]
van (uit, afkomstig van)	dari	[dari]
van (gemaakt van)	dari	[dari]

over (bijv. ~ een uur)	dalam	[dalam]
over (over de bovenkant)	melalui	[melalui]

17. Functiewoorden. Bijwoorden. Deel 1

Waar?	Di mana?	[di mana?]
hier (bw)	di sini	[di sini]
daar (bw)	di sana	[di sana]

ergens (bw)	di suatu tempat	[di suatu tempat]
nergens (bw)	tak ada di mana pun	[ta' ada di mana pun]

bij ... (in de buurt)	dekat	[dekat]
bij het raam	dekat jendela	[dekat dʒʲendela]

Waarheen?	Ke mana?	[ke mana?]
hierheen (bw)	ke sini	[ke sini]

daarheen (bw)	**ke sana**	[ke sana]
hiervandaan (bw)	**dari sini**	[dari sini]
daarvandaan (bw)	**dari sana**	[dari sana]
dichtbij (bw)	**dekat**	[dekat]
ver (bw)	**jauh**	[dʒ'auh]
in de buurt (van …)	**dekat**	[dekat]
vlakbij (bw)	**dekat**	[dekat]
niet ver (bw)	**tidak jauh**	[tida' dʒ'auh]
linker (bn)	**kiri**	[kiri]
links (bw)	**di kiri**	[di kiri]
linksaf, naar links (bw)	**ke kiri**	[ke kiri]
rechter (bn)	**kanan**	[kanan]
rechts (bw)	**di kanan**	[di kanan]
rechtsaf, naar rechts (bw)	**ke kanan**	[ke kanan]
vooraan (bw)	**di depan**	[di depan]
voorste (bn)	**depan**	[depan]
vooruit (bw)	**ke depan**	[ke depan]
achter (bw)	**di belakang**	[di belakaŋ]
van achteren (bw)	**dari belakang**	[dari belakaŋ]
achteruit (naar achteren)	**mundur**	[mundur]
midden (het)	**tengah**	[teŋah]
in het midden (bw)	**di tengah**	[di teŋah]
opzij (bw)	**di sisi, di samping**	[di sisi], [di sampiŋ]
overal (bw)	**di mana-mana**	[di mana-mana]
omheen (bw)	**di sekitar**	[di sekitar]
binnenuit (bw)	**dari dalam**	[dari dalam]
naar ergens (bw)	**ke suatu tempat**	[ke suatu tempat]
rechtdoor (bw)	**terus**	[terus]
terug (bijv. ~ komen)	**kembali**	[kembali]
ergens vandaan (bw)	**dari mana pun**	[dari mana pun]
ergens vandaan (en dit geld moet ~ komen)	**dari suatu tempat**	[dari suatu tempat]
ten eerste (bw)	**pertama**	[pertama]
ten tweede (bw)	**kedua**	[kedua]
ten derde (bw)	**ketiga**	[ketiga]
plotseling (bw)	**tiba-tiba**	[tiba-tiba]
in het begin (bw)	**mula-mula**	[mula-mula]
voor de eerste keer (bw)	**untuk pertama kalinya**	[untu' pertama kalinja]
lang voor … (bw)	**jauh sebelum …**	[dʒ'auh sebelum …]
opnieuw (bw)	**kembali**	[kembali]
voor eeuwig (bw)	**untuk selama-lamanya**	[untu' selama-lamanja]
nooit (bw)	**tidak pernah**	[tida' pernah]
weer (bw)	**lagi, kembali**	[lagi], [kembali]

nu (bw)	sekarang	[sekaraŋ]
vaak (bw)	sering, seringkali	[seriŋ], [seriŋkali]
toen (bw)	ketika itu	[ketika itu]
urgent (bw)	segera	[segera]
meestal (bw)	biasanya	[biasanja]

trouwens, ... (tussen haakjes)	ngomong-ngomong ...	[ŋomoŋ-ŋomoŋ ...]
mogelijk (bw)	mungkin	[muŋkin]
waarschijnlijk (bw)	mungkin	[muŋkin]
misschien (bw)	mungkin	[muŋkin]
trouwens (bw)	selain itu ...	[selajn itu ...]
daarom ...	karena itu ...	[karena itu ...]
in weerwil van ...	meskipun ...	[meskipun ...]
dankzij ...	berkat ...	[berkat ...]

wat (vn)	apa	[apa]
dat (vw)	bahwa	[bahwa]
iets (vn)	sesuatu	[sesuatu]
iets	sesuatu	[sesuatu]
niets (vn)	tidak sesuatu pun	[tida' sesuatu pun]

wie (~ is daar?)	siapa	[siapa]
iemand (een onbekende)	seseorang	[seseoraŋ]
iemand (een bepaald persoon)	seseorang	[seseoraŋ]

niemand (vn)	tidak seorang pun	[tida' seoraŋ pun]
nergens (bw)	tidak ke mana pun	[tida' ke mana pun]
niemands (bn)	tidak milik siapa pun	[tida' mili' siapa pun]
iemands (bn)	milik seseorang	[mili' seseoraŋ]

zo (Ik ben ~ blij)	sangat	[saŋat]
ook (evenals)	juga	[dʒ'uga]
alsook (eveneens)	juga	[dʒ'uga]

18. Functiewoorden. Bijwoorden. Deel 2

Waarom?	Mengapa?	[məŋapa?]
om een bepaalde reden	entah mengapa	[entah məŋapa]
omdat ...	karena ...	[karena ...]
voor een bepaald doel	untuk tujuan tertentu	[untu' tudʒ'uan tərtentu]

en (vw)	dan	[dan]
of (vw)	atau	[atau]
maar (vw)	tetapi, namun	[tetapi], [namun]
voor (vz)	untuk	[untu']

te (~ veel mensen)	terlalu	[tərlalu]
alleen (bw)	hanya	[hanja]
precies (bw)	tepat	[tepat]
ongeveer (~ 10 kg)	sekitar	[sekitar]
omstreeks (bw)	kira-kira	[kira-kira]
bij benadering (bn)	kira-kira	[kira-kira]

bijna (bw)	hampir	[hampir]
rest (de)	selebihnya, sisanya	[selebihnja], [sisanja]
de andere (tweede)	kedua	[kedua]
ander (bn)	lain	[lain]
elk (bn)	setiap	[setiap]
om het even welk	sebarang	[sebaraŋ]
veel (grote hoeveelheid)	banyak	[banjaʔ]
veel mensen	banyak orang	[banjaʔ oraŋ]
iedereen (alle personen)	semua	[semua]
in ruil voor ...	sebagai ganti ...	[sebagaj ganti ...]
in ruil (bw)	sebagai gantinya	[sebagaj gantinja]
met de hand (bw)	dengan tangan	[deŋan taŋan]
onwaarschijnlijk (bw)	hampir tidak	[hampir tidaʔ]
waarschijnlijk (bw)	mungkin	[muŋkin]
met opzet (bw)	sengaja	[seŋadʒʲa]
toevallig (bw)	tidak sengaja	[tidaʔ seŋadʒʲa]
zeer (bw)	sangat	[saŋat]
bijvoorbeeld (bw)	misalnya	[misalnja]
tussen (~ twee steden)	antara	[antara]
tussen (te midden van)	di antara	[di antara]
zoveel (bw)	banyak sekali	[banjaʔ sekali]
vooral (bw)	terutama	[terutama]

Basisbegrippen Deel 2

19. Dagen van de week

maandag (de)	Hari Senin	[hari senin]
dinsdag (de)	Hari Selasa	[hari selasa]
woensdag (de)	Hari Rabu	[hari rabu]
donderdag (de)	Hari Kamis	[hari kamis]
vrijdag (de)	Hari Jumat	[hari dʒʲumat]
zaterdag (de)	Hari Sabtu	[hari sabtu]
zondag (de)	Hari Minggu	[hari miŋgu]
vandaag (bw)	hari ini	[hari ini]
morgen (bw)	besok	[beso']
overmorgen (bw)	besok lusa	[beso' lusa]
gisteren (bw)	kemarin	[kemarin]
eergisteren (bw)	kemarin dulu	[kemarin dulu]
dag (de)	hari	[hari]
werkdag (de)	hari kerja	[hari kerdʒʲa]
feestdag (de)	hari libur	[hari libur]
verlofdag (de)	hari libur	[hari libur]
weekend (het)	akhir pekan	[ahir pekan]
de hele dag (bw)	seharian	[seharian]
de volgende dag (bw)	hari berikutnya	[hari berikutnja]
twee dagen geleden	dua hari lalu	[dua hari lalu]
aan de vooravond (bw)	hari sebelumnya	[hari sebelumnja]
dag-, dagelijks (bn)	harian	[harian]
elke dag (bw)	tiap hari	[tiap hari]
week (de)	minggu	[miŋgu]
vorige week (bw)	minggu lalu	[miŋgu lalu]
volgende week (bw)	minggu berikutnya	[miŋgu berikutnja]
wekelijks (bn)	mingguan	[miŋguan]
elke week (bw)	tiap minggu	[tiap miŋgu]
twee keer per week	dua kali seminggu	[dua kali semiŋgu]
elke dinsdag	tiap Hari Selasa	[tiap hari selasa]

20. Uren. Dag en nacht

morgen (de)	pagi	[pagi]
's morgens (bw)	pada pagi hari	[pada pagi hari]
middag (de)	tengah hari	[teŋah hari]
's middags (bw)	pada sore hari	[pada sore hari]
avond (de)	sore, malam	[sore], [malam]
's avonds (bw)	waktu sore	[waktu sore]

nacht (de)	malam	[malam]
's nachts (bw)	pada malam hari	[pada malam hari]
middernacht (de)	tengah malam	[teŋah malam]

seconde (de)	detik	[detiʔ]
minuut (de)	menit	[menit]
uur (het)	jam	[dʒʲam]
halfuur (het)	setengah jam	[seteŋah dʒʲam]
kwartier (het)	seperempat jam	[seperempat dʒʲam]
vijftien minuten	lima belas menit	[lima belas menit]
etmaal (het)	siang-malam	[siaŋ-malam]

zonsopgang (de)	matahari terbit	[matahari tərbit]
dageraad (de)	subuh	[subuh]
vroege morgen (de)	dini pagi	[dini pagi]
zonsondergang (de)	matahari terbenam	[matahari tərbenam]

's morgens vroeg (bw)	pagi-pagi	[pagi-pagi]
vanmorgen (bw)	pagi ini	[pagi ini]
morgenochtend (bw)	besok pagi	[besoʔ pagi]
vanmiddag (bw)	sore ini	[sore ini]
's middags (bw)	pada sore hari	[pada sore hari]
morgenmiddag (bw)	besok sore	[besoʔ sore]
vanavond (bw)	sore ini	[sore ini]
morgenavond (bw)	besok malam	[besoʔ malam]

klokslag drie uur	pukul 3 tepat	[pukul tiga tepat]
ongeveer vier uur	sekitar pukul 4	[sekitar pukul empat]
tegen twaalf uur	pada pukul 12	[pada pukul belas]

over twintig minuten	dalam 20 menit	[dalam dua puluh menit]
over een uur	dalam satu jam	[dalam satu dʒʲam]
op tijd (bw)	tepat waktu	[tepat waktu]

kwart voor ...	... kurang seperempat	[... kuraŋ seperempat]
binnen een uur	selama sejam	[selama sedʒʲam]
elk kwartier	tiap 15 menit	[tiap lima belas menit]
de klok rond	siang-malam	[siaŋ-malam]

21. Maanden. Seizoenen

januari (de)	Januari	[dʒʲanuari]
februari (de)	Februari	[februari]
maart (de)	Maret	[maret]
april (de)	April	[april]
mei (de)	Mei	[mei]
juni (de)	Juni	[dʒʲuni]

juli (de)	Juli	[dʒʲuli]
augustus (de)	Augustus	[augustus]
september (de)	September	[september]
oktober (de)	Oktober	[oktober]
november (de)	November	[november]
december (de)	Desember	[desember]

lente (de)	**musim semi**	[musim semi]
in de lente (bw)	**pada musim semi**	[pada musim semi]
lente- (abn)	**musim semi**	[musim semi]
zomer (de)	**musim panas**	[musim panas]
in de zomer (bw)	**pada musim panas**	[pada musim panas]
zomer-, zomers (bn)	**musim panas**	[musim panas]
herfst (de)	**musim gugur**	[musim gugur]
in de herfst (bw)	**pada musim gugur**	[pada musim gugur]
herfst- (abn)	**musim gugur**	[musim gugur]
winter (de)	**musim dingin**	[musim diŋin]
in de winter (bw)	**pada musim dingin**	[pada musim diŋin]
winter- (abn)	**musim dingin**	[musim diŋin]
maand (de)	**bulan**	[bulan]
deze maand (bw)	**bulan ini**	[bulan ini]
volgende maand (bw)	**bulan depan**	[bulan depan]
vorige maand (bw)	**bulan lalu**	[bulan lalu]
een maand geleden (bw)	**sebulan lalu**	[sebulan lalu]
over een maand (bw)	**dalam satu bulan**	[dalam satu bulan]
over twee maanden (bw)	**dalam 2 bulan**	[dalam dua bulan]
de hele maand (bw)	**sepanjang bulan**	[sepandʒǀaŋ bulan]
een volle maand (bw)	**sebulan penuh**	[sebulan penuh]
maand-, maandelijks (bn)	**bulanan**	[bulanan]
maandelijks (bw)	**tiap bulan**	[tiap bulan]
elke maand (bw)	**tiap bulan**	[tiap bulan]
twee keer per maand	**dua kali sebulan**	[dua kali sebulan]
jaar (het)	**tahun**	[tahun]
dit jaar (bw)	**tahun ini**	[tahun ini]
volgend jaar (bw)	**tahun depan**	[tahun depan]
vorig jaar (bw)	**tahun lalu**	[tahun lalu]
een jaar geleden (bw)	**setahun lalu**	[setahun lalu]
over een jaar	**dalam satu tahun**	[dalam satu tahun]
over twee jaar	**dalam 2 tahun**	[dalam dua tahun]
het hele jaar	**sepanjang tahun**	[sepandʒǀaŋ tahun]
een vol jaar	**setahun penuh**	[setahun penuh]
elk jaar	**tiap tahun**	[tiap tahun]
jaar-, jaarlijks (bn)	**tahunan**	[tahunan]
jaarlijks (bw)	**tiap tahun**	[tiap tahun]
4 keer per jaar	**empat kali setahun**	[empat kali setahun]
datum (de)	**tanggal**	[taŋgal]
datum (de)	**tanggal**	[taŋgal]
kalender (de)	**kalender**	[kalender]
een half jaar	**setengah tahun**	[seteŋah tahun]
zes maanden	**enam bulan**	[enam bulan]
seizoen (bijv. lente, zomer)	**musim**	[musim]
eeuw (de)	**abad**	[abad]

22. Tijd. Diversen

tijd (de)	waktu	[waktu]
ogenblik (het)	sekejap	[sekedʒʲap]
moment (het)	saat, waktu	[saʔat], [waktu]
ogenblikkelijk (bn)	seketika	[seketika]
tijdsbestek (het)	jangka waktu	[dʒʲaŋka waktu]
leven (het)	kehidupan, hidup	[kehidupan], [hidup]
eeuwigheid (de)	keabadiaan	[keabadiaʔan]

epoche (de), tijdperk (het)	zaman	[zaman]
era (de), tijdperk (het)	era	[era]
cyclus (de)	siklus	[siklus]
periode (de)	periode, kurun waktu	[periode], [kurun waktu]
termijn (vastgestelde periode)	jangka waktu	[dʒʲaŋka waktu]

toekomst (de)	masa depan	[masa depan]
toekomstig (bn)	yang akan datang	[yaŋ akan dataŋ]
de volgende keer	lain kali	[lain kali]
verleden (het)	masa lalu	[masa lalu]
vorig (bn)	lalu	[lalu]
de vorige keer	terakhir kali	[terahir kali]

later (bw)	kemudian	[kemudian]
na (~ het diner)	sesudah	[sesudah]
tegenwoordig (bw)	sekarang	[sekaraŋ]
nu (bw)	saat ini	[saʔat ini]
onmiddellijk (bw)	segera	[segera]
snel (bw)	segera	[segera]
bij voorbaat (bw)	sebelumnya	[sebelumnja]

lang geleden (bw)	dahulu kala	[dahulu kala]
kort geleden (bw)	baru-baru ini	[baru-baru ini]
noodlot (het)	nasib	[nasib]
herinneringen (mv.)	kenang-kenangan	[kenaŋ-kenaŋan]
archief (het)	arsip	[arsip]

tijdens ... (ten tijde van)	selama ...	[selama ...]
lang (bw)	lama	[lama]
niet lang (bw)	tidak lama	[tidaʔ lama]
vroeg (bijv. ~ in de ochtend)	pagi-pagi	[pagi-pagi]
laat (bw)	terlambat	[terlambat]

voor altijd (bw)	untuk selama-lamanya	[untuʔ selama-lamanja]
beginnen (ww)	memulai	[memulaj]
uitstellen (ww)	menunda	[menunda]

tegelijkertijd (bw)	serentak	[serentaʔ]
voortdurend (bw)	tetap	[tetap]
constant (bijv. ~ lawaai)	terus menerus	[terus menerus]
tijdelijk (bn)	sementara	[sementara]

soms (bw)	kadang-kadang	[kadaŋ-kadaŋ]
zelden (bw)	jarang	[dʒʲaraŋ]
vaak (bw)	sering, seringkali	[seriŋ], [seriŋkali]

23. Tegenovergestelden

rijk (bn)	**kaya**	[kaja]
arm (bn)	**miskin**	[miskin]
ziek (bn)	**sakit**	[sakit]
gezond (bn)	**sehat**	[sehat]
groot (bn)	**besar**	[besar]
klein (bn)	**kecil**	[keʧil]
snel (bw)	**cepat**	[ʧepat]
langzaam (bw)	**perlahan-lahan**	[pərlahan-lahan]
snel (bn)	**cepat**	[ʧepat]
langzaam (bn)	**lambat**	[lambat]
vrolijk (bn)	**riang**	[riaŋ]
treurig (bn)	**sedih**	[sedih]
samen (bw)	**bersama**	[bərsama]
apart (bw)	**terpisah**	[tərpisah]
hardop (~ lezen)	**dengan keras**	[deŋan keras]
stil (~ lezen)	**dalam hati**	[dalam hati]
hoog (bn)	**tinggi**	[tiŋgi]
laag (bn)	**rendah**	[rendah]
diep (bn)	**dalam**	[dalam]
ondiep (bn)	**dangkal**	[daŋkal]
ja	**ya**	[ya]
nee	**tidak**	[tidaʔ]
ver (bn)	**jauh**	[dʒ'auh]
dicht (bn)	**dekat**	[dekat]
ver (bw)	**jauh**	[dʒ'auh]
dichtbij (bw)	**dekat**	[dekat]
lang (bn)	**panjang**	[pandʒ'aŋ]
kort (bn)	**pendek**	[pendeʔ]
vriendelijk (goedhartig)	**baik hati**	[bajʔ hati]
kwaad (bn)	**jahat**	[dʒ'ahat]
gehuwd (mann.)	**menikah**	[mənikah]
ongehuwd (mann.)	**bujang**	[budʒ'aŋ]
verbieden (ww)	**melarang**	[melaraŋ]
toestaan (ww)	**mengizinkan**	[məŋizinkan]
einde (het)	**akhir**	[ahir]
begin (het)	**permulaan**	[pərmulaʔan]

| linker (bn) | kiri | [kiri] |
| rechter (bn) | kanan | [kanan] |

| eerste (bn) | pertama | [pərtama] |
| laatste (bn) | terakhir | [tərahir] |

| misdaad (de) | kejahatan | [kedʒʲahatan] |
| bestraffing (de) | hukuman | [hukuman] |

| bevelen (ww) | memerintahkan | [memerintahkan] |
| gehoorzamen (ww) | mematuhi | [mematuhi] |

| recht (bn) | lurus | [lurus] |
| krom (bn) | melengkung | [meleŋkuŋ] |

| paradijs (het) | surga | [surga] |
| hel (de) | neraka | [neraka] |

| geboren worden (ww) | lahir | [lahir] |
| sterven (ww) | mati, meninggal | [mati], [meniŋgal] |

| sterk (bn) | kuat | [kuat] |
| zwak (bn) | lemah | [lemah] |

| oud (bn) | tua | [tua] |
| jong (bn) | muda | [muda] |

| oud (bn) | tua | [tua] |
| nieuw (bn) | baru | [baru] |

| hard (bn) | keras | [keras] |
| zacht (bn) | lunak | [lunaʔ] |

| warm (bn) | hangat | [haŋat] |
| koud (bn) | dingin | [diŋin] |

| dik (bn) | gemuk | [gemuʔ] |
| dun (bn) | kurus | [kurus] |

| smal (bn) | sempit | [sempit] |
| breed (bn) | lebar | [lebar] |

| goed (bn) | baik | [bajʔ] |
| slecht (bn) | buruk | [buruʔ] |

| moedig (bn) | pemberani | [pemberani] |
| laf (bn) | penakut | [penakut] |

24. Lijnen en vormen

vierkant (het)	bujur sangkar	[budʒʲur saŋkar]
vierkant (bn)	persegi	[pərsegi]
cirkel (de)	lingkaran	[liŋkaran]
rond (bn)	bundar	[bundar]

| driehoek (de) | segi tiga | [segi tiga] |
| driehoekig (bn) | segi tiga | [segi tiga] |

ovaal (het)	oval	[oval]
ovaal (bn)	oval	[oval]
rechthoek (de)	segi empat	[segi empat]
rechthoekig (bn)	siku-siku	[siku-siku]

piramide (de)	piramida	[piramida]
ruit (de)	rombus	[rombus]
trapezium (het)	trapesium	[trapesium]
kubus (de)	kubus	[kubus]
prisma (het)	prisma	[prisma]

omtrek (de)	lingkar	[liŋkar]
bol, sfeer (de)	bulatan	[bulatan]
bal (de)	bola	[bola]

diameter (de)	diameter	[diameter]
straal (de)	radius, jari-jari	[radius], [dʒʲari-dʒʲari]
omtrek (~ van een cirkel)	perimeter	[perimeter]
middelpunt (het)	pusat	[pusat]

horizontaal (bn)	horizontal, mendatar	[horizontal], [mendatar]
verticaal (bn)	vertikal, tegak lurus	[vertikal], [tegaʔ lurus]
parallel (de)	sejajar	[sedʒʲadʒʲar]
parallel (bn)	sejajar	[sedʒʲadʒʲar]

lijn (de)	garis	[garis]
streep (de)	garis	[garis]
rechte lijn (de)	garis lurus	[garis lurus]
kromme (de)	garis lengkung	[garis leŋkuŋ]
dun (bn)	tipis	[tipis]
omlijning (de)	kontur	[kontur]

snijpunt (het)	titik potong	[titiʔ potoŋ]
rechte hoek (de)	sudut siku-siku	[sudut siku-siku]
segment (het)	segmen	[segmen]
sector (de)	sektor	[sektor]
zijde (de)	segi	[segi]
hoek (de)	sudut	[sudut]

25. Meeteenheden

gewicht (het)	berat	[berat]
lengte (de)	panjang	[pandʒʲaŋ]
breedte (de)	lebar	[lebar]
hoogte (de)	ketinggian	[ketiŋgian]
diepte (de)	kedalaman	[kedalaman]
volume (het)	volume, isi	[volume], [isi]
oppervlakte (de)	luas	[luas]

| gram (het) | gram | [gram] |
| milligram (het) | miligram | [miligram] |

kilogram (het)	**kilogram**	[kilogram]
ton (duizend kilo)	**ton**	[ton]
pond (het)	**pon**	[pon]
ons (het)	**ons**	[ons]
meter (de)	**meter**	[meter]
millimeter (de)	**milimeter**	[milimeter]
centimeter (de)	**sentimeter**	[sentimeter]
kilometer (de)	**kilometer**	[kilometer]
mijl (de)	**mil**	[mil]
duim (de)	**inci**	[intʃi]
voet (de)	**kaki**	[kaki]
yard (de)	**yard**	[yard]
vierkante meter (de)	**meter persegi**	[meter pərsegi]
hectare (de)	**hektar**	[hektar]
liter (de)	**liter**	[liter]
graad (de)	**derajat**	[deradʒʲat]
volt (de)	**volt**	[volt]
ampère (de)	**ampere**	[ampere]
paardenkracht (de)	**tenaga kuda**	[tenaga kuda]
hoeveelheid (de)	**kuantitas**	[kuantitas]
een beetje …	**sedikit …**	[sedikit …]
helft (de)	**setengah**	[seteŋah]
dozijn (het)	**lusin**	[lusin]
stuk (het)	**buah**	[buah]
afmeting (de)	**ukuran**	[ukuran]
schaal (bijv. ~ van 1 op 50)	**skala**	[skala]
minimaal (bn)	**minimal**	[minimal]
minste (bn)	**terkecil**	[tərketʃil]
medium (bn)	**sedang**	[sedaŋ]
maximaal (bn)	**maksimal**	[maksimal]
grootste (bn)	**terbesar**	[tərbesar]

26. Containers

glazen pot (de)	**gelas**	[gelas]
blik (conserven~)	**kaleng**	[kaleŋ]
emmer (de)	**ember**	[ember]
ton (bijv. regenton)	**tong**	[toŋ]
ronde waterbak (de)	**baskom**	[baskom]
tank (bijv. watertank-70-ltr)	**tangki**	[taŋki]
heupfles (de)	**pelples**	[pelples]
jerrycan (de)	**jeriken**	[dʒʲeriken]
tank (bijv. ketelwagen)	**tangki**	[taŋki]
beker (de)	**mangkuk**	[maŋkuʔ]
kopje (het)	**cangkir**	[tʃaŋkir]

schoteltje (het)	alas cangkir	[alas ʧaŋkir]
glas (het)	gelas	[gelas]
wijnglas (het)	gelas anggur	[gelas aŋgur]
steelpan (de)	panci	[panʧi]

fles (de)	botol	[botol]
flessenhals (de)	leher	[leher]

karaf (de)	karaf	[karaf]
kruik (de)	kendi	[kendi]
vat (het)	wadah	[wadah]
pot (de)	pot	[pot]
vaas (de)	vas	[vas]

flacon (de)	botol	[botol]
flesje (het)	botol kecil	[botol keʧil]
tube (bijv. ~ tandpasta)	tabung	[tabuŋ]

zak (bijv. ~ aardappelen)	karung	[karuŋ]
tasje (het)	kantong	[kantoŋ]
pakje (~ sigaretten, enz.)	bungkus	[buŋkus]

doos (de)	kotak, kardus	[kotak], [kardus]
kist (de)	kotak	[kotaʔ]
mand (de)	bakul	[bakul]

27. Materialen

materiaal (het)	bahan	[bahan]
hout (het)	kayu	[kaju]
houten (bn)	kayu	[kaju]

glas (het)	kaca	[kaʧa]
glazen (bn)	kaca	[kaʧa]

steen (de)	batu	[batu]
stenen (bn)	batu	[batu]

plastic (het)	plastik	[plastiʔ]
plastic (bn)	plastik	[plastiʔ]

rubber (het)	karet	[karet]
rubber-, rubberen (bn)	karet	[karet]

stof (de)	kain	[kain]
van stof (bn)	kain	[kain]

papier (het)	kertas	[kertas]
papieren (bn)	kertas	[kertas]

karton (het)	karton	[karton]
kartonnen (bn)	karton	[karton]
polyethyleen (het)	polietilena	[polietilena]
cellofaan (het)	selofana	[selofana]

multiplex (het)	kayu lapis	[kaju lapis]
porselein (het)	porselen	[porselen]
porseleinen (bn)	porselen	[porselen]
klei (de)	tanah liat	[tanah liat]
klei-, van klei (bn)	gerabah	[gerabah]
keramiek (de)	keramik	[kerami']
keramieken (bn)	keramik	[kerami']

28. Metalen

metaal (het)	logam	[logam]
metalen (bn)	logam	[logam]
legering (de)	aloi, lakur	[aloy], [lakur]

goud (het)	emas	[emas]
gouden (bn)	emas	[emas]
zilver (het)	perak	[pera']
zilveren (bn)	perak	[pera']

IJzer (het)	besi	[besi]
IJzeren (bn)	besi	[besi]
staal (het)	baja	[badʒia]
stalen (bn)	baja	[badʒia]
koper (het)	tembaga	[tembaga]
koperen (bn)	tembaga	[tembaga]

aluminium (het)	aluminium	[aluminium]
aluminium (bn)	aluminium	[aluminium]
brons (het)	perunggu	[pəruŋgu]
bronzen (bn)	perunggu	[pəruŋgu]

messing (het)	kuningan	[kuniŋan]
nikkel (het)	nikel	[nikel]
platina (het)	platinum	[platinum]
kwik (het)	air raksa	[air raksa]
tin (het)	timah	[timah]
lood (het)	timbal	[timbal]
zink (het)	seng	[seŋ]

MENS

Mens. Het lichaam

29. Mensen. Basisbegrippen

mens (de)	manusia	[manusia]
man (de)	laki-laki, pria	[laki-laki], [pria]
vrouw (de)	perempuan, wanita	[pərempuan], [wanita]
kind (het)	anak	[anaʔ]
meisje (het)	anak perempuan	[anaʔ pərempuan]
jongen (de)	anak laki-laki	[anaʔ laki-laki]
tiener, adolescent (de)	remaja	[remadʒⁱa]
oude man (de)	lelaki tua	[lelaki tua]
oude vrouw (de)	perempuan tua	[pərempuan tua]

30. Menselijke anatomie

organisme (het)	organisme	[organisme]
hart (het)	jantung	[dʒⁱantuŋ]
bloed (het)	darah	[darah]
slagader (de)	arteri, pembuluh darah	[arteri], [pembuluh darah]
ader (de)	vena	[vena]
hersenen (mv.)	otak	[otaʔ]
zenuw (de)	saraf	[saraf]
zenuwen (mv.)	saraf	[saraf]
wervel (de)	ruas	[ruas]
ruggengraat (de)	tulang belakang	[tulaŋ belakaŋ]
maag (de)	lambung	[lambuŋ]
darmen (mv.)	usus	[usus]
darm (de)	usus	[usus]
lever (de)	hati	[hati]
nier (de)	ginjal	[gindʒⁱal]
been (deel van het skelet)	tulang	[tulaŋ]
skelet (het)	skelet, rangka	[skelet], [raŋka]
rib (de)	tulang rusuk	[tulaŋ rusuʔ]
schedel (de)	tengkorak	[teŋkoraʔ]
spier (de)	otot	[otot]
biceps (de)	bisep	[bisep]
triceps (de)	trisep	[trisep]
pees (de)	tendon	[tendon]
gewricht (het)	sendi	[sendi]

longen (mv.)	paru-paru	[paru-paru]
geslachtsorganen (mv.)	kemaluan	[kemaluan]
huid (de)	kulit	[kulit]

31. Hoofd

hoofd (het)	kepala	[kepala]
gezicht (het)	wajah	[wadʒiah]
neus (de)	hidung	[hiduŋ]
mond (de)	mulut	[mulut]

oog (het)	mata	[mata]
ogen (mv.)	mata	[mata]
pupil (de)	pupil, biji mata	[pupil], [bidʒi mata]
wenkbrauw (de)	alis	[alis]
wimper (de)	bulu mata	[bulu mata]
ooglid (het)	kelopak mata	[kelopaʔ mata]

tong (de)	lidah	[lidah]
tand (de)	gigi	[gigi]
lippen (mv.)	bibir	[bibir]
jukbeenderen (mv.)	tulang pipi	[tulaŋ pipi]
tandvlees (het)	gusi	[gusi]
gehemelte (het)	langit-langit mulut	[laŋit-laŋit mulut]

neusgaten (mv.)	lubang hidung	[lubaŋ hiduŋ]
kin (de)	dagu	[dagu]
kaak (de)	rahang	[rahaŋ]
wang (de)	pipi	[pipi]

voorhoofd (het)	dahi	[dahi]
slaap (de)	pelipis	[pelipis]
oor (het)	telinga	[teliŋa]
achterhoofd (het)	tengkuk	[teŋkuʔ]
hals (de)	leher	[leher]
keel (de)	tenggorok	[teŋgoroʔ]

haren (mv.)	rambut	[rambut]
kapsel (het)	tatanan rambut	[tatanan rambut]
haarsnit (de)	potongan rambut	[potoŋan rambut]
pruik (de)	wig, rambut palsu	[wig], [rambut palsu]

snor (de)	kumis	[kumis]
baard (de)	janggut	[dʒiaŋgut]
dragen (een baard, enz.)	memelihara	[memelihara]
vlecht (de)	kepang	[kepaŋ]
bakkebaarden (mv.)	brewok	[brewoʔ]

ros (roodachtig, rossig)	merah pirang	[merah piraŋ]
grijs (~ haar)	beruban	[bəruban]
kaal (bn)	botak, plontos	[botak], [plontos]
kale plek (de)	botak	[botaʔ]
paardenstaart (de)	ekor kuda	[ekor kuda]
pony (de)	poni rambut	[poni rambut]

32. Menselijk lichaam

hand (de)	tangan	[taŋan]
arm (de)	lengan	[leŋan]

vinger (de)	jari	[dʒ¡ari]
teen (de)	jari	[dʒ¡ari]
duim (de)	jempol	[dʒ¡empol]
pink (de)	jari kelingking	[dʒ¡ari keliŋkiŋ]
nagel (de)	kuku	[kuku]

vuist (de)	kepalan tangan	[kepalan taŋan]
handpalm (de)	telapak	[telapaʔ]
pols (de)	pergelangan	[pergelaŋan]
voorarm (de)	lengan bawah	[leŋan bawah]
elleboog (de)	siku	[siku]
schouder (de)	bahu	[bahu]

been (rechter ~)	kaki	[kaki]
voet (de)	telapak kaki	[telapaʔ kaki]
knie (de)	lutut	[lutut]
kuit (de)	betis	[betis]
heup (de)	paha	[paha]
hiel (de)	tumit	[tumit]

lichaam (het)	tubuh	[tubuh]
buik (de)	perut	[perut]
borst (de)	dada	[dada]
borst (de)	payudara	[pajudara]
zijde (de)	rusuk	[rusuʔ]
rug (de)	punggung	[puŋguŋ]
lage rug (de)	pinggang bawah	[piŋgaŋ bawah]
taille (de)	pinggang	[piŋgaŋ]

navel (de)	pusar	[pusar]
billen (mv.)	pantat	[pantat]
achterwerk (het)	pantat	[pantat]

huidvlek (de)	tanda lahir	[tanda lahir]
moedervlek (de)	tanda lahir	[tanda lahir]
tatoeage (de)	tato	[tato]
litteken (het)	parut luka	[parut luka]

Kleding en accessoires

33. Bovenkleding. Jassen

kleren (mv.), kleding (de)	pakaian	[pakajan]
bovenkleding (de)	pakaian luar	[pakajan luar]
winterkleding (de)	pakaian musim dingin	[pakajan musim diŋin]
jas (de)	mantel	[mantel]
bontjas (de)	mantel bulu	[mantel bulu]
bontjasje (het)	jaket bulu	[dʒʲaket bulu]
donzen jas (de)	jaket bulu halus	[dʒʲaket bulu halus]
jasje (bijv. een leren ~)	jaket	[dʒʲaket]
regenjas (de)	jas hujan	[dʒʲas hudʒʲan]
waterdicht (bn)	kedap air	[kedap air]

34. Heren & dames kleding

overhemd (het)	kemeja	[kemedʒʲa]
broek (de)	celana	[tʃelana]
jeans (de)	celana jins	[tʃelana dʒins]
colbert (de)	jas	[dʒʲas]
kostuum (het)	setelan	[setelan]
jurk (de)	gaun	[gaun]
rok (de)	rok	[roʔ]
blouse (de)	blus	[blus]
wollen vest (de)	jaket wol	[dʒʲaket wol]
blazer (kort jasje)	jaket	[dʒʲaket]
T-shirt (het)	baju kaus	[badʒʲu kaus]
shorts (mv.)	celana pendek	[tʃelana pendeʔ]
trainingspak (het)	pakaian olahraga	[pakajan olahraga]
badjas (de)	jubah mandi	[dʒʲubah mandi]
pyjama (de)	piyama	[piyama]
sweater (de)	sweter	[sweter]
pullover (de)	pulover	[pulover]
gilet (het)	rompi	[rompi]
rokkostuum (het)	jas berbuntut	[dʒʲas berbuntut]
smoking (de)	jas malam	[dʒʲas malam]
uniform (het)	seragam	[seragam]
werkkleding (de)	pakaian kerja	[pakajan kerdʒʲa]
overall (de)	baju monyet	[badʒʲu monjet]
doktersjas (de)	jas	[dʒʲas]

35. Kleding. Ondergoed

ondergoed (het)	pakaian dalam	[pakajan dalam]
herenslip (de)	celana dalam lelaki	[ʧelana dalam lelaki]
slipjes (mv.)	celana dalam wanita	[ʧelana dalam wanita]
onderhemd (het)	singlet	[siŋlet]
sokken (mv.)	kaus kaki	[kaus kaki]
nachthemd (het)	baju tidur	[badʒiu tidur]
beha (de)	beha	[beha]
kniekousen (mv.)	kaus kaki selutut	[kaus kaki selutut]
panty (de)	pantihos	[pantihos]
nylonkousen (mv.)	kaus kaki panjang	[kaus kaki pandʒian]
badpak (het)	baju renang	[badʒiu renaŋ]

36. Hoofddeksels

hoed (de)	topi	[topi]
deukhoed (de)	topi bulat	[topi bulat]
honkbalpet (de)	topi bisbol	[topi bisbol]
kleppet (de)	topi pet	[topi pet]
baret (de)	baret	[baret]
kap (de)	kerudung kepala	[keruduŋ kepala]
panamahoed (de)	topi panama	[topi panama]
gebreide muts (de)	topi rajut	[topi radʒiut]
hoofddoek (de)	tudung kepala	[tuduŋ kepala]
dameshoed (de)	topi wanita	[topi wanita]
veiligheidshelm (de)	topi baja	[topi badʒia]
veldmuts (de)	topi lipat	[topi lipat]
helm, valhelm (de)	helm	[helm]
bolhoed (de)	topi bulat	[topi bulat]
hoge hoed (de)	topi tinggi	[topi tiŋgi]

37. Schoeisel

schoeisel (het)	sepatu	[sepatu]
schoenen (mv.)	sepatu bot	[sepatu bot]
vrouwenschoenen (mv.)	sepatu wanita	[sepatu wanita]
laarzen (mv.)	sepatu lars	[sepatu lars]
pantoffels (mv.)	pantofel	[pantofel]
sportschoenen (mv.)	sepatu tenis	[sepatu tenis]
sneakers (mv.)	sepatu kets	[sepatu kets]
sandalen (mv.)	sandal	[sandal]
schoenlapper (de)	tukang sepatu	[tukaŋ sepatu]
hiel (de)	tumit	[tumit]

paar (een ~ schoenen)	sepasang	[sepasaŋ]
veter (de)	tali sepatu	[tali sepatu]
rijgen (schoenen ~)	mengikat tali	[məŋikat tali]
schoenlepel (de)	sendok sepatu	[sendo' sepatu]
schoensmeer (de/het)	semir sepatu	[semir sepatu]

38. Textiel. Weefsel

katoen (de/het)	katun	[katun]
katoenen (bn)	katun	[katun]
vlas (het)	linen	[linen]
vlas-, van vlas (bn)	linen	[linen]

zijde (de)	sutra	[sutra]
zijden (bn)	sutra	[sutra]
wol (de)	wol	[wol]
wollen (bn)	wol	[wol]

fluweel (het)	beledu	[beledu]
suède (de)	suede	[suede]
ribfluweel (het)	korduroi	[korduroy]

nylon (de/het)	nilon	[nilon]
nylon-, van nylon (bn)	nilon	[nilon]
polyester (het)	poliester	[poliester]
polyester- (abn)	poliester	[poliester]

leer (het)	kulit	[kulit]
leren (van leer gemaak)	kulit	[kulit]
bont (het)	kulit berbulu	[kulit bərbulu]
bont- (abn)	bulu	[bulu]

39. Persoonlijke accessoires

handschoenen (mv.)	sarung tangan	[saruŋ taŋan]
wanten (mv.)	sarung tangan	[saruŋ taŋan]
sjaal (fleece ~)	selendang	[selendaŋ]

bril (de)	kacamata	[katʃamata]
brilmontuur (het)	bingkai	[biŋkaj]
paraplu (de)	payung	[pajuŋ]
wandelstok (de)	tongkat jalan	[toŋkat ʤ'alan]
haarborstel (de)	sikat rambut	[sikat rambut]
waaier (de)	kipas	[kipas]

das (de)	dasi	[dasi]
strikje (het)	dasi kupu-kupu	[dasi kupu-kupu]
bretels (mv.)	bretel	[bretel]
zakdoek (de)	sapu tangan	[sapu taŋan]

| kam (de) | sisir | [sisir] |
| haarspeldje (het) | jepit rambut | [ʤ'epit rambut] |

| schuifspeldje (het) | harnal | [harnal] |
| gesp (de) | gesper | [gesper] |

| broekriem (de) | sabuk | [sabu'] |
| draagriem (de) | tali tas | [tali tas] |

handtas (de)	tas	[tas]
damestas (de)	tas tangan	[tas taŋan]
rugzak (de)	ransel	[ransel]

40. Kleding. Diversen

mode (de)	mode	[mode]
de mode (bn)	modis	[modis]
kledingstilist (de)	perancang busana	[peranʧaŋ busana]

kraag (de)	kerah	[kerah]
zak (de)	saku	[saku]
zak- (abn)	saku	[saku]
mouw (de)	lengan	[leŋan]
lusje (het)	tali kait	[tali kait]
gulp (de)	golbi	[golbi]

rits (de)	ritsleting	[ritsletiŋ]
sluiting (de)	kancing	[kanʧiŋ]
knoop (de)	kancing	[kanʧiŋ]
knoopsgat (het)	lubang kancing	[lubaŋ kanʧiŋ]
losraken (bijv. knopen)	terlepas	[terlepas]

naaien (kleren, enz.)	menjahit	[menʤ'ahit]
borduren (ww)	membordir	[membordir]
borduursel (het)	bordiran	[bordiran]
naald (de)	jarum	[dʒ'arum]
draad (de)	benang	[benaŋ]
naad (de)	setik	[seti']

vies worden (ww)	kena kotor	[kena kotor]
vlek (de)	bercak	[berʧa']
gekreukt raken (ov. kleren)	kumal	[kumal]
scheuren (ov.ww.)	merobek	[merobe']
mot (de)	ngengat	[ŋeŋat]

41. Persoonlijke verzorging. Schoonheidsmiddelen

tandpasta (de)	pasta gigi	[pasta gigi]
tandenborstel (de)	sikat gigi	[sikat gigi]
tanden poetsen (ww)	menggosok gigi	[meŋgoso' gigi]

scheermes (het)	pisau cukur	[pisau ʧukur]
scheerschuim (het)	krim cukur	[krim ʧukur]
zich scheren (ww)	bercukur	[berʧukur]
zeep (de)	sabun	[sabun]

shampoo (de)	sampo	[sampo]
schaar (de)	gunting	[guntiŋ]
nagelvijl (de)	kikir kuku	[kikir kuku]
nagelknipper (de)	pemotong kuku	[pemotoŋ kuku]
pincet (het)	pinset	[pinset]
cosmetica (de)	kosmetik	[kosmeti']
masker (het)	masker	[masker]
manicure (de)	manikur	[manikur]
manicure doen	melakukan manikur	[melakukan manikur]
pedicure (de)	pedi	[pedi]
cosmetica tasje (het)	tas kosmetik	[tas kosmeti']
poeder (de/het)	bedak	[beda']
poederdoos (de)	kotak bedak	[kota' beda']
rouge (de)	perona pipi	[pərona pipi]
parfum (de/het)	parfum	[parfum]
eau de toilet (de)	minyak wangi	[minja' waŋi]
lotion (de)	losion	[losjon]
eau de cologne (de)	kolonye	[kolone]
oogschaduw (de)	pewarna mata	[pewarna mata]
oogpotlood (het)	pensil alis	[pensil alis]
mascara (de)	celak	[tʃela']
lippenstift (de)	lipstik	[lipsti']
nagellak (de)	kuteks, cat kuku	[kuteks], [tʃat kuku]
haarlak (de)	semprotan rambut	[semprotan rambut]
deodorant (de)	deodoran	[deodoran]
crème (de)	krim	[krim]
gezichtscrème (de)	krim wajah	[krim wadʒ¡ah]
handcrème (de)	krim tangan	[krim taŋan]
antirimpelcrème (de)	krim antikerut	[krim antikerut]
dagcrème (de)	krim siang	[krim siaŋ]
nachtcrème (de)	krim malam	[krim malam]
dag- (abn)	siang	[siaŋ]
nacht- (abn)	malam	[malam]
tampon (de)	tampon	[tampon]
toiletpapier (het)	kertas toilet	[kertas toylet]
föhn (de)	pengering rambut	[peŋeriŋ rambut]

42. Juwelen

sieraden (mv.)	perhiasan	[perhiasan]
edel (bijv. ~ stenen)	mulia, berharga	[mulia], [bərharga]
keurmerk (het)	tanda kadar	[tanda kadar]
ring (de)	cincin	[tʃintʃin]
trouwring (de)	cincin kawin	[tʃintʃin kawin]
armband (de)	gelang	[gelaŋ]
oorringen (mv.)	anting-anting	[antiŋ-antiŋ]

halssnoer (het)	kalung	[kaluŋ]
kroon (de)	mahkota	[mahkota]
kralen snoer (het)	kalung manik-manik	[kaluŋ maniʔ-maniʔ]
diamant (de)	berlian	[berlian]
smaragd (de)	zamrud	[zamrud]
robijn (de)	batu mirah delima	[batu mirah delima]
saffier (de)	nilakandi	[nilakandi]
parel (de)	mutiara	[mutiara]
barnsteen (de)	batu amber	[batu amber]

43. Horloges. Klokken

polshorloge (het)	arloji	[arlodʒi]
wijzerplaat (de)	piringan jam	[piriŋan dʒʲam]
wijzer (de)	jarum	[dʒʲarum]
metalen horlogeband (de)	rantai arloji	[rantaj arlodʒi]
horlogebandje (het)	tali arloji	[tali arlodʒi]
batterij (de)	baterai	[bateraj]
leeg zijn (ww)	mati	[mati]
batterij vervangen	mengganti baterai	[məŋganti bateraj]
voorlopen (ww)	cepat	[tʃepat]
achterlopen (ww)	terlambat	[tərlambat]
wandklok (de)	jam dinding	[dʒʲam dindiŋ]
zandloper (de)	jam pasir	[dʒʲam pasir]
zonnewijzer (de)	jam matahari	[dʒʲam matahari]
wekker (de)	weker	[weker]
horlogemaker (de)	tukang jam	[tukaŋ dʒʲam]
repareren (ww)	mereparasi, memperbaiki	[mereparasi], [memperbajki]

Voedsel. Voeding

44. Voedsel

vlees (het)	daging	[dagiŋ]
kip (de)	ayam	[ajam]
kuiken (het)	anak ayam	[ana' ajam]
eend (de)	bebek	[bebe']
gans (de)	angsa	[aŋsa]
wild (het)	binatang buruan	[binataŋ buruan]
kalkoen (de)	kalkun	[kalkun]
varkensvlees (het)	daging babi	[dagiŋ babi]
kalfsvlees (het)	daging anak sapi	[dagiŋ ana' sapi]
schapenvlees (het)	daging domba	[dagiŋ domba]
rundvlees (het)	daging sapi	[dagiŋ sapi]
konijnenvlees (het)	kelinci	[kelintʃi]
worst (de)	sosis	[sosis]
saucijs (de)	sosis	[sosis]
spek (het)	bakon	[beykon]
ham (de)	ham, daging kornet	[ham], [dagiŋ kornet]
gerookte achterham (de)	ham	[ham]
paté, pastei (de)	pasta	[pasta]
lever (de)	hati	[hati]
gehakt (het)	daging giling	[dagiŋ giliŋ]
tong (de)	lidah	[lidah]
ei (het)	telur	[telur]
eieren (mv.)	telur	[telur]
eiwit (het)	putih telur	[putih telur]
eigeel (het)	kuning telur	[kuniŋ telur]
vis (de)	ikan	[ikan]
zeevruchten (mv.)	makanan laut	[makanan laut]
schaaldieren (mv.)	krustasea	[krustasea]
kaviaar (de)	caviar	[kaviar]
krab (de)	kepiting	[kepitiŋ]
garnaal (de)	udang	[udaŋ]
oester (de)	tiram	[tiram]
langoest (de)	lobster berduri	[lobster berduri]
octopus (de)	gurita	[gurita]
inktvis (de)	cumi-cumi	[tʃumi-tʃumi]
steur (de)	ikan sturgeon	[ikan sturdʒien]
zalm (de)	salmon	[salmon]
heilbot (de)	ikan turbot	[ikan turbot]
kabeljauw (de)	ikan kod	[ikan kod]

makreel (de)	ikan kembung	[ikan kembuŋ]
tonijn (de)	tuna	[tuna]
paling (de)	belut	[belut]

forel (de)	ikan forel	[ikan forel]
sardine (de)	sarden	[sarden]
snoek (de)	ikan pike	[ikan paik]
haring (de)	ikan haring	[ikan hariŋ]

brood (het)	roti	[roti]
kaas (de)	keju	[kedʒʲu]
suiker (de)	gula	[gula]
zout (het)	garam	[garam]

rijst (de)	beras, nasi	[beras], [nasi]
pasta (de)	makaroni	[makaroni]
noedels (mv.)	mi	[mi]

boter (de)	mentega	[məntega]
plantaardige olie (de)	minyak nabati	[minja' nabati]
zonnebloemolie (de)	minyak bunga matahari	[minja' buŋa matahari]
margarine (de)	margarin	[margarin]

| olijven (mv.) | buah zaitun | [buah zajtun] |
| olijfolie (de) | minyak zaitun | [minja' zajtun] |

melk (de)	susu	[susu]
gecondenseerde melk (de)	susu kental	[susu kental]
yoghurt (de)	yogurt	[yogurt]
zure room (de)	krim asam	[krim asam]
room (de)	krim, kepala susu	[krim], [kepala susu]

| mayonaise (de) | mayones | [majones] |
| crème (de) | krim | [krim] |

graan (het)	menir	[menir]
meel (het), bloem (de)	tepung	[tepuŋ]
conserven (mv.)	makanan kalengan	[makanan kaleŋan]

maïsvlokken (mv.)	emping jagung	[empiŋ dʒʲaguŋ]
honing (de)	madu	[madu]
jam (de)	selai	[selaj]
kauwgom (de)	permen karet	[pərmen karet]

45. Drankjes

water (het)	air	[air]
drinkwater (het)	air minum	[air minum]
mineraalwater (het)	air mineral	[air mineral]

zonder gas	tanpa gas	[tanpa gas]
koolzuurhoudend (bn)	berkarbonasi	[bərkarbonasi]
bruisend (bn)	bergas	[bərgas]
IJs (het)	es	[es]

met ijs	dengan es	[deŋan es]
alcohol vrij (bn)	tanpa alkohol	[tanpa alkohol]
alcohol vrije drank (de)	minuman ringan	[minuman riŋan]
frisdrank (de)	minuman penygar	[minuman penigar]
limonade (de)	limun	[limun]

alcoholische dranken (mv.)	minoman beralkohol	[minoman beralkohol]
wijn (de)	anggur	[aŋgur]
witte wijn (de)	anggur putih	[aŋgur putih]
rode wijn (de)	anggur merah	[aŋgur merah]

likeur (de)	likeur	[likeur]
champagne (de)	sampanye	[sampanje]
vermout (de)	vermouth	[vermut]

whisky (de)	wiski	[wiski]
wodka (de)	vodka	[vodka]
gin (de)	jin, jenewer	[dʒin], [dʒ'enewer]
cognac (de)	konyak	[konjaʔ]
rum (de)	rum	[rum]

koffie (de)	kopi	[kopi]
zwarte koffie (de)	kopi pahit	[kopi pahit]
koffie (de) met melk	kopi susu	[kopi susu]
cappuccino (de)	cappuccino	[kaputʃino]
oploskoffie (de)	kopi instan	[kopi instan]

melk (de)	susu	[susu]
cocktail (de)	koktail	[koktajl]
milkshake (de)	susu kocok	[susu kotʃoʔ]

sap (het)	jus	[dʒ'us]
tomatensap (het)	jus tomat	[dʒ'us tomat]
sinaasappelsap (het)	jus jeruk	[dʒ'us dʒ'eruʔ]
vers geperst sap (het)	jus peras	[dʒ'us peras]

bier (het)	bir	[bir]
licht bier (het)	bir putih	[bir putih]
donker bier (het)	bir hitam	[bir hitam]

thee (de)	teh	[teh]
zwarte thee (de)	teh hitam	[teh hitam]
groene thee (de)	teh hijau	[teh hidʒ'au]

46. Groenten

| groenten (mv.) | sayuran | [sajuran] |
| verse kruiden (mv.) | sayuran hijau | [sajuran hidʒ'au] |

tomaat (de)	tomat	[tomat]
augurk (de)	mentimun, ketimun	[mentimun], [ketimun]
wortel (de)	wortel	[wortel]
aardappel (de)	kentang	[kentaŋ]
ui (de)	bawang	[bawaŋ]

knoflook (de)	bawang putih	[bawaŋ putih]
kool (de)	kol	[kol]
bloemkool (de)	kembang kol	[kembaŋ kol]
spruitkool (de)	kol Brussels	[kol brusels]
broccoli (de)	brokoli	[brokoli]
rode biet (de)	ubi bit merah	[ubi bit merah]
aubergine (de)	terung, terong	[teruŋ], [teroŋ]
courgette (de)	labu siam	[labu siam]
pompoen (de)	labu	[labu]
raap (de)	turnip	[turnip]
peterselie (de)	peterseli	[peterseli]
dille (de)	adas sowa	[adas sowa]
sla (de)	selada	[selada]
selderij (de)	seledri	[seledri]
asperge (de)	asparagus	[asparagus]
spinazie (de)	bayam	[bajam]
erwt (de)	kacang polong	[katʃaŋ poloŋ]
bonen (mv.)	kacang-kacangan	[katʃaŋ-katʃaŋan]
maïs (de)	jagung	[dʒˈaguŋ]
boon (de)	kacang buncis	[katʃaŋ buntʃis]
peper (de)	cabai	[tʃabaj]
radijs (de)	radis	[radis]
artisjok (de)	artisyok	[artiʃoˀ]

47. Vruchten. Noten

vrucht (de)	buah	[buah]
appel (de)	apel	[apel]
peer (de)	pir	[pir]
citroen (de)	jeruk sitrun	[dʒˈeruˀ sitrun]
sinaasappel (de)	jeruk manis	[dʒˈeruˀ manis]
aardbei (de)	stroberi	[stroberi]
mandarijn (de)	jeruk mandarin	[dʒˈeruˀ mandarin]
pruim (de)	plum	[plum]
perzik (de)	persik	[persiˀ]
abrikoos (de)	aprikot	[aprikot]
framboos (de)	buah frambus	[buah frambus]
ananas (de)	nanas	[nanas]
banaan (de)	pisang	[pisaŋ]
watermeloen (de)	semangka	[semaŋka]
druif (de)	buah anggur	[buah aŋgur]
zure kers (de)	buah ceri asam	[buah tʃeri asam]
zoete kers (de)	buah ceri manis	[buah tʃeri manis]
meloen (de)	melon	[melon]
grapefruit (de)	jeruk Bali	[dʒˈeruˀ bali]
avocado (de)	avokad	[avokad]
papaja (de)	pepaya	[pepaja]

| mango (de) | mangga | [maŋga] |
| granaatappel (de) | buah delima | [buah delima] |

rode bes (de)	redcurrant	[redkaren]
zwarte bes (de)	blackcurrant	[ble'karen]
kruisbes (de)	buah arbei hijau	[buah arbei hidʒiau]
bosbes (de)	buah bilberi	[buah bilberi]
braambes (de)	beri hitam	[beri hitam]

rozijn (de)	kismis	[kismis]
vijg (de)	buah ara	[buah ara]
dadel (de)	buah kurma	[buah kurma]

pinda (de)	kacang tanah	[katʃaŋ tanah]
amandel (de)	badam	[badam]
walnoot (de)	buah walnut	[buah walnut]
hazelnoot (de)	kacang hazel	[katʃaŋ hazel]
kokosnoot (de)	buah kelapa	[buah kelapa]
pistaches (mv.)	badam hijau	[badam hidʒiau]

48. Brood. Snoep

suikerbakkerij (de)	kue-mue	[kue-mue]
brood (het)	roti	[roti]
koekje (het)	biskuit	[biskuit]

chocolade (de)	cokelat	[tʃokelat]
chocolade- (abn)	cokelat	[tʃokelat]
snoepje (het)	permen	[pərmen]
cakeje (het)	kue	[kue]
taart (bijv. verjaardags~)	kue tar	[kue tar]

| pastei (de) | pai | [pai] |
| vulling (de) | inti | [inti] |

confituur (de)	selai buah utuh	[selaj buah utuh]
marmelade (de)	marmelade	[marmelade]
wafel (de)	wafel	[wafel]
IJsje (het)	es krim	[es krim]
pudding (de)	puding	[pudiŋ]

49. Bereide gerechten

gerecht (het)	masakan, hidangan	[masakan], [hidaŋan]
keuken (bijv. Franse ~)	masakan	[masakan]
recept (het)	resep	[resep]
portie (de)	porsi	[porsi]

salade (de)	salada	[salada]
soep (de)	sup	[sup]
bouillon (de)	kaldu	[kaldu]
boterham (de)	roti lapis	[roti lapis]

spiegelei (het)	telur mata sapi	[telur mata sapi]
hamburger (de)	hamburger	[hamburger]
biefstuk (de)	bistik	[bisti']

garnering (de)	lauk	[lau']
spaghetti (de)	spageti	[spageti]
aardappelpuree (de)	kentang tumbuk	[kentaŋ tumbu']
pizza (de)	piza	[piza]
pap (de)	bubur	[bubur]
omelet (de)	telur dadar	[telur dadar]

gekookt (in water)	rebus	[rebus]
gerookt (bn)	asap	[asap]
gebakken (bn)	goreng	[goreŋ]
gedroogd (bn)	kering	[keriŋ]
diepvries (bn)	beku	[beku]
gemarineerd (bn)	marinade	[marinade]

zoet (bn)	manis	[manis]
gezouten (bn)	asin	[asin]
koud (bn)	dingin	[diŋin]
heet (bn)	panas	[panas]
bitter (bn)	pahit	[pahit]
lekker (bn)	enak	[ena']

koken (in kokend water)	merebus	[merebus]
bereiden (avondmaaltijd ~)	memasak	[memasa']
bakken (ww)	menggoreng	[məŋgoreŋ]
opwarmen (ww)	memanaskan	[memanaskan]

zouten (ww)	menggarami	[məŋgarami]
peperen (ww)	membubuh merica	[membubuh meritʃa]
raspen (ww)	memarut	[memarut]
schil (de)	kulit	[kulit]
schillen (ww)	mengupas	[məŋupas]

50. Kruiden

zout (het)	garam	[garam]
gezouten (bn)	asin	[asin]
zouten (ww)	menggarami	[məŋgarami]

zwarte peper (de)	merica	[meritʃa]
rode peper (de)	cabai merah	[tʃabaj merah]
mosterd (de)	mustar	[mustar]
mierikswortel (de)	lobak pedas	[loba' pedas]

condiment (het)	bumbu	[bumbu]
specerij , kruiderij (de)	rempah-rempah	[rempah-rempah]
saus (de)	saus	[saus]
azijn (de)	cuka	[tʃuka]

| anijs (de) | adas manis | [adas manis] |
| basilicum (de) | selasih | [selasih] |

kruidnagel (de)	cengkih	[ʧeŋkih]
gember (de)	jahe	[dʒ¡ahe]
koriander (de)	ketumbar	[ketumbar]
kaneel (de/het)	kayu manis	[kaju manis]

sesamzaad (het)	wijen	[widʒ¡en]
laurierblad (het)	daun salam	[daun salam]
paprika (de)	cabai	[ʧabaj]
komijn (de)	jintan	[dʒintan]
saffraan (de)	kuma-kuma	[kuma-kuma]

51. Maaltijden

| eten (het) | makanan | [makanan] |
| eten (ww) | makan | [makan] |

ontbijt (het)	makan pagi, sarapan	[makan pagi], [sarapan]
ontbijten (ww)	sarapan	[sarapan]
lunch (de)	makan siang	[makan siaŋ]
lunchen (ww)	makan siang	[makan siaŋ]
avondeten (het)	makan malam	[makan malam]
souperen (ww)	makan malam	[makan malam]

| eetlust (de) | nafsu makan | [nafsu makan] |
| Eet smakelijk! | Selamat makan! | [selamat makan!] |

| openen (een fles ~) | membuka | [membuka] |
| morsen (koffie, enz.) | menumpahkan | [mənumpahkan] |

koken (water kookt bij 100°C)	mendidih	[məndidih]
koken (Hoe om water te ~)	mendidihkan	[məndidihkan]
gekookt (~ water)	masak	[masaʔ]

| afkoelen (koeler maken) | mendinginkan | [məndiŋinkan] |
| afkoelen (koeler worden) | mendingin | [məndiŋin] |

| smaak (de) | rasa | [rasa] |
| nasmaak (de) | nuansa rasa | [nuansa rasa] |

volgen een dieet	berdiet	[berdiet]
dieet (het)	diet, pola makan	[diet], [pola makan]
vitamine (de)	vitamin	[vitamin]
calorie (de)	kalori	[kalori]

| vegetariër (de) | vegetarian | [vegetarian] |
| vegetarisch (bn) | vegetarian | [vegetarian] |

vetten (mv.)	lemak	[lemaʔ]
eiwitten (mv.)	protein	[protein]
koolhydraten (mv.)	karbohidrat	[karbohidrat]

snede (de)	irisan	[irisan]
stuk (bijv. een ~ taart)	potongan	[potoŋan]
kruimel (de)	remah	[remah]

52. Tafelschikking

lepel (de)	sendok	[sendo']
mes (het)	pisau	[pisau]
vork (de)	garpu	[garpu]
kopje (het)	cangkir	[ʧaŋkir]
bord (het)	piring	[piriŋ]
schoteltje (het)	alas cangkir	[alas ʧaŋkir]
servet (het)	serbet	[serbet]
tandenstoker (de)	tusuk gigi	[tusu' gigi]

53. Restaurant

restaurant (het)	restoran	[restoran]
koffiehuis (het)	warung kopi	[waruŋ kopi]
bar (de)	bar	[bar]
tearoom (de)	warung teh	[waruŋ teh]
kelner, ober (de)	pelayan lelaki	[pelajan lelaki]
serveerster (de)	pelayan perempuan	[pelajan perempuan]
barman (de)	pelayan bar	[pelajan bar]
menu (het)	menu	[menu]
wijnkaart (de)	daftar anggur	[daftar aŋgur]
een tafel reserveren	memesan meja	[memesan medʒ'a]
gerecht (het)	masakan, hidangan	[masakan], [hidaŋan]
bestellen (eten ~)	memesan	[memesan]
een bestelling maken	memesan	[memesan]
aperitief (de/het)	aperitif	[aperitif]
voorgerecht (het)	makanan ringan	[makanan riŋan]
dessert (het)	hidangan penutup	[hidaŋan penutup]
rekening (de)	bon	[bon]
de rekening betalen	membayar bon	[membajar bon]
wisselgeld teruggeven	memberikan uang kembalian	[memberikan uaŋ kembalian]
fooi (de)	tip	[tip]

Familie, verwanten en vrienden

54. Persoonlijke informatie. Formulieren

naam (de)	nama, nama depan	[nama], [nama depan]
achternaam (de)	nama keluarga	[nama keluarga]
geboortedatum (de)	tanggal lahir	[taŋgal lahir]
geboorteplaats (de)	tempat lahir	[tempat lahir]
nationaliteit (de)	kebangsaan	[kebaŋsaʔan]
woonplaats (de)	tempat tinggal	[tempat tiŋgal]
land (het)	negara, negeri	[negara], [negeri]
beroep (het)	profesi	[profesi]
geslacht (ov. het vrouwelijk ~)	jenis kelamin	[dʒʲenis kelamin]
lengte (de)	tinggi badan	[tiŋgi badan]
gewicht (het)	berat	[berat]

55. Familieleden. Verwanten

moeder (de)	ibu	[ibu]
vader (de)	ayah	[ajah]
zoon (de)	anak lelaki	[anaʔ lelaki]
dochter (de)	anak perempuan	[anaʔ perempuan]
jongste dochter (de)	anak perempuan bungsu	[anaʔ perempuan buŋsu]
jongste zoon (de)	anak lelaki bungsu	[anaʔ lelaki buŋsu]
oudste dochter (de)	anak perempuan sulung	[anaʔ perempuan suluŋ]
oudste zoon (de)	anak lelaki sulung	[anaʔ lelaki suluŋ]
broer (de)	saudara lelaki	[saudara lelaki]
oudere broer (de)	kakak lelaki	[kakaʔ lelaki]
jongere broer (de)	adik lelaki	[adiʔ lelaki]
zuster (de)	saudara perempuan	[saudara perempuan]
oudere zuster (de)	kakak perempuan	[kakaʔ perempuan]
jongere zuster (de)	adik perempuan	[adiʔ perempuan]
neef (zoon van oom, tante)	sepupu lelaki	[sepupu lelaki]
nicht (dochter van oom, tante)	sepupu perempuan	[sepupu perempuan]
mama (de)	mama, ibu	[mama], [ibu]
papa (de)	papa, ayah	[papa], [ajah]
ouders (mv.)	orang tua	[oraŋ tua]
kind (het)	anak	[anaʔ]
kinderen (mv.)	anak-anak	[anaʔ-anaʔ]
oma (de)	nenek	[neneʔ]
opa (de)	kakek	[kakeʔ]

kleinzoon (de)	cucu laki-laki	[ʧuʧu laki-laki]
kleindochter (de)	cucu perempuan	[ʧuʧu pərempuan]
kleinkinderen (mv.)	cucu	[ʧuʧu]
oom (de)	paman	[paman]
tante (de)	bibi	[bibi]
neef (zoon van broer, zus)	keponakan laki-laki	[keponakan laki-laki]
nicht (dochter van broer ,zus)	keponakan perempuan	[keponakan pərempuan]
schoonmoeder (de)	ibu mertua	[ibu mertua]
schoonvader (de)	ayah mertua	[ajah mertua]
schoonzoon (de)	menantu laki-laki	[mənantu laki-laki]
stiefmoeder (de)	ibu tiri	[ibu tiri]
stiefvader (de)	ayah tiri	[ajah tiri]
zuigeling (de)	bayi	[baji]
wiegenkind (het)	bayi	[baji]
kleuter (de)	bocah cilik	[boʧah ʧiliʔ]
vrouw (de)	istri	[istri]
man (de)	suami	[suami]
echtgenoot (de)	suami	[suami]
echtgenote (de)	istri	[istri]
gehuwd (mann.)	menikah, beristri	[mənikah], [beristri]
gehuwd (vrouw.)	menikah, bersuami	[mənikah], [bərsuami]
ongehuwd (mann.)	bujang	[buʤaŋ]
vrijgezel (de)	bujang	[buʤaŋ]
gescheiden (bn)	bercerai	[bərʧeraj]
weduwe (de)	janda	[ʤanda]
weduwnaar (de)	duda	[duda]
familielid (het)	kerabat	[kerabat]
dichte familielid (het)	kerabat dekat	[kerabat dekat]
verre familielid (het)	kerabat jauh	[kerabat ʤauh]
familieleden (mv.)	kerabat, sanak saudara	[kerabat], [sana' saudara]
wees (de), weeskind (het)	yatim piatu	[yatim piatu]
voogd (de)	wali	[wali]
adopteren (een jongen te ~)	mengadopsi	[məŋadopsi]
adopteren (een meisje te ~)	mengadopsi	[məŋadopsi]

56. Vrienden. Collega's

vriend (de)	sahabat	[sahabat]
vriendin (de)	sahabat	[sahabat]
vriendschap (de)	persahabatan	[pərsahabatan]
bevriend zijn (ww)	bersahabat	[bərsahabat]
makker (de)	teman	[teman]
vriendin (de)	teman	[teman]
partner (de)	mitra	[mitra]
chef (de)	atasan	[atasan]
baas (de)	atasan	[atasan]

eigenaar (de)	pemilik	[pemili']
ondergeschikte (de)	bawahan	[bawahan]
collega (de)	kolega	[kolega]

kennis (de)	kenalan	[kenalan]
medereiziger (de)	rekan seperjalanan	[rekan seperdʒ'alanan]
klasgenoot (de)	teman sekelas	[teman sekelas]

buurman (de)	tetangga	[tetaŋga]
buurvrouw (de)	tetangga	[tetaŋga]
buren (mv.)	para tetangga	[para tetaŋga]

57. Man. Vrouw

vrouw (de)	perempuan, wanita	[perempuan], [wanita]
meisje (het)	gadis	[gadis]
bruid (de)	mempelai perempuan	[mempelaj perempuan]

mooi(e) (vrouw, meisje)	cantik	[tʃanti']
groot, grote (vrouw, meisje)	tinggi	[tiŋgi]
slank(e) (vrouw, meisje)	ramping	[rampiŋ]
korte, kleine (vrouw, meisje)	pendek	[pende']

| blondine (de) | orang berambut pirang | [oraŋ berambut piraŋ] |
| brunette (de) | orang berambut cokelat | [oraŋ berambut tʃokelat] |

dames- (abn)	wanita	[wanita]
maagd (de)	perawan	[perawan]
zwanger (bn)	hamil	[hamil]

man (de)	laki-laki, pria	[laki-laki], [pria]
blonde man (de)	orang berambut pirang	[oraŋ berambut piraŋ]
bruinharige man (de)	orang berambut cokelat	[oraŋ berambut tʃokelat]
groot (bn)	tinggi	[tiŋgi]
klein (bn)	pendek	[pende']

onbeleefd (bn)	kasar	[kasar]
gedrongen (bn)	kekar	[kekar]
robuust (bn)	tegap	[tegap]
sterk (bn)	kuat	[kuat]
sterkte (de)	kekuatan	[kekuatan]

mollig (bn)	gemuk	[gemu']
getaand (bn)	berkulit hitam	[berkulit hitam]
slank (bn)	ramping	[rampiŋ]
elegant (bn)	anggun	[aŋgun]

58. Leeftijd

leeftijd (de)	umur	[umur]
jeugd (de)	usia muda	[usia muda]
jong (bn)	muda	[muda]

| jonger (bn) | lebih muda | [lebih muda] |
| ouder (bn) | lebih tua | [lebih tua] |

jongen (de)	pemuda	[pemuda]
tiener, adolescent (de)	remaja	[remadʒia]
kerel (de)	cowok	[tʃowoʔ]

| oude man (de) | lelaki tua | [lelaki tua] |
| oude vrouw (de) | perempuan tua | [perempuan tua] |

volwassen (bn)	dewasa	[dewasa]
van middelbare leeftijd (bn)	paruh baya	[paruh baja]
bejaard (bn)	lansia	[lansia]
oud (bn)	tua	[tua]

pensioen (het)	pensiun	[pensiun]
met pensioen gaan	pensiun	[pensiun]
gepensioneerde (de)	pensiunan	[pensiunan]

59. Kinderen

kind (het)	anak	[anaʔ]
kinderen (mv.)	anak-anak	[anaʔ-anaʔ]
tweeling (de)	kembar	[kembar]

wieg (de)	buaian	[buajan]
rammelaar (de)	ocehan	[otʃehan]
luier (de)	popok	[popoʔ]

speen (de)	dot	[dot]
kinderwagen (de)	kereta bayi	[kereta baji]
kleuterschool (de)	taman kanak-kanak	[taman kanaʔ-kanaʔ]
babysitter (de)	pengasuh anak	[peŋasuh anaʔ]

kindertijd (de)	masa kanak-kanak	[masa kanaʔ-kanaʔ]
pop (de)	boneka	[boneka]
speelgoed (het)	mainan	[majnan]
bouwspeelgoed (het)	alat permainan bongkah	[alat permajnan boŋkah]

welopgevoed (bn)	beradab	[beradab]
onopgevoed (bn)	biadab	[biadab]
verwend (bn)	manja	[mandʒia]

stout zijn (ww)	nakal	[nakal]
stout (bn)	nakal	[nakal]
stoutheid (de)	kenakalan	[kenakalan]
stouterd (de)	anak nakal	[anaʔ nakal]

| gehoorzaam (bn) | patuh | [patuh] |
| ongehoorzaam (bn) | tidak patuh | [tidaʔ patuh] |

braaf (bn)	penurut	[penurut]
slim (verstandig)	pandai, pintar	[pandaj], [pintar]
wonderkind (het)	anak ajaib	[anaʔ adʒiajb]

60. Gehuwde paren. Gezinsleven

kussen (een kus geven)	mencium	[mənʧium]
elkaar kussen (ww)	berciuman	[bərʧiuman]
gezin (het)	keluarga	[keluarga]
gezins- (abn)	keluarga	[keluarga]
paar (het)	pasangan	[pasaŋan]
huwelijk (het)	pernikahan	[pərnikahan]
thuis (het)	rumah tangga	[rumah taŋga]
dynastie (de)	dinasti	[dinasti]
date (de)	kencan	[kenʧan]
zoen (de)	ciuman	[ʧiuman]
liefde (de)	cinta	[ʧinta]
liefhebben (ww)	mencintai	[mənʧintaj]
geliefde (bn)	kekasih	[kekasih]
tederheid (de)	kelembutan	[kelembutan]
teder (bn)	lembut	[lembut]
trouw (de)	kesetiaan	[kesetiaʔan]
trouw (bn)	setia	[setia]
zorg (bijv. bejaarden~)	perhatian	[pərhatian]
zorgzaam (bn)	penuh perhatian	[penuh pərhatian]
jonggehuwden (mv.)	pengantin baru	[peŋantin baru]
wittebroodsweken (mv.)	bulan madu	[bulan madu]
trouwen (vrouw)	menikah, bersuami	[mənikah], [bərsuami]
trouwen (man)	menikah, beristri	[mənikah], [bəristri]
bruiloft (de)	pernikahan	[pərnikahan]
gouden bruiloft (de)	pernikahan emas	[pərnikahan emas]
verjaardag (de)	hari jadi, HUT	[hari dʒ'adi], [ha-u-te]
minnaar (de)	pria idaman lain	[pria idaman lajn]
minnares (de)	wanita idaman lain	[wanita idaman lajn]
overspel (het)	perselingkuhan	[pərseliŋkuhan]
overspel plegen (ww)	berselingkuh dari ...	[bərseliŋkuh dari ...]
jaloers (bn)	cemburu	[ʧemburu]
jaloers zijn (echtgenoot, enz.)	cemburu	[ʧemburu]
echtscheiding (de)	perceraian	[pərʧerajan]
scheiden (ww)	bercerai	[bərʧeraj]
ruzie hebben (ww)	bertengkar	[bərteŋkar]
vrede sluiten (ww)	berdamai	[bərdamaj]
samen (bw)	bersama	[bərsama]
seks (de)	seks	[seks]
geluk (het)	kebahagiaan	[kebahagiaʔan]
gelukkig (bn)	berbahagia	[bərbahagia]
ongeluk (het)	kemalangan	[kemalaŋan]
ongelukkig (bn)	malang	[malaŋ]

Karakter. Gevoelens. Emoties

61. Gevoelens. Emoties

gevoel (het)	perasaan	[pərasaʔan]
gevoelens (mv.)	perasaan	[pərasaʔan]
voelen (ww)	merasa	[merasa]
honger (de)	kelaparan	[kelaparan]
honger hebben (ww)	lapar	[lapar]
dorst (de)	kehausan	[kehausan]
dorst hebben	haus	[haus]
slaperigheid (de)	kantuk	[kantuʔ]
willen slapen	mengantuk	[məŋantuʔ]
moeheid (de)	rasa lelah	[rasa lelah]
moe (bn)	lelah	[lelah]
vermoeid raken (ww)	lelah	[lelah]
stemming (de)	suasana hati	[suasana hati]
verveling (de)	kebosanan	[kebosanan]
zich vervelen (ww)	bosan	[bosan]
afzondering (de)	kesendirian	[kesendirian]
zich afzonderen (ww)	menyendiri	[mənjendiri]
bezorgd maken (ww)	membuat khawatir	[membuat hawatir]
zich bezorgd maken	khawatir	[hawatir]
zorg (bijv. geld~en)	kekhawatiran	[kehawatiran]
ongerustheid (de)	kegelisahan	[kegelisahan]
ongerust (bn)	prihatin	[prihatin]
zenuwachtig zijn (ww)	gugup, gelisah	[gugup], [gelisah]
in paniek raken	panik	[paniʔ]
hoop (de)	harapan	[harapan]
hopen (ww)	berharap	[bərharap]
zekerheid (de)	kepastian	[kepastian]
zeker (bn)	pasti	[pasti]
onzekerheid (de)	ketidakpastian	[ketidakpastian]
onzeker (bn)	tidak pasti	[tidaʔ pasti]
dronken (bn)	mabuk	[mabuʔ]
nuchter (bn)	sadar, tidak mabuk	[sadar], [tidaʔ mabuʔ]
zwak (bn)	lemah	[lemah]
gelukkig (bn)	berbahagia	[bərbahagia]
doen schrikken (ww)	menakuti	[mənakuti]
toorn (de)	kemarahan	[kemarahan]
woede (de)	kemarahan	[kemarahan]
depressie (de)	depresi	[depresi]
ongemak (het)	ketidaknyamanan	[ketidaknjamanan]

gemak, comfort (het)	kenyamanan	[kenjamanan]
spijt hebben (ww)	menyesal	[mənjesal]
spijt (de)	penyesalan	[penjesalan]
pech (de)	kesialan	[kesialan]
bedroefdheid (de)	kekesalan	[kekesalan]

schaamte (de)	rasa malu	[rasa malu]
pret (de), plezier (het)	kegirangan	[kegiraŋan]
enthousiasme (het)	antusiasme	[antusiasme]
enthousiasteling (de)	antusias	[antusias]
enthousiasme vertonen	memperlihatkan antusiasme	[memperlihatkan antusiasme]

62. Karakter. Persoonlijkheid

karakter (het)	watak	[wata?]
karakterfout (de)	kepincangan	[kepintʃaŋan]
verstand (het)	otak	[ota?]
rede (de)	akal	[akal]

geweten (het)	nurani	[nurani]
gewoonte (de)	kebiasaan	[kebiasa'an]
bekwaamheid (de)	kemampuan, bakat	[kemampuan], [bakat]
kunnen (bijv., ~ zwemmen)	dapat	[dapat]

geduldig (bn)	sabar	[sabar]
ongeduldig (bn)	tidak sabar	[tida' sabar]
nieuwsgierig (bn)	ingin tahu	[iŋin tahu]
nieuwsgierigheid (de)	rasa ingin tahu	[rasa iŋin tahu]

bescheidenheid (de)	kerendahan hati	[kerendahan hati]
bescheiden (bn)	rendah hati	[rendah hati]
onbescheiden (bn)	tidak tahu malu	[tida' tahu malu]

luiheid (de)	kemalasan	[kemalasan]
lui (bn)	malas	[malas]
luiwammes (de)	pemalas	[pemalas]

sluwheid (de)	kelicikan	[kelitʃikan]
sluw (bn)	licik	[litʃi?]
wantrouwen (het)	ketidakpercayaan	[ketidakpertʃaja'an]
wantrouwig (bn)	tidak percaya	[tida' pərtʃaja]

gulheid (de)	kemurahan hati	[kemurahan hati]
gul (bn)	murah hati	[murah hati]
talentrijk (bn)	berbakat	[bərbakat]
talent (het)	bakat	[bakat]

moedig (bn)	berani	[bərani]
moed (de)	keberanian	[keberanian]
eerlijk (bn)	jujur	[dʒ'udʒ'ur]
eerlijkheid (de)	kejujuran	[kedʒ'udʒ'uran]
voorzichtig (bn)	berhati-hati	[bərhati-hati]
manhaftig (bn)	berani	[bərani]

| ernstig (bn) | serius | [serius] |
| streng (bn) | keras | [keras] |

resoluut (bn)	tegas	[tegas]
onzeker, irresoluut (bn)	ragu-ragu	[ragu-ragu]
schuchter (bn)	malu	[malu]
schuchterheid (de)	sifat pemalu	[sifat pemalu]

vertrouwen (het)	kepercayaan	[kepertʃaja'an]
vertrouwen (ww)	percaya	[pərtʃaja]
goedgelovig (bn)	mudah percaya	[mudah pərtʃaja]

oprecht (bw)	ikhlas	[ihlas]
oprecht (bn)	ikhlas	[ihlas]
oprechtheid (de)	keikhlasan	[keihlasan]
open (bn)	terbuka	[tərbuka]

rustig (bn)	tenang	[tenaŋ]
openhartig (bn)	terus terang	[terus təraŋ]
naïef (bn)	naif	[naif]
verstrooid (bn)	lalai	[lalaj]
leuk, grappig (bn)	lucu	[lutʃu]

gierigheid (de)	kerakusan	[kerakusan]
gierig (bn)	rakus	[rakus]
inhalig (bn)	pelit, kikir	[pelit], [kikir]
kwaad (bn)	jahat	[dʒʲahat]
koppig (bn)	keras kepala, degil	[keras kepala], [degil]
onaangenaam (bn)	tidak menyenangkan	[tida' menjenaŋkan]

egoïst (de)	egois	[egois]
egoïstisch (bn)	egoistis	[egoistis]
lafaard (de)	penakut	[penakut]
laf (bn)	penakut	[penakut]

63. Slaap. Dromen

slapen (ww)	tidur	[tidur]
slaap (in ~ vallen)	tidur	[tidur]
droom (de)	mimpi	[mimpi]
dromen (in de slaap)	bermimpi	[bərmimpi]
slaperig (bn)	mengantuk	[məŋantu']

bed (het)	ranjang	[randʒʲaŋ]
matras (de)	kasur	[kasur]
deken (de)	selimut	[selimut]
kussen (het)	bantal	[bantal]
laken (het)	seprai	[sepraj]

slapeloosheid (de)	insomnia	[insomnia]
slapeloos (bn)	tanpa tidur	[tanpa tidur]
slaapmiddel (het)	obat tidur	[obat tidur]
slaapmiddel innemen	meminum obat tidur	[meminum obat tidur]
willen slapen	mengantuk	[məŋantu']

geeuwen (ww)	menguap	[məŋuap]
gaan slapen	tidur	[tidur]
het bed opmaken	menyiapkan ranjang	[mənjiapkan randʒɡan]
inslapen (ww)	tertidur	[tərtidur]

nachtmerrie (de)	mimpi buruk	[mimpi buruʔ]
gesnurk (het)	dengkuran	[deŋkuran]
snurken (ww)	berdengkur	[bərdeŋkur]

wekker (de)	weker	[weker]
wekken (ww)	membangunkan	[membaŋunkan]
wakker worden (ww)	bangun	[baŋun]
opstaan (ww)	bangun	[baŋun]
zich wassen (ww)	mencuci muka	[məntʃutʃi muka]

64. Humor. Gelach. Blijdschap

humor (de)	humor	[humor]
gevoel (het) voor humor	rasa humor	[rasa humor]
plezier hebben (ww)	bersukaria	[bərsukaria]
vrolijk (bn)	riang, gembira	[riaŋ], [gembira]
pret (de), plezier (het)	keriangan, kegembiraan	[keriaŋan], [kegembiraʔan]

glimlach (de)	senyuman	[senyuman]
glimlachen (ww)	tersenyum	[tərsenyum]
beginnen te lachen (ww)	tertawa	[tərtawa]
lachen (ww)	tertawa	[tərtawa]
lach (de)	gelak tawa	[gelaʔ tawa]

mop (de)	anekdot, lelucon	[anekdot], [lelutʃon]
grappig (een ~ verhaal)	lucu	[lutʃu]
grappig (~e clown)	lucu	[lutʃu]

grappen maken (ww)	bergurau	[bərgurau]
grap (de)	lelucon	[lelutʃon]
blijheid (de)	kegembiraan	[kegembiraʔan]
blij zijn (ww)	bergembira	[bərgembira]
blij (bn)	gembira	[gembira]

65. Discussie, conversatie. Deel 1

| communicatie (de) | komunikasi | [komunikasi] |
| communiceren (ww) | berkomunikasi | [bərkomunikasi] |

conversatie (de)	pembicaraan	[pembitʃaraʔan]
dialoog (de)	dialog	[dialog]
discussie (de)	diskusi	[diskusi]
debat (het)	perdebatan	[pərdebatan]
debatteren, twisten (ww)	berdebat	[bərdebat]

| gesprekspartner (de) | lawan bicara | [lawan bitʃara] |
| thema (het) | topik, tema | [topik], [tema] |

standpunt (het)	sudut pandang	[sudut pandaŋ]
mening (de)	opini, pendapat	[opini], [pendapat]
toespraak (de)	pidato, tuturan	[pidato], [tuturan]

bespreking (de)	pembicaraan	[pembitʃaraʔan]
bespreken (spreken over)	membicarakan	[membitʃarakan]
gesprek (het)	pembicaraan	[pembitʃaraʔan]
spreken (converseren)	berbicara	[berbitʃara]
ontmoeting (de)	pertemuan	[pertemuan]
ontmoeten (ww)	bertemu	[bertemu]

spreekwoord (het)	peribahasa	[peribahasa]
gezegde (het)	peribahasa	[peribahasa]
raadsel (het)	teka-teki	[teka-teki]
een raadsel opgeven	memberi teka-teki	[memberi teka-teki]
wachtwoord (het)	kata sandi	[kata sandi]
geheim (het)	rahasia	[rahasia]

eed (de)	sumpah	[sumpah]
zweren (een eed doen)	bersumpah	[bersumpah]
belofte (de)	janji	[dʒ'andʒi]
beloven (ww)	berjanji	[berdʒ'andʒi]

advies (het)	nasihat	[nasihat]
adviseren (ww)	menasihati	[menasihati]
advies volgen (iemands ~)	mengikuti nasihat	[meŋikuti nasihat]
luisteren (gehoorzamen)	mendengar ...	[mendeŋar ...]

nieuws (het)	berita	[berita]
sensatie (de)	sensasi	[sensasi]
informatie (de)	data, informasi	[data], [informasi]
conclusie (de)	kesimpulan	[kesimpulan]
stem (de)	suara	[suara]
compliment (het)	pujian	[pudʒian]
vriendelijk (bn)	ramah	[ramah]

woord (het)	kata	[kata]
zin (de), zinsdeel (het)	frasa	[frasa]
antwoord (het)	jawaban	[dʒ'awaban]

| waarheid (de) | kebenaran | [kebenaran] |
| leugen (de) | kebohongan | [kebohoŋan] |

gedachte (de)	pikiran	[pikiran]
idee (de/het)	ide	[ide]
fantasie (de)	fantasi	[fantasi]

66. Discussie, conversatie. Deel 2

gerespecteerd (bn)	terhormat	[terhormat]
respecteren (ww)	menghormati	[meŋhormati]
respect (het)	penghormatan	[peŋhormatan]
Geachte ... (brief)	Yth. ... (Yang Terhormat)	[yaŋ terhormat]
voorstellen (Mag ik jullie ~)	memperkenalkan	[memperkenalkan]

kennismaken (met ...)	berkenalan	[bərkenalan]
intentie (de)	niat	[niat]
intentie hebben (ww)	berniat	[bərniat]
wens (de)	pengharapan	[peŋharapan]
wensen (ww)	mengharapkan	[məŋharapkan]
verbazing (de)	keheranan	[keheranan]
verbazen (verwonderen)	mengherankan	[məŋherankan]
verbaasd zijn (ww)	heran	[heran]
geven (ww)	memberi	[memberi]
nemen (ww)	mengambil	[məŋambil]
teruggeven (ww)	mengembalikan	[məŋembalikan]
retourneren (ww)	mengembalikan	[məŋembalikan]
zich verontschuldigen	meminta maaf	[meminta ma'af]
verontschuldiging (de)	permintaan maaf	[pərminta'an ma'af]
vergeven (ww)	memaafkan	[mema'afkan]
spreken (ww)	berbicara	[bərbitʃara]
luisteren (ww)	mendengarkan	[məndeŋarkan]
aanhoren (ww)	mendengar	[məndeŋar]
begrijpen (ww)	mengerti	[məŋerti]
tonen (ww)	menunjukkan	[mənundʒu'kan]
kijken naar ...	melihat ...	[melihat ...]
roepen (vragen te komen)	memanggil	[memaŋgil]
afleiden (storen)	mengganggu	[məŋgaŋgu]
storen (lastigvallen)	mengganggu	[məŋgaŋgu]
doorgeven (ww)	menyampaikan	[mənjampajkan]
verzoek (het)	permintaan	[pərminta'an]
verzoeken (ww)	meminta	[meminta]
eis (de)	tuntutan	[tuntutan]
eisen (met klem vragen)	menuntut	[mənuntut]
beledigen	mengejek	[məŋedʒe']
(beledigende namen geven)		
uitlachen (ww)	mencemooh	[məntʃemooh]
spot (de)	cemoohan	[tʃemoohan]
bijnaam (de)	nama panggilan	[nama paŋgilan]
zinspeling (de)	isyarat	[iʃarat]
zinspelen (ww)	mengisyaratkan	[məŋiʃaratkan]
impliceren (duiden op)	berarti	[bərarti]
beschrijving (de)	penggambaran	[peŋgambaran]
beschrijven (ww)	menggambarkan	[məŋgambarkan]
lof (de)	pujian	[pudʒian]
loven (ww)	memuji	[memudʒi]
teleurstelling (de)	kekecewaan	[keketʃewa'an]
teleurstellen (ww)	mengecewakan	[məŋetʃewakan]
teleurgesteld zijn (ww)	kecewa	[ketʃewa]
veronderstelling (de)	dugaan	[duga'an]
veronderstellen (ww)	menduga	[mənduga]

| waarschuwing (de) | peringatan | [pəriŋatan] |
| waarschuwen (ww) | memperingatkan | [memperiŋatkan] |

67. Discussie, conversatie. Deel 3

| aanpraten (ww) | meyakinkan | [meyakinkan] |
| kalmeren (kalm maken) | menenangkan | [mənenaŋkan] |

stilte (de)	kebisuan	[kebisuan]
zwijgen (ww)	membisu	[membisu]
fluisteren (ww)	berbisik	[bərbisiʔ]
gefluister (het)	bisikan	[bisikan]

| open, eerlijk (bw) | terus terang | [terus təraŋ] |
| volgens mij ... | menurut saya ... | [mənurut saja ...] |

detail (het)	detail, perincian	[detajl], [pərintʃian]
gedetailleerd (bn)	mendetail	[məndetajl]
gedetailleerd (bw)	dengan mendetail	[deŋan mendetajl]

| hint (de) | petunjuk | [petundʒiuʔ] |
| een hint geven | memberi petunjuk | [memberi petundʒiuʔ] |

blik (de)	melihat	[melihat]
een kijkje nemen	melihat	[melihat]
strak (een ~ke blik)	kaku	[kaku]
knipperen (ww)	berkedip	[bərkedip]
knipogen (ww)	mengedipkan mata	[məŋedipkan mata]
knikken (ww)	mengangguk	[məŋaŋguʔ]

zucht (de)	desah	[desah]
zuchten (ww)	mendesah	[məndesah]
huiveren (ww)	tersentak	[tərsentaʔ]
gebaar (het)	gerak tangan	[geraʔ taŋan]
aanraken (ww)	menyentuh	[mənjentuh]
grijpen (ww)	memegang	[memegaŋ]
een schouderklopje geven	menepuk	[mənepuʔ]

Kijk uit!	Awas! Hati-hati!	[awas!], [hati-hati!]
Echt?	Sungguh?	[suŋguh?]
Bent je er zeker van?	Kamu yakin?	[kamu yakin?]
Succes!	Semoga behasil!	[semoga behasil!]
Juist, ja!	Begitu!	[begitu!]
Wat jammer!	Sayang sekali!	[sajaŋ sekali!]

68. Overeenstemming. Weigering

instemming (het)	persetujuan	[pərsetudʒiuan]
instemmen (akkoord gaan)	setuju, ijin	[setudʒiu], [idʒin]
goedkeuring (de)	persetujuan	[pərsetudʒiuan]
goedkeuren (ww)	menyetujui	[mənjetudʒiui]
weigering (de)	penolakan	[penolakan]

weigeren (ww)	menolak	[mənolaʔ]
Geweldig!	Bagus!	[bagus!]
Goed!	Baiklah! Baik!	[bajklah!], [bajʔ!]
Akkoord!	Baiklah! Baik!	[bajklah!], [bajʔ!]

verboden (bn)	larangan	[laraŋan]
het is verboden	dilarang	[dilaraŋ]
het is onmogelijk	mustahil	[mustahil]
onjuist (bn)	salah	[salah]

afwijzen (ww)	menolak	[mənolaʔ]
steunen	mendukung	[məndukuŋ]
(een goed doel, enz.)		
aanvaarden (excuses ~)	menerima	[mənerima]

bevestigen (ww)	mengonfirmasi	[məŋonfirmasi]
bevestiging (de)	konfirmasi	[konfirmasi]
toestemming (de)	izin	[izin]
toestaan (ww)	mengizinkan	[məŋizinkan]
beslissing (de)	keputusan	[keputusan]
z'n mond houden (ww)	membisu	[membisu]

voorwaarde (de)	syarat	[ʃarat]
smoes (de)	alasan, dalih	[alasan], [dalih]
lof (de)	pujian	[pudʒian]
loven (ww)	memuji	[memudʒi]

69. Succes. Veel geluk. Mislukking

succes (het)	sukses, berhasil	[sukses], [bərhasil]
succesvol (bw)	dengan sukses	[deŋan sukses]
succesvol (bn)	sukses, berhasil	[sukses], [bərhasil]

geluk (het)	keberuntungan	[keberuntuŋan]
Succes!	Semoga behasil!	[semoga behasil!]
geluks- (bn)	beruntung	[bəruntuŋ]
gelukkig (fortuinlijk)	beruntung	[bəruntuŋ]

mislukking (de)	kegagalan	[kegagalan]
tegenslag (de)	kesialan	[kesialan]
pech (de)	kesialan	[kesialan]
zonder succes (bn)	gagal	[gagal]
catastrofe (de)	gagal total	[gagal total]

fierheid (de)	kebanggaan	[kebaŋaʔan]
fier (bn)	bangga	[baŋga]
fier zijn (ww)	bangga	[baŋga]

winnaar (de)	pemenang	[pemenaŋ]
winnen (ww)	menang	[menaŋ]
verliezen (ww)	kalah	[kalah]
poging (de)	percobaan	[pərtʃobaʔan]
pogen, proberen (ww)	mencoba	[məntʃoba]
kans (de)	kans, peluang	[kans], [peluaŋ]

70. Ruzies. Negatieve emoties

schreeuw (de)	teriakan	[təriakan]
schreeuwen (ww)	berteriak	[bərteria']
beginnen te schreeuwen	berteriak	[bərteria']
ruzie (de)	pertengkaran	[pərteŋkaran]
ruzie hebben (ww)	bertengkar	[bərteŋkar]
schandaal (het)	pertengkaran	[pərteŋkaran]
schandaal maken (ww)	bertengkar	[bərteŋkar]
conflict (het)	konflik	[konfli']
misverstand (het)	kesalahpahaman	[kesalahpahaman]
belediging (de)	penghinaan	[peŋhina'an]
beledigen	menghina	[məŋhina]
(met scheldwoorden)		
beledigd (bn)	terhina	[tərhina]
krenking (de)	perasaan tersinggung	[pərasa'an tərsiŋguŋ]
krenken (beledigen)	menyinggung	[mənjiŋguŋ]
gekwetst worden (ww)	tersinggung	[tərsiŋguŋ]
verontwaardiging (de)	kemarahan	[kemarahan]
verontwaardigd zijn (ww)	marah	[marah]
klacht (de)	komplain, pengaduan	[kompleyn], [peŋaduan]
klagen (ww)	mengeluh	[məŋeluh]
verontschuldiging (de)	permintaan maaf	[pərminta'an ma'af]
zich verontschuldigen	meminta maaf	[meminta ma'af]
excuus vragen	minta maaf	[minta ma'af]
kritiek (de)	kritik	[kriti']
bekritiseren (ww)	mengkritik	[məŋkriti']
beschuldiging (de)	tuduhan	[tuduhan]
beschuldigen (ww)	menuduh	[mənuduh]
wraak (de)	dendam	[dendam]
wreken (ww)	membalas dendam	[membalas dendam]
wraak nemen (ww)	membalas	[membalas]
minachting (de)	penghinaan	[peŋhina'an]
minachten (ww)	benci, membenci	[benʧi], [membenʧi]
haat (de)	rasa benci	[rasa benʧi]
haten (ww)	membenci	[membenʧi]
zenuwachtig (bn)	gugup, grogi	[gugup], [grogi]
zenuwachtig zijn (ww)	gugup, gelisah	[gugup], [gelisah]
boos (bn)	marah	[marah]
boos maken (ww)	membuat marah	[membuat marah]
vernedering (de)	penghinaan	[peŋhina'an]
vernederen (ww)	merendahkan	[merendahkan]
zich vernederen (ww)	merendahkan diri sendiri	[merendahkan diri sendiri]
schok (de)	keterkejutan	[keterkedʒⁱutan]
schokken (ww)	mengejutkan	[məŋedʒⁱutkan]

| onaangenaamheid (de) | kesulitan | [kesulitan] |
| onaangenaam (bn) | tidak menyenangkan | [tida' menjenaŋkan] |

vrees (de)	ketakutan	[ketakutan]
vreselijk (bijv. ~ onweer)	dahsyat	[dahʃat]
eng (bn)	menakutkan	[mənakutkan]
gruwel (de)	horor, ketakutan	[horor], [ketakutan]
vreselijk (~ nieuws)	buruk, parah	[buruk], [parah]

beginnen te beven	gemetar	[gemetar]
huilen (wenen)	menangis	[mənaŋis]
beginnen te huilen (wenen)	menangis	[mənaŋis]
traan (de)	air mata	[air mata]

schuld (~ geven aan)	kesalahan	[kesalahan]
schuldgevoel (het)	rasa bersalah	[rasa bərsalah]
schande (de)	aib	[aib]
protest (het)	protes	[protes]
stress (de)	stres	[stres]

storen (lastigvallen)	mengganggu	[məŋgaŋgu]
kwaad zijn (ww)	marah	[marah]
kwaad (bn)	marah	[marah]
beëindigen (een relatie ~)	menghentikan	[məŋhentikan]
vloeken (ww)	menyumpahi	[mənyumpahi]

schrikken (schrik krijgen)	takut	[takut]
slaan (iemand ~)	memukul	[memukul]
vechten (ww)	berkelahi	[bərkelahi]

regelen (conflict)	menyelesaikan	[mənjelesajkan]
ontevreden (bn)	tidak puas	[tida' puas]
woedend (bn)	garam	[garam]

| Dat is niet goed! | Tidak baik! | [tida' bai'!] |
| Dat is slecht! | Jelek! Buruk! | [dʒ'ele'!], [buru'!] |

Geneeskunde

71. Ziekten

ziekte (de)	penyakit	[penjakit]
ziek zijn (ww)	sakit	[sakit]
gezondheid (de)	kesehatan	[kesehatan]
snotneus (de)	hidung meler	[hiduŋ meler]
angina (de)	radang tonsil	[radaŋ tonsil]
verkoudheid (de)	pilek, selesma	[pilek], [selesma]
verkouden raken (ww)	masuk angin	[masu' aŋin]
bronchitis (de)	bronkitis	[bronkitis]
longontsteking (de)	radang paru-paru	[radaŋ paru-paru]
griep (de)	flu	[flu]
bijziend (bn)	rabun jauh	[rabun dʒ'auh]
verziend (bn)	rabun dekat	[rabun dekat]
scheelheid (de)	mata juling	[mata dʒ'uliŋ]
scheel (bn)	bermata juling	[bərmata dʒ'uliŋ]
grauwe staar (de)	katarak	[katara']
glaucoom (het)	glaukoma	[glaukoma]
beroerte (de)	stroke	[stroke]
hartinfarct (het)	infark	[infar']
myocardiaal infarct (het)	serangan jantung	[seraŋan dʒ'antuŋ]
verlamming (de)	kelumpuhan	[kelumpuhan]
verlammen (ww)	melumpuhkan	[melumpuhkan]
allergie (de)	alergi	[alergi]
astma (de/het)	asma	[asma]
diabetes (de)	diabetes	[diabetes]
tandpijn (de)	sakit gigi	[sakit gigi]
tandbederf (het)	karies	[karies]
diarree (de)	diare	[diare]
constipatie (de)	konstipasi, sembelit	[konstipasi], [sembelit]
maagstoornis (de)	gangguan pencernaan	[gaŋuan pentʃarna'an]
voedselvergiftiging (de)	keracunan makanan	[keratʃunan makanan]
voedselvergiftiging oplopen	keracunan makanan	[keratʃunan makanan]
artritis (de)	artritis	[artritis]
rachitis (de)	rakitis	[rakitis]
reuma (het)	rematik	[remati']
arteriosclerose (de)	aterosklerosis	[aterosklerosis]
gastritis (de)	radang perut	[radaŋ perut]
blindedarmontsteking (de)	apendisitis	[apendisitis]

| galblaasontsteking (de) | radang pundi empedu | [radaŋ pundi empedu] |
| zweer (de) | tukak lambung | [tuka' lambuŋ] |

mazelen (mv.)	penyakit campak	[penjakit ʧampa']
rodehond (de)	penyakit campak Jerman	[penjakit ʧampa' dʒ|erman]
geelzucht (de)	sakit kuning	[sakit kuniŋ]
leverontsteking (de)	hepatitis	[hepatitis]

schizofrenie (de)	skizofrenia	[skizofrenia]
dolheid (de)	rabies	[rabies]
neurose (de)	neurosis	[neurosis]
hersenschudding (de)	gegar otak	[gegar ota']

kanker (de)	kanker	[kanker]
sclerose (de)	sklerosis	[sklerosis]
multiple sclerose (de)	sklerosis multipel	[sklerosis multipel]

alcoholisme (het)	alkoholisme	[alkoholisme]
alcoholicus (de)	alkoholik	[alkoholi']
syfilis (de)	sifilis	[sifilis]
AIDS (de)	AIDS	[ajds]

tumor (de)	tumor	[tumor]
kwaadaardig (bn)	ganas	[ganas]
goedaardig (bn)	jinak	[dʒina']

koorts (de)	demam	[demam]
malaria (de)	malaria	[malaria]
gangreen (het)	gangren	[gaŋren]
zeeziekte (de)	mabuk laut	[mabu' laut]
epilepsie (de)	epilepsi	[epilepsi]

epidemie (de)	epidemi	[epidemi]
tyfus (de)	tifus	[tifus]
tuberculose (de)	tuberkulosis	[tuberkulosis]
cholera (de)	kolera	[kolera]
pest (de)	penyakit pes	[penjakit pes]

72. Symptomen. Behandelingen. Deel 1

symptoom (het)	gejala	[gedʒala]
temperatuur (de)	temperatur, suhu	[temperatur], [suhu]
verhoogde temperatuur (de)	temperatur tinggi	[temperatur tiŋgi]
polsslag (de)	denyut nadi	[denyut nadi]

duizeling (de)	rasa pening	[rasa peniŋ]
heet (erg warm)	panas	[panas]
koude rillingen (mv.)	menggigil	[məŋgigil]
bleek (bn)	pucat	[puʧat]

hoest (de)	batuk	[batu']
hoesten (ww)	batuk	[batu']
niezen (ww)	bersin	[bersin]
flauwte (de)	pingsan	[piŋsan]

flauwvallen (ww)	jatuh pingsan	[ʤatuh piŋsan]
blauwe plek (de)	luka memar	[luka memar]
buil (de)	bengkak	[beŋka']
zich stoten (ww)	terantuk	[terantu']
kneuzing (de)	luka memar	[luka memar]
kneuzen (gekneusd zijn)	kena luka memar	[kena luka memar]

hinken (ww)	pincang	[pintʃaŋ]
verstuiking (de)	keseleo	[keseleo]
verstuiken (enkel, enz.)	keseleo	[keseleo]
breuk (de)	fraktura, patah tulang	[fraktura], [patah tulaŋ]
een breuk oplopen	patah tulang	[patah tulaŋ]

snijwond (de)	teriris	[teriris]
zich snijden (ww)	teriris	[teriris]
bloeding (de)	perdarahan	[perdarahan]

brandwond (de)	luka bakar	[luka bakar]
zich branden (ww)	menderita luka bakar	[menderita luka bakar]

prikken (ww)	menusuk	[menusu']
zich prikken (ww)	tertusuk	[tertusu']
blesseren (ww)	melukai	[melukaj]
blessure (letsel)	cedera	[tʃedera]
wond (de)	luka	[luka]
trauma (het)	trauma	[trauma]

IJlen (ww)	mengigau	[meŋigau]
stotteren (ww)	gagap	[gagap]
zonnesteek (de)	sengatan matahari	[seŋatan matahari]

73. Symptomen. Behandelingen. Deel 2

pijn (de)	sakit	[sakit]
splinter (de)	selumbar	[selumbar]

zweet (het)	keringat	[keriŋat]
zweten (ww)	berkeringat	[berkeriŋat]
braking (de)	muntah	[muntah]
stuiptrekkingen (mv.)	kram	[kram]

zwanger (bn)	hamil	[hamil]
geboren worden (ww)	lahir	[lahir]
geboorte (de)	persalinan	[persalinan]
baren (ww)	melahirkan	[melahirkan]
abortus (de)	aborsi	[aborsi]

ademhaling (de)	pernapasan	[pernapasan]
inademing (de)	tarikan napas	[tarikan napas]
uitademing (de)	napas keluar	[napas keluar]
uitademen (ww)	mengembuskan napas	[meŋembuskan napas]
inademen (ww)	menarik napas	[menari' napas]
invalide (de)	penderita cacat	[penderita tʃatʃat]
gehandicapte (de)	penderita cacat	[penderita tʃatʃat]

drugsverslaafde (de)	pecandu narkoba	[petʃandu narkoba]
doof (bn)	tunarungu	[tunaruŋu]
stom (bn)	tunawicara	[tunawitʃara]
doofstom (bn)	tunarungu-wicara	[tunaruŋu-witʃara]
krankzinnig (bn)	gila	[gila]
krankzinnige (man)	lelaki gila	[lelaki gila]
krankzinnige (vrouw)	perempuan gila	[pərempuan gila]
krankzinnig worden	menggila	[məŋgila]
gen (het)	gen	[gen]
immuniteit (de)	imunitas	[imunitas]
erfelijk (bn)	turun-temurun	[turun-temurun]
aangeboren (bn)	bawaan	[bawaʔan]
virus (het)	virus	[virus]
microbe (de)	mikroba	[mikroba]
bacterie (de)	bakteri	[bakteri]
infectie (de)	infeksi	[infeksi]

74. Symptomen. Behandelingen. Deel 3

ziekenhuis (het)	rumah sakit	[rumah sakit]
patiënt (de)	pasien	[pasien]
diagnose (de)	diagnosis	[diagnosis]
genezing (de)	perawatan	[pərawatan]
medische behandeling (de)	pengobatan medis	[pəŋobatan medis]
onder behandeling zijn	berobat	[bərobat]
behandelen (ww)	merawat	[merawat]
zorgen (zieken ~)	merawat	[merawat]
ziekenzorg (de)	pengasuhan	[pəɲasuhan]
operatie (de)	operasi, pembedahan	[operasi], [pembedahan]
verbinden (een arm ~)	membalut	[membalut]
verband (het)	pembalutan	[pembalutan]
vaccin (het)	vaksinasi	[vaksinasi]
inenten (vaccineren)	memvaksinasi	[memvaksinasi]
injectie (de)	suntikan	[suntikan]
een injectie geven	menyuntik	[mənyuntiʔ]
aanval (de)	serangan	[seraŋan]
amputatie (de)	amputasi	[amputasi]
amputeren (ww)	mengamputasi	[məŋamputasi]
coma (het)	koma	[koma]
in coma liggen	dalam keadaan koma	[dalam keadaʔan koma]
intensieve zorg, ICU (de)	perawatan intensif	[pərawatan intensif]
zich herstellen (ww)	sembuh	[sembuh]
toestand (de)	keadaan	[keadaʔan]
bewustzijn (het)	kesadaran	[kesadaran]
geheugen (het)	memori, daya ingat	[memori], [daja iɲat]
trekken (een kies ~)	mencabut	[məntʃabut]

| vulling (de) | tambalan | [tambalan] |
| vullen (ww) | menambal | [mənambal] |

| hypnose (de) | hipnosis | [hipnosis] |
| hypnotiseren (ww) | menghipnosis | [məŋhipnosis] |

75. Artsen

dokter, arts (de)	dokter	[dokter]
ziekenzuster (de)	suster, juru rawat	[suster], [dʒuru rawat]
lijfarts (de)	dokter pribadi	[dokter pribadi]

tandarts (de)	dokter gigi	[dokter gigi]
oogarts (de)	dokter mata	[dokter mata]
therapeut (de)	ahli penyakit dalam	[ahli penjakit dalam]
chirurg (de)	dokter bedah	[dokter bedah]

psychiater (de)	psikiater	[psikiater]
pediater (de)	dokter anak	[dokter anaʔ]
psycholoog (de)	psikolog	[psikolog]
gynaecoloog (de)	ginekolog	[ginekolog]
cardioloog (de)	kardiolog	[kardiolog]

76. Geneeskunde. Medicijnen. Accessoires

geneesmiddel (het)	obat	[obat]
middel (het)	obat	[obat]
voorschrijven (ww)	meresepkan	[meresepkan]
recept (het)	resep	[resep]

tablet (de/het)	pil, tablet	[pil], [tablet]
zalf (de)	salep	[salep]
ampul (de)	ampul	[ampul]
drank (de)	obat cair	[obat tʃajr]
siroop (de)	sirop	[sirop]
pil (de)	pil	[pil]
poeder (de/het)	bubuk	[bubuʔ]

verband (het)	perban	[perban]
watten (mv.)	kapas	[kapas]
jodium (het)	iodium	[iodium]

pleister (de)	plester obat	[plester obat]
pipet (de)	tetes mata	[tetes mata]
thermometer (de)	termometer	[tərmometər]
spuit (de)	alat suntik	[alat suntiʔ]

| rolstoel (de) | kursi roda | [kursi roda] |
| krukken (mv.) | kruk | [kruʔ] |

| pijnstiller (de) | obat bius | [obat bius] |
| laxeermiddel (het) | laksatif, obat pencuci perut | [laksatif], [obat pentʃutʃi pərut] |

spiritus (de)	spiritus, alkohol	[spiritus], [alkohol]
medicinale kruiden (mv.)	tanaman obat	[tanaman obat]
kruiden- (abn)	herbal	[herbal]

77. Roken. Tabaksproducten

tabak (de)	tembakau	[tembakau]
sigaret (de)	rokok	[roko']
sigaar (de)	cerutu	[ʧerutu]
pijp (de)	pipa	[pipa]
pakje (~ sigaretten)	bungkus	[buŋkus]

lucifers (mv.)	korek api	[kore' api]
luciferdoosje (het)	kotak korek api	[kota' kore' api]
aansteker (de)	pemantik	[pemanti']
asbak (de)	asbak	[asba']
sigarettendoosje (het)	selepa	[selepa]

| sigarettenpijpje (het) | pemegang rokok | [pemegaŋ roko'] |
| filter (de/het) | filter | [filter] |

roken (ww)	merokok	[meroko']
een sigaret opsteken	menyulut rokok	[mənyulut roko']
roken (het)	merokok	[meroko']
roker (de)	perokok	[pəroko']

peuk (de)	puntung rokok	[puntuŋ roko']
rook (de)	asap	[asap]
as (de)	abu	[abu]

HET MENSELIJKE LEEFGEBIED

Stad

78. Stad. Het leven in de stad

stad (de)	kota	[kota]
hoofdstad (de)	ibu kota	[ibu kota]
dorp (het)	desa	[desa]
plattegrond (de)	peta kota	[peta kota]
centrum (ov. een stad)	pusat kota	[pusat kota]
voorstad (de)	pinggir kota	[piŋgir kota]
voorstads- (abn)	pinggir kota	[piŋgir kota]
randgemeente (de)	pinggir	[piŋgir]
omgeving (de)	daerah sekitarnya	[daerah sekitarnja]
blok (huizenblok)	blok	[blo']
woonwijk (de)	blok perumahan	[blo' perumahan]
verkeer (het)	lalu lintas	[lalu lintas]
verkeerslicht (het)	lampu lalu lintas	[lampu lalu lintas]
openbaar vervoer (het)	angkot	[aŋkot]
kruispunt (het)	persimpangan	[pərsimpaŋan]
zebrapad (oversteekplaats)	penyeberangan	[penjeberaŋan]
onderdoorgang (de)	terowongan penyeberangan	[terowoŋan penjeberaŋan]
oversteken (de straat ~)	menyeberang	[mənjeberaŋ]
voetganger (de)	pejalan kaki	[pedʒalan kaki]
trottoir (het)	trotoar	[trotoar]
brug (de)	jembatan	[dʒembatan]
dijk (de)	tepi sungai	[tepi suŋaj]
fontein (de)	air mancur	[air mantʃur]
allee (de)	jalan kecil	[dʒalan ketʃil]
park (het)	taman	[taman]
boulevard (de)	bulevar, adimarga	[bulevar], [adimarga]
plein (het)	lapangan	[lapaŋan]
laan (de)	jalan raya	[dʒalan raja]
straat (de)	jalan	[dʒalan]
zijstraat (de)	gang	[gaŋ]
doodlopende straat (de)	jalan buntu	[dʒalan buntu]
huis (het)	rumah	[rumah]
gebouw (het)	gedung	[geduŋ]
wolkenkrabber (de)	pencakar langit	[pentʃakar laŋit]
gevel (de)	bagian depan	[bagian depan]

dak (het)	atap	[atap]
venster (het)	jendela	[dʒendela]
boog (de)	lengkungan	[leŋkuŋan]
pilaar (de)	pilar	[pilar]
hoek (ov. een gebouw)	sudut	[sudut]

vitrine (de)	etalase	[etalase]
gevelreclame (de)	papan nama	[papan nama]
affiche (de/het)	poster	[poster]
reclameposter (de)	poster iklan	[poster iklan]
aanplakbord (het)	papan iklan	[papan iklan]

vuilnis (de/het)	sampah	[sampah]
vuilnisbak (de)	tong sampah	[toŋ sampah]
afval weggooien (ww)	menyampah	[mənjampah]
stortplaats (de)	tempat pemrosesan akhir (TPA)	[tempat pemrosesan ahir]

telefooncel (de)	gardu telepon umum	[gardu telepon umum]
straatlicht (het)	tiang lampu	[tiaŋ lampu]
bank (de)	bangku	[baŋku]

politieagent (de)	polisi	[polisi]
politie (de)	polisi, kepolisian	[polisi], [kepolisian]
zwerver (de)	pengemis	[peŋemis]
dakloze (de)	tuna wisma	[tuna wisma]

79. Stedelijke instellingen

winkel (de)	toko	[toko]
apotheek (de)	apotek, toko obat	[apotek], [toko obat]
optiek (de)	optik	[optiʔ]
winkelcentrum (het)	toserba	[toserba]
supermarkt (de)	pasar swalayan	[pasar swalajan]

bakkerij (de)	toko roti	[toko roti]
bakker (de)	pembuat roti	[pembuat roti]
banketbakkerij (de)	toko kue	[toko kue]
kruidenier (de)	toko pangan	[toko paŋan]
slagerij (de)	toko daging	[toko dagiŋ]

| groentewinkel (de) | toko sayur | [toko sajur] |
| markt (de) | pasar | [pasar] |

koffiehuis (het)	warung kopi	[waruŋ kopi]
restaurant (het)	restoran	[restoran]
bar (de)	kedai bir	[kedaj bir]
pizzeria (de)	kedai piza	[kedaj piza]

kapperssalon (de/het)	salon rambut	[salon rambut]
postkantoor (het)	kantor pos	[kantor pos]
stomerij (de)	penatu kimia	[penatu kimia]
fotostudio (de)	studio foto	[studio foto]
schoenwinkel (de)	toko sepatu	[toko sepatu]

| boekhandel (de) | toko buku | [toko buku] |
| sportwinkel (de) | toko alat olahraga | [toko alat olahraga] |

kledingreparatie (de)	reparasi pakaian	[reparasi pakajan]
kledingverhuur (de)	rental pakaian	[rental pakajan]
videotheek (de)	rental film	[rental film]

circus (de/het)	sirkus	[sirkus]
dierentuin (de)	kebun binatang	[kebun binataŋ]
bioscoop (de)	bioskop	[bioskop]
museum (het)	museum	[museum]
bibliotheek (de)	perpustakaan	[pərpustaka'an]

theater (het)	teater	[teater]
opera (de)	opera	[opera]
nachtclub (de)	klub malam	[klub malam]
casino (het)	kasino	[kasino]

moskee (de)	masjid	[masdʒid]
synagoge (de)	sinagoga, kanisah	[sinagoga], [kanisah]
kathedraal (de)	katedral	[katedral]
tempel (de)	kuil, candi	[kuil], [tʃandi]
kerk (de)	gereja	[geredʒia]

instituut (het)	institut, perguruan tinggi	[institut], [pərguruan tiŋgi]
universiteit (de)	universitas	[universitas]
school (de)	sekolah	[sekolah]

gemeentehuis (het)	prefektur, distrik	[prefektur], [distri']
stadhuis (het)	balai kota	[balaj kota]
hotel (het)	hotel	[hotel]
bank (de)	bank	[ban']

ambassade (de)	kedutaan besar	[keduta'an besar]
reisbureau (het)	kantor pariwisata	[kantor pariwisata]
informatieloket (het)	kantor penerangan	[kantor peneraŋan]
wisselkantoor (het)	kantor penukaran uang	[kantor penukaran uaŋ]

| metro (de) | kereta api bawah tanah | [kereta api bawah tanah] |
| ziekenhuis (het) | rumah sakit | [rumah sakit] |

| benzinestation (het) | SPBU, stasiun bensin | [es-pe-be-u], [stasjun bensin] |
| parking (de) | tempat parkir | [tempat parkir] |

80. Borden

gevelreclame (de)	papan nama	[papan nama]
opschrift (het)	tulisan	[tulisan]
poster (de)	poster	[poster]
wegwijzer (de)	penunjuk arah	[penundʒiu' arah]
pijl (de)	anak panah	[ana' panah]

| waarschuwing (verwittiging) | peringatan | [periŋatan] |
| waarschuwingsbord (het) | tanda peringatan | [tanda periŋatan] |

waarschuwen (ww)	memperingatkan	[memperiŋatkan]
vrije dag (de)	hari libur	[hari libur]
dienstregeling (de)	jadwal	[dʒadwal]
openingsuren (mv.)	jam buka	[dʒam buka]
WELKOM!	SELAMAT DATANG!	[selamat dataŋ!]
INGANG	MASUK	[masuʔ]
UITGANG	KELUAR	[keluar]
DUWEN	DORONG	[doroŋ]
TREKKEN	TARIK	[tariʔ]
OPEN	BUKA	[buka]
GESLOTEN	TUTUP	[tutup]
DAMES	WANITA	[wanita]
HEREN	PRIA	[pria]
KORTING	DISKON	[diskon]
UITVERKOOP	OBRAL	[obral]
NIEUW!	BARU!	[baru!]
GRATIS	GRATIS	[gratis]
PAS OP!	PERHATIAN!	[pərhatian!]
VOLGEBOEKT	PENUH	[penuh]
GERESERVEERD	DIRESERVASI	[direservasi]
ADMINISTRATIE	ADMINISTRASI	[administrasi]
ALLEEN VOOR PERSONEEL	KHUSUS STAF	[husus staf]
GEVAARLIJKE HOND	AWAS, ANJING GALAK!	[awas], [andʒiŋ galaʔ!]
VERBODEN TE ROKEN!	DILARANG MEROKOK!	[dilaraŋ merokoʔ!]
NIET AANRAKEN!	JANGAN SENTUH!	[dʒaŋan sentuh!]
GEVAARLIJK	BERBAHAYA	[bərbahaja]
GEVAAR	BAHAYA	[bahaja]
HOOGSPANNING	TEGANGAN TINGGI	[tegaŋan tiŋgi]
VERBODEN TE ZWEMMEN	DILARANG BERENANG!	[dilaraŋ bərenaŋ!]
BUITEN GEBRUIK	RUSAK	[rusaʔ]
ONTVLAMBAAR	BAHAN MUDAH TERBAKAR	[bahan mudah tərbakar]
VERBODEN	DILARANG	[dilaraŋ]
DOORGANG VERBODEN	DILARANG MASUK!	[dilaraŋ masuʔ!]
OPGELET PAS GEVERFD	AWAS CAT BASAH	[awas tʃat basah]

81. Stedelijk vervoer

bus, autobus (de)	bus	[bus]
tram (de)	trem	[trem]
trolleybus (de)	bus listrik	[bus listriʔ]
route (de)	trayek	[traeʔ]
nummer (busnummer, enz.)	nomor	[nomor]
rijden met …	naik …	[naiʔ …]

| stappen (in de bus ~) | naik | [nai'] |
| afstappen (ww) | turun ... | [turun ...] |

halte (de)	halte, pemberhentian	[halte], [pemberhentian]
volgende halte (de)	halte berikutnya	[halte berikutnja]
eindpunt (het)	halte terakhir	[halte terahir]
dienstregeling (de)	jadwal	[dʒiadwal]
wachten (ww)	menunggu	[mənuŋgu]

| kaartje (het) | tiket | [tiket] |
| reiskosten (de) | harga karcis | [harga kartʃis] |

kassier (de)	kasir	[kasir]
kaartcontrole (de)	pemeriksaan tiket	[pemeriksa'an tiket]
controleur (de)	kondektur	[kondektur]

te laat zijn (ww)	terlambat ...	[tərlambat ...]
missen (de bus ~)	ketinggalan	[ketiŋgalan]
zich haasten (ww)	tergesa-gesa	[tərgesa-gesa]

taxi (de)	taksi	[taksi]
taxichauffeur (de)	sopir taksi	[sopir taksi]
met de taxi (bw)	naik taksi	[nai' taksi]
taxistandplaats (de)	pangkalan taksi	[paŋkalan taksi]
een taxi bestellen	memanggil taksi	[memaŋgil taksi]
een taxi nemen	menaiki taksi	[mənajki taksi]

verkeer (het)	lalu lintas	[lalu lintas]
file (de)	kemacetan lalu lintas	[kematʃetan lalu lintas]
spitsuur (het)	jam sibuk	[dʒiam sibu']
parkeren (on.ww.)	parkir	[parkir]
parkeren (ov.ww.)	memarkir	[memarkir]
parking (de)	tempat parkir	[tempat parkir]

metro (de)	kereta api bawah tanah	[kereta api bawah tanah]
halte (bijv. kleine treinhalte)	stasiun	[stasiun]
de metro nemen	naik kereta api bawah tanah	[nai' kereta api bawah tanah]
trein (de)	kereta api	[kereta api]
station (treinstation)	stasiun kereta api	[stasiun kereta api]

82. Bezienswaardigheden

monument (het)	monumen, patung	[monumen], [patuŋ]
vesting (de)	benteng	[benteŋ]
paleis (het)	istana	[istana]
kasteel (het)	kastil	[kastil]
toren (de)	menara	[mənara]
mausoleum (het)	mausoleum	[mausoleum]

architectuur (de)	arsitektur	[arsitektur]
middeleeuws (bn)	abad pertengahan	[abad pərteŋahan]
oud (bn)	kuno	[kuno]
nationaal (bn)	nasional	[nasional]

bekend (bn)	terkenal	[tərkenal]
toerist (de)	turis, wisatawan	[turis], [wisatawan]
gids (de)	pemandu wisata	[pemandu wisata]
rondleiding (de)	ekskursi	[ekskursi]
tonen (ww)	menunjukkan	[mənundʒiuˀkan]
vertellen (ww)	menceritakan	[məntʃeritakan]

vinden (ww)	mendapatkan	[məndapatkan]
verdwalen (de weg kwijt zijn)	tersesat	[tərsesat]
plattegrond (~ van de metro)	denah	[denah]
plattegrond (~ van de stad)	peta	[peta]

souvenir (het)	suvenir	[suvenir]
souvenirwinkel (de)	toko suvenir	[toko suvenir]
een foto maken (ww)	memotret	[memotret]
zich laten fotograferen	berfoto	[bərfoto]

83. Winkelen

kopen (ww)	membeli	[membeli]
aankoop (de)	belanjaan	[belandʒiaˀan]
winkelen (ww)	berbelanja	[bərbelandʒia]
winkelen (het)	berbelanja	[bərbelandʒia]

open zijn (ov. een winkel, enz.)	buka	[buka]
gesloten zijn (ww)	tutup	[tutup]

schoeisel (het)	sepatu	[sepatu]
kleren (mv.)	pakaian	[pakajan]
cosmetica (de)	kosmetik	[kosmetiˀ]
voedingswaren (mv.)	produk makanan	[produˀ makanan]
geschenk (het)	hadiah	[hadiah]

verkoper (de)	pramuniaga	[pramuniaga]
verkoopster (de)	pramuniaga perempuan	[pramuniaga pərempuan]

kassa (de)	kas	[kas]
spiegel (de)	cermin	[tʃermin]
toonbank (de)	konter	[konter]
paskamer (de)	kamar pas	[kamar pas]

aanpassen (ww)	mengepas	[məŋepas]
passen (ov. kleren)	pas, cocok	[pas], [tʃotʃoˀ]
bevallen (prettig vinden)	suka	[suka]

prijs (de)	harga	[harga]
prijskaartje (het)	label harga	[label harga]
kosten (ww)	berharga	[berharga]
Hoeveel?	Berapa?	[bərapa?]
korting (de)	diskon	[diskon]

niet duur (bn)	tidak mahal	[tidaˀ mahal]
goedkoop (bn)	murah	[murah]

| duur (bn) | mahal | [mahal] |
| Dat is duur. | Ini mahal | [ini mahal] |

verhuur (de)	rental, persewaan	[rental], [pərsewa'an]
huren (smoking, enz.)	menyewa	[mənjewa]
krediet (het)	kredit	[kredit]
op krediet (bw)	secara kredit	[setʃara kredit]

84. Geld

geld (het)	uang	[uaŋ]
ruil (de)	pertukaran mata uang	[pərtukaran mata uaŋ]
koers (de)	nilai tukar	[nilaj tukar]
geldautomaat (de)	Anjungan Tunai Mandiri, ATM	[andʒuŋan tunaj mandiri], [a-te-em]
muntstuk (de)	koin	[koin]

| dollar (de) | dolar | [dolar] |
| euro (de) | euro | [euro] |

lire (de)	lira	[lira]
Duitse mark (de)	Mark Jerman	[mar' dʒerman]
frank (de)	franc	[frantʃ]
pond sterling (het)	poundsterling	[paundsterliŋ]
yen (de)	yen	[yen]

schuld (geldbedrag)	utang	[utaŋ]
schuldenaar (de)	pengutang	[pəŋutaŋ]
uitlenen (ww)	meminjamkan	[memindʒamkan]
lenen (geld ~)	meminjam	[memindʒam]

bank (de)	bank	[ban']
bankrekening (de)	rekening	[rekeniŋ]
storten (ww)	memasukkan	[memasu'kan]
op rekening storten	memasukkan ke rekening	[memasu'kan ke rekeniŋ]
opnemen (ww)	menarik uang	[mənari' uaŋ]

kredietkaart (de)	kartu kredit	[kartu kredit]
baar geld (het)	uang kontan, uang tunai	[uaŋ kontan], [uaŋ tunaj]
cheque (de)	cek	[tʃe']
een cheque uitschrijven	menulis cek	[mənulis tʃe']
chequeboekje (het)	buku cek	[buku tʃe']

portefeuille (de)	dompet	[dompet]
geldbeugel (de)	dompet, pundi-pundi	[dompet], [pundi-pundi]
safe (de)	brankas	[brankas]

erfgenaam (de)	pewaris	[pewaris]
erfenis (de)	warisan	[warisan]
fortuin (het)	kekayaan	[kekaja'an]

huur (de)	sewa	[sewa]
huurprijs (de)	uang sewa	[uaŋ sewa]
huren (huis, kamer)	menyewa	[mənjewa]

prijs (de)	harga	[harga]
kostprijs (de)	harga	[harga]
som (de)	jumlah	[dʒumlah]

uitgeven (geld besteden)	menghabiskan	[məŋhabiskan]
kosten (mv.)	ongkos	[oŋkos]
bezuinigen (ww)	menghemat	[məŋhemat]
zuinig (bn)	hemat	[hemat]

betalen (ww)	membayar	[membajar]
betaling (de)	pembayaran	[pembajaran]
wisselgeld (het)	kembalian	[kembalian]

belasting (de)	pajak	[padʒa']
boete (de)	denda	[denda]
beboeten (bekeuren)	mendenda	[məndenda]

85. Post. Postkantoor

postkantoor (het)	kantor pos	[kantor pos]
post (de)	surat	[surat]
postbode (de)	tukang pos	[tukaŋ pos]
openingsuren (mv.)	jam buka	[dʒam buka]

brief (de)	surat	[surat]
aangetekende brief (de)	surat tercatat	[surat tərtʃatat]
briefkaart (de)	kartu pos	[kartu pos]
telegram (het)	telegram	[telegram]
postpakket (het)	parsel, paket pos	[parsel], [paket pos]
overschrijving (de)	wesel pos	[wesel pos]

ontvangen (ww)	menerima	[mənerima]
sturen (zenden)	mengirim	[məŋirim]
verzending (de)	pengiriman	[peŋiriman]

adres (het)	alamat	[alamat]
postcode (de)	kode pos	[kode pos]
verzender (de)	pengirim	[peŋirim]
ontvanger (de)	penerima	[penerima]

naam (de)	nama	[nama]
achternaam (de)	nama keluarga	[nama keluarga]

tarief (het)	tarif	[tarif]
standaard (bn)	biasa, standar	[biasa], [standar]
zuinig (bn)	ekonomis	[ekonomis]

gewicht (het)	berat	[berat]
afwegen (op de weegschaal)	menimbang	[mənimbaŋ]
envelop (de)	amplop	[amplop]
postzegel (de)	prangko	[praŋko]
een postzegel plakken op	menempelkan prangko	[mənempelkan praŋko]

Woning. Huis. Thuis

86. Huis. Woning

huis (het)	rumah	[rumah]
thuis (bw)	di rumah	[di rumah]
cour (de)	pekarangan	[pekaraŋan]
omheining (de)	pagar	[pagar]
baksteen (de)	bata, batu bata	[bata], [batu bata]
van bakstenen	bata, batu bata	[bata], [batu bata]
steen (de)	batu	[batu]
stenen (bn)	batu	[batu]
beton (het)	beton	[beton]
van beton	beton	[beton]
nieuw (bn)	baru	[baru]
oud (bn)	tua	[tua]
vervallen (bn)	reyot	[reyot]
modern (bn)	modern	[modern]
met veel verdiepingen	susun	[susun]
hoog (bn)	tinggi	[tiŋgi]
verdieping (de)	lantai	[lantaj]
met een verdieping	berlantai satu	[bərlantaj satu]
laagste verdieping (de)	lantai bawah	[lantaj bawah]
bovenverdieping (de)	lantai atas	[lantaj atas]
dak (het)	atap	[atap]
schoorsteen (de)	cerobong	[ʧeroboŋ]
dakpan (de)	genting	[gentiŋ]
pannen- (abn)	bergenting	[bərgentiŋ]
zolder (de)	loteng	[loteŋ]
venster (het)	jendela	[dʒiendela]
glas (het)	kaca	[kaʧa]
vensterbank (de)	ambang jendela	[ambaŋ dʒiendela]
luiken (mv.)	daun jendela	[daun dʒiendela]
muur (de)	dinding	[dindiŋ]
balkon (het)	balkon	[balkon]
regenpijp (de)	pipa talang	[pipa talaŋ]
boven (bw)	di atas	[di atas]
naar boven gaan (ww)	naik	[naiʔ]
afdalen (on.ww.)	turun	[turun]
verhuizen (ww)	pindah	[pindah]

87. Huis. Ingang. Lift

ingang (de)	pintu masuk	[pintu masuʔ]
trap (de)	tangga	[taŋga]
treden (mv.)	anak tangga	[anaʔ taŋga]
trapleuning (de)	pegangan tangan	[pegaŋan taŋan]
hal (de)	lobi, ruang depan	[lobi], [ruaŋ depan]
postbus (de)	kotak pos	[kotaʔ pos]
vuilnisbak (de)	tong sampah	[toŋ sampah]
vuilniskoker (de)	saluran pembuangan sampah	[saluran pembuaŋan sampah]
lift (de)	elevator	[elevator]
goederenlift (de)	lift barang	[lift baraŋ]
liftcabine (de)	kabin lift	[kabin lift]
de lift nemen	naik elevator	[naiʔ elevator]
appartement (het)	apartemen	[apartemen]
bewoners (mv.)	penghuni	[peŋhuni]
buurman (de)	tetangga	[tetaŋga]
buurvrouw (de)	tetangga	[tetaŋga]
buren (mv.)	para tetangga	[para tetaŋga]

88. Huis. Elektriciteit

elektriciteit (de)	listrik	[listriʔ]
lamp (de)	bohlam	[bohlam]
schakelaar (de)	sakelar	[sakelar]
zekering (de)	sekring	[sekriŋ]
draad (de)	kabel, kawat	[kabel], [kawat]
bedrading (de)	rangkaian kabel	[raŋkajan kabel]
elektriciteitsmeter (de)	meteran listrik	[meteran listriʔ]
gegevens (mv.)	pencatatan	[pentʃatatan]

89. Huis. Deuren. Sloten

deur (de)	pintu	[pintu]
toegangspoort (de)	pintu gerbang	[pintu gerbaŋ]
deurkruk (de)	gagang pintu	[gagaŋ pintu]
ontsluiten (ontgrendelen)	membuka kunci	[membuka kuntʃi]
openen (ww)	membuka	[membuka]
sluiten (ww)	menutup	[menutup]
sleutel (de)	kunci	[kuntʃi]
sleutelbos (de)	serangkaian kunci	[seraŋkajan kuntʃi]
knarsen (bijv. scharnier)	bergerit	[bergerit]
knarsgeluid (het)	gerit	[gerit]
scharnier (het)	engsel	[eŋsel]
deurmat (de)	tikar	[tikar]

slot (het)	kunci pintu	[kuntʃi pintu]
sleutelgat (het)	lubang kunci	[lubaŋ kuntʃi]
grendel (de)	gerendel	[gerendel]
schuif (de)	gerendel	[gerendel]
hangslot (het)	gembok	[gemboʔ]

aanbellen (ww)	membunyikan	[membunjikan]
bel (geluid)	dering	[deriŋ]
deurbel (de)	bel	[bel]
belknop (de)	kenop	[kenop]
geklop (het)	ketukan	[ketukan]
kloppen (ww)	mengetuk	[məŋetuʔ]

code (de)	kode	[kode]
cijferslot (het)	gembok berkode	[gemboʔ berkode]
parlofoon (de)	interkom	[interkom]
nummer (het)	nomor	[nomor]
naambordje (het)	papan tanda	[papan tanda]
deurspion (de)	lubang intip	[lubaŋ intip]

90. Huis op het platteland

dorp (het)	desa	[desa]
moestuin (de)	kebun sayur	[kebun sajur]
hek (het)	pagar	[pagar]
houten hekwerk (het)	pagar	[pagar]
tuinpoortje (het)	pintu pagar	[pintu pagar]

graanschuur (de)	lumbung	[lumbuŋ]
wortelkelder (de)	kelder	[kelder]
schuur (de)	gubuk	[gubuʔ]
waterput (de)	sumur	[sumur]

kachel (de)	tungku	[tuŋku]
de kachel stoken	menyalakan tungku	[mənjalakan tuŋku]
brandhout (het)	kayu bakar	[kaju bakar]
houtblok (het)	potongan kayu bakar	[potoŋan kaju bakar]

veranda (de)	beranda	[bəranda]
terras (het)	teras	[teras]
bordes (het)	anjungan depan	[andʒʲuŋan depan]
schommel (de)	ayunan	[ajunan]

91. Villa. Herenhuis

landhuisje (het)	rumah luar kota	[rumah luar kota]
villa (de)	vila	[vila]
vleugel (de)	sayap	[sajap]

tuin (de)	kebun	[kebun]
park (het)	taman	[taman]
oranjerie (de)	rumah kaca	[rumah katʃa]

onderhouden (tuin, enz.)	memelihara	[memelihara]
zwembad (het)	kolam renang	[kolam renaŋ]
gym (het)	gym	[dʒim]
tennisveld (het)	lapangan tenis	[lapaŋan tenis]
bioscoopkamer (de)	bioskop rumah	[bioskop rumah]
garage (de)	garasi	[garasi]

| privé-eigendom (het) | milik pribadi | [miliʔ pribadi] |
| eigen terrein (het) | tanah pribadi | [tanah pribadi] |

| waarschuwing (de) | peringatan | [pəriŋatan] |
| waarschuwingsbord (het) | tanda peringatan | [tanda pəriŋatan] |

bewaking (de)	keamanan	[keamanan]
bewaker (de)	satpam, pengawal	[satpam], [peŋawal]
inbraakalarm (het)	alarm antirampok	[alarm antirampoʔ]

92. Kasteel. Paleis

kasteel (het)	kastil	[kastil]
paleis (het)	istana	[istana]
vesting (de)	benteng	[bentəŋ]
ringmuur (de)	tembok	[temboʔ]
toren (de)	menara	[mənara]
donjon (de)	menara utama	[mənara utama]

valhek (het)	jeruji pintu kota	[dʒʲerudʒi pintu kota]
onderaardse gang (de)	jalan bawah tanah	[dʒʲalan bawah tanah]
slotgracht (de)	parit	[parit]
ketting (de)	rantai	[rantaj]
schietgat (het)	laras panah, lop panah	[laras panah], [lop panah]

prachtig (bn)	megah	[megah]
majestueus (bn)	megah sekali	[megah sekali]
onneembaar (bn)	sulit dicapai	[sulit ditʃapaj]
middeleeuws (bn)	abad pertengahan	[abad pərteŋahan]

93. Appartement

appartement (het)	apartemen	[apartemen]
kamer (de)	kamar	[kamar]
slaapkamer (de)	kamar tidur	[kamar tidur]
eetkamer (de)	ruang makan	[ruaŋ makan]
salon (de)	ruang tamu	[ruaŋ tamu]
studeerkamer (de)	ruang kerja	[ruaŋ kerdʒʲa]

gang (de)	ruang depan	[ruaŋ depan]
badkamer (de)	kamar mandi	[kamar mandi]
toilet (het)	kamar kecil	[kamar ketʃil]
plafond (het)	plafon, langit-langit	[plafon], [laŋit-laŋit]
vloer (de)	lantai	[lantaj]
hoek (de)	sudut	[sudut]

94. Appartement. Schoonmaken

schoonmaken (ww)	membereskan	[membereskan]
opbergen (in de kast, enz.)	meletakkan	[meleta'kan]
stof (het)	debu	[debu]
stoffig (bn)	debu	[debu]
stoffen (ww)	menyapu debu	[mənjapu debu]
stofzuiger (de)	pengisap debu	[peɲisap debu]
stofzuigen (ww)	membersihkan dengan	[membersihkan deŋan
	pengisap debu	peɲisap debu]
vegen (de vloer ~)	menyapu	[mənjapu]
veegsel (het)	sampah	[sampah]
orde (de)	kerapian	[kerapian]
wanorde (de)	berantakan	[bərantakan]
zwabber (de)	kain pel	[kain pel]
poetsdoek (de)	lap	[lap]
veger (de)	sapu lidi	[sapu lidi]
stofblik (het)	pengki	[peŋki]

95. Meubels. Interieur

meubels (mv.)	mebel	[mebel]
tafel (de)	meja	[medʒa]
stoel (de)	kursi	[kursi]
bed (het)	ranjang	[randʒaŋ]
bankstel (het)	dipan	[dipan]
fauteuil (de)	kursi malas	[kursi malas]
boekenkast (de)	lemari buku	[lemari buku]
boekenrek (het)	rak	[ra']
kledingkast (de)	lemari pakaian	[lemari pakajan]
kapstok (de)	kapstok	[kapsto']
staande kapstok (de)	kapstok berdiri	[kapsto' bərdiri]
commode (de)	lemari laci	[lemari latʃi]
salontafeltje (het)	meja kopi	[medʒa kopi]
spiegel (de)	cermin	[tʃermin]
tapijt (het)	permadani	[pərmadani]
tapijtje (het)	karpet kecil	[karpet ketʃil]
haard (de)	perapian	[pərapian]
kaars (de)	lilin	[lilin]
kandelaar (de)	kaki lilin	[kaki lilin]
gordijnen (mv.)	gorden	[gorden]
behang (het)	kertas dinding	[kertas dindiŋ]
jaloezie (de)	kerai	[keraj]
bureaulamp (de)	lampu meja	[lampu medʒa]

wandlamp (de)	lampu dinding	[lampu dindiŋ]
staande lamp (de)	lampu lantai	[lampu lantaj]
luchter (de)	lampu bercabang	[lampu bertʃabaŋ]

poot (ov. een tafel, enz.)	kaki	[kaki]
armleuning (de)	lengan	[leŋan]
rugleuning (de)	sandaran	[sandaran]
la (de)	laci	[latʃi]

96. Beddengoed

beddengoed (het)	kain kasur	[kain kasur]
kussen (het)	bantal	[bantal]
kussenovertrek (de)	sarung bantal	[saruŋ bantal]
deken (de)	selimut	[selimut]
laken (het)	seprai	[sepraj]
sprei (de)	selubung kasur	[selubuŋ kasur]

97. Keuken

keuken (de)	dapur	[dapur]
gas (het)	gas	[gas]
gasfornuis (het)	kompor gas	[kompor gas]
elektrisch fornuis (het)	kompor listrik	[kompor listriʔ]
oven (de)	oven	[oven]
magnetronoven (de)	microwave	[majkrowav]

koelkast (de)	lemari es, kulkas	[lemari es], [kulkas]
diepvriezer (de)	lemari pembeku	[lemari pembeku]
vaatwasmachine (de)	mesin pencuci piring	[mesin pentʃutʃi piriŋ]

vleesmolen (de)	alat pelumat daging	[alat pelumat dagiŋ]
vruchtenpers (de)	mesin sari buah	[mesin sari buah]
toaster (de)	alat pemanggang roti	[alat pemaŋgaŋ roti]
mixer (de)	pencampur	[pentʃampur]

koffiemachine (de)	mesin pembuat kopi	[mesin pembuat kopi]
koffiepot (de)	teko kopi	[teko kopi]
koffiemolen (de)	mesin penggiling kopi	[mesin peŋgiliŋ kopi]

fluitketel (de)	cerek	[tʃereʔ]
theepot (de)	teko	[teko]
deksel (de/het)	tutup	[tutup]
theezeefje (het)	saringan teh	[sariŋan teh]

lepel (de)	sendok	[sendoʔ]
theelepeltje (het)	sendok teh	[sendoʔ teh]
eetlepel (de)	sendok makan	[sendoʔ makan]
vork (de)	garpu	[garpu]
mes (het)	pisau	[pisau]
vaatwerk (het)	piring mangkuk	[piriŋ maŋkuʔ]
bord (het)	piring	[piriŋ]

schoteltje (het)	alas cangkir	[alas ʧaŋkir]
likeurglas (het)	seloki	[seloki]
glas (het)	gelas	[gelas]
kopje (het)	cangkir	[ʧaŋkir]

suikerpot (de)	wadah gula	[wadah gula]
zoutvat (het)	wadah garam	[wadah garam]
pepervat (het)	wadah merica	[wadah meriʧa]
boterschaaltje (het)	wadah mentega	[wadah mentega]

steelpan (de)	panci	[panʧi]
bakpan (de)	kuali	[kuali]
pollepel (de)	sudu	[sudu]
vergiet (de/het)	saringan	[sariŋan]
dienblad (het)	talam	[talam]

fles (de)	botol	[botol]
glazen pot (de)	gelas	[gelas]
blik (conserven~)	kaleng	[kaleŋ]

flesopener (de)	pembuka botol	[pembuka botol]
blikopener (de)	pembuka kaleng	[pembuka kaleŋ]
kurkentrekker (de)	kotrek	[kotre']
filter (de/het)	saringan	[sariŋan]
filteren (ww)	saringan	[sariŋan]

| huisvuil (het) | sampah | [sampah] |
| vuilnisemmer (de) | tong sampah | [toŋ sampah] |

98. Badkamer

badkamer (de)	kamar mandi	[kamar mandi]
water (het)	air	[air]
kraan (de)	keran	[keran]
warm water (het)	air panas	[air panas]
koud water (het)	air dingin	[air diŋin]

tandpasta (de)	pasta gigi	[pasta gigi]
tanden poetsen (ww)	menggosok gigi	[məŋgoso' gigi]
tandenborstel (de)	sikat gigi	[sikat gigi]

zich scheren (ww)	bercukur	[bərʧukur]
scheercrème (de)	busa cukur	[busa ʧukur]
scheermes (het)	pisau cukur	[pisau ʧukur]

wassen (ww)	mencuci	[mənʧuʧi]
een bad nemen	mandi	[mandi]
douche (de)	pancuran	[panʧuran]
een douche nemen	mandi pancuran	[mandi panʧuran]

bad (het)	bak mandi	[ba' mandi]
toiletpot (de)	kloset	[kloset]
wastafel (de)	wastafel	[wastafel]
zeep (de)	sabun	[sabun]

zeepbakje (het)	wadah sabun	[wadah sabun]
spons (de)	spons	[spons]
shampoo (de)	sampo	[sampo]
handdoek (de)	handuk	[handuʔ]
badjas (de)	jubah mandi	[dʒubah mandi]

was (bijv. handwas)	pencucian	[pentʃutʃian]
wasmachine (de)	mesin cuci	[mesin tʃutʃi]
de was doen	mencuci	[məntʃutʃi]
waspoeder (de)	deterjen cuci	[deterdʒien tʃutʃi]

99. Huishoudelijke apparaten

televisie (de)	pesawat TV	[pesawat ti-vi]
cassettespeler (de)	alat perekam	[alat pərekam]
videorecorder (de)	video, VCR	[vidio], [vi-si-er]
radio (de)	radio	[radio]
speler (de)	pemutar	[pemutar]

videoprojector (de)	proyektor video	[proektor video]
home theater systeem (het)	bioskop rumah	[bioskop rumah]
DVD-speler (de)	pemutar DVD	[pemutar di-vi-di]
versterker (de)	penguat	[peŋuat]
spelconsole (de)	konsol permainan video	[konsol pərmajnan video]

videocamera (de)	kamera video	[kamera video]
fotocamera (de)	kamera	[kamera]
digitale camera (de)	kamera digital	[kamera digital]

stofzuiger (de)	pengisap debu	[peɲisap debu]
strijkijzer (het)	setrika	[setrika]
strijkplank (de)	papan setrika	[papan setrika]

telefoon (de)	telepon	[telepon]
mobieltje (het)	ponsel	[ponsel]
schrijfmachine (de)	mesin ketik	[mesin ketiʔ]
naaimachine (de)	mesin jahit	[mesin dʒiahit]

microfoon (de)	mikrofon	[mikrofon]
koptelefoon (de)	headphone, fonkepala	[headphone], [fonkepala]
afstandsbediening (de)	panel kendali	[panel kendali]

CD (de)	cakram kompak	[tʃakram kompaʔ]
cassette (de)	kaset	[kaset]
vinylplaat (de)	piringan hitam	[piriŋan hitam]

100. Reparaties. Renovatie

renovatie (de)	renovasi	[renovasi]
renoveren (ww)	merenovasi	[merenovasi]
repareren (ww)	mereparasi, memperbaiki	[mereparasi], [memperbajki]
op orde brengen	membereskan	[membereskan]

overdoen (ww)	mengulangi	[məŋulaŋi]
verf (de)	cat	[ʧat]
verven (muur ~)	mengecat	[məŋeʧat]
schilder (de)	tukang cat	[tukaŋ ʧat]
kwast (de)	kuas	[kuas]
kalk (de)	cat kapur	[ʧat kapur]
kalken (ww)	mengapur	[məŋapur]
behang (het)	kertas dinding	[kertas dindiŋ]
behangen (ww)	memasang kertas dinding	[memasaŋ kertas dindiŋ]
lak (de/het)	pernis	[pernis]
lakken (ww)	memernis	[memernis]

101. Loodgieterswerk

water (het)	air	[air]
warm water (het)	air panas	[air panas]
koud water (het)	air dingin	[air diŋin]
kraan (de)	keran	[keran]
druppel (de)	tetes	[tetes]
druppelen (ww)	menetes	[mənetes]
lekken (een lek hebben)	bocor	[boʧor]
lekkage (de)	kebocoran	[keboʧoran]
plasje (het)	kubangan	[kubaŋan]
buis, leiding (de)	pipa	[pipa]
stopkraan (de)	katup	[katup]
verstopt raken (ww)	tersumbat	[tərsumbat]
gereedschap (het)	peralatan	[pəralatan]
Engelse sleutel (de)	kunci inggris	[kunʧi iŋgris]
losschroeven (ww)	mengendurkan	[məŋendurkan]
aanschroeven (ww)	mengencangkan	[məŋenʧaŋkan]
ontstoppen (riool, enz.)	membersihkan	[membersihkan]
loodgieter (de)	tukang pipa	[tukaŋ pipa]
kelder (de)	rubanah	[rubanah]
riolering (de)	riol	[riol]

102. Brand. Vuurzee

vuur (het)	kebakaran	[kebakaran]
vlam (de)	nyala api	[njala api]
vonk (de)	percikan api	[pərʧikan api]
rook (de)	asap	[asap]
fakkel (de)	obor	[obor]
kampvuur (het)	api unggun	[api uŋgun]
benzine (de)	bensin	[bensin]
kerosine (de)	minyak tanah	[minja' tanah]

brandbaar (bn)	mudah terbakar	[mudah tərbakar]
ontplofbaar (bn)	mudah meledak	[mudah meleda']
VERBODEN TE ROKEN!	DILARANG MEROKOK!	[dilaraŋ meroko'!]

veiligheid (de)	keamanan	[keamanan]
gevaar (het)	bahaya	[bahaja]
gevaarlijk (bn)	berbahaya	[bərbahaja]

in brand vliegen (ww)	menyala	[mənjala]
explosie (de)	ledakan	[ledakan]
in brand steken (ww)	membakar	[membakar]
brandstichter (de)	pelaku pembakaran	[pelaku pembakaran]
brandstichting (de)	pembakaran	[pembakaran]

vlammen (ww)	berkobar	[bərkobar]
branden (ww)	menyala	[mənjala]
afbranden (ww)	terbakar	[tərbakar]

de brandweer bellen	memanggil pemadam kebakaran	[memaŋgil pemadam kebakaran]
brandweerman (de)	pemadam kebakaran	[pemadam kebakaran]
brandweerwagen (de)	branwir	[branwir]
brandweer (de)	pemadam kebakaran	[pemadam kebakaran]
uitschuifbare ladder (de)	tangga branwir	[taŋga branwir]

brandslang (de)	selang pemadam	[selaŋ pemadam]
brandblusser (de)	pemadam api	[pemadam api]
helm (de)	helm	[helm]
sirene (de)	sirene	[sirene]

roepen (ww)	berteriak	[bərteria']
hulp roepen	meminta pertolongan	[meminta pərtoloŋan]
redder (de)	penyelamat	[penjelamat]
redden (ww)	menyelamatkan	[mənjelamatkan]

aankomen (per auto, enz.)	datang	[dataŋ]
blussen (ww)	memadamkan	[memadamkan]
water (het)	air	[air]
zand (het)	pasir	[pasir]

ruïnes (mv.)	reruntuhan	[reruntuhan]
instorten (gebouw, enz.)	runtuh	[runtuh]
ineenstorten (ww)	roboh	[roboh]
inzakken (ww)	roboh	[roboh]

| brokstuk (het) | serpihan | [serpihan] |
| as (de) | abu | [abu] |

| verstikken (ww) | mati lemas | [mati lemas] |
| omkomen (ww) | mati, tewas | [mati], [tewas] |

MENSELIJKE ACTIVITEITEN

Baan. Business. Deel 1

103. Kantoor. Op kantoor werken

kantoor (het)	kantor	[kantor]
kamer (de)	ruang kerja	[ruaŋ kerʤʲa]
receptie (de)	resepsionis kantor	[resepsionis kantor]
secretaris (de)	sekretaris	[sekretaris]
secretaresse (de)	sekretaris	[sekretaris]
directeur (de)	direktur	[direktur]
manager (de)	manajer	[manaʤʲer]
boekhouder (de)	akuntan	[akuntan]
werknemer (de)	karyawan	[karjawan]
meubilair (het)	mebel	[mebel]
tafel (de)	meja	[meʤʲa]
bureaustoel (de)	kursi malas	[kursi malas]
ladeblok (het)	meja samping ranjang	[meʤʲa sampiŋ ranʤʲaŋ]
kapstok (de)	kapstok berdiri	[kapsto' berdiri]
computer (de)	komputer	[komputer]
printer (de)	printer, pencetak	[printer], [penʧeta']
fax (de)	mesin faks	[mesin faks]
kopieerapparaat (het)	mesin fotokopi	[mesin fotokopi]
papier (het)	kertas	[kertas]
kantoorartikelen (mv.)	alat tulis kantor	[alat tulis kantor]
muismat (de)	bantal tetikus	[bantal tetikus]
blad (het)	lembar	[lembar]
ordner (de)	map	[map]
catalogus (de)	katalog	[katalog]
telefoongids (de)	buku telepon	[buku telepon]
documentatie (de)	dokumentasi	[dokumentasi]
brochure (de)	brosur	[brosur]
flyer (de)	selebaran	[selebaran]
monster (het), staal (de)	sampel, contoh	[sampel], [ʧontoh]
training (de)	latihan	[latihan]
vergadering (de)	rapat	[rapat]
lunchpauze (de)	waktu makan siang	[waktu makan siaŋ]
een kopie maken	membuat salinan	[membuat salinan]
de kopieën maken	memperbanyak	[memperbanja']
een fax ontvangen	menerima faks	[mənerima faks]
een fax versturen	mengirim faks	[məŋirim faks]

opbellen (ww)	menelepon	[mənelepon]
antwoorden (ww)	menjawab	[məndʒawab]
doorverbinden (ww)	menyambungkan	[mənjambuŋkan]

afspreken (ww)	menetapkan	[mənetapkan]
demonstreren (ww)	memeragakan	[memeragakan]
absent zijn (ww)	absen, tidak hadir	[absen], [tida' hadir]
afwezigheid (de)	absensi, ketidakhadiran	[absensi], [ketidahadiran]

104. Bedrijfsprocessen. Deel 1

bedrijf (business)	bisnis	[bisnis]
zaak (de), beroep (het)	urusan	[urusan]

firma (de)	firma	[firma]
bedrijf (maatschap)	maskapai	[maskapaj]
corporatie (de)	korporasi	[korporasi]
onderneming (de)	perusahaan	[pərusaha'an]
agentschap (het)	biro, kantor	[biro], [kantor]

overeenkomst (de)	perjanjian	[pərdʒandʒian]
contract (het)	kontrak	[kontra']
transactie (de)	transaksi	[transaksi]
bestelling (de)	pesanan	[pesanan]
voorwaarde (de)	syarat	[ʃarat]

in het groot (bw)	grosir	[grosir]
groothandels- (abn)	grosir	[grosir]
groothandel (de)	penjualan grosir	[pəndʒualan grosir]
kleinhandels- (abn)	eceran	[etʃeran]
kleinhandel (de)	pengeceran	[peŋetʃeran]

concurrent (de)	kompetitor, pesaing	[kompetitor], [pesajŋ]
concurrentie (de)	kompetisi, persaingan	[kompetisi], [pərsajŋan]
concurreren (ww)	bersaing	[bərsajŋ]

partner (de)	mitra	[mitra]
partnerschap (het)	kemitraan	[kemitra'an]

crisis (de)	krisis	[krisis]
bankroet (het)	kebangkrutan	[kebaŋkrutan]
bankroet gaan (ww)	jatuh bangkrut	[dʒatuh baŋkrut]
moeilijkheid (de)	kesukaran	[kesukaran]
probleem (het)	masalah	[masalah]
catastrofe (de)	gagal total	[gagal total]

economie (de)	ekonomi	[ekonomi]
economisch (bn)	ekonomi	[ekonomi]
economische recessie (de)	resesi ekonomi	[resesi ekonomi]

doel (het)	tujuan	[tudʒuan]
taak (de)	tugas	[tugas]
handelen (handel drijven)	berdagang	[bərdagaŋ]
netwerk (het)	jaringan	[dʒariŋan]

| voorraad (de) | inventaris | [inventaris] |
| assortiment (het) | penyortiran | [penjortiran] |

leider (de)	pemimpin	[pemimpin]
groot (bn)	besar	[besar]
monopolie (het)	monopoli	[monopoli]

theorie (de)	teori	[teori]
praktijk (de)	praktik	[prakti']
ervaring (de)	pengalaman	[peŋalaman]
tendentie (de)	tendensi	[tendensi]
ontwikkeling (de)	perkembangan	[pərkembaŋan]

105. Bedrijfsprocessen. Deel 2

| voordeel (het) | keuntungan | [keuntuŋan] |
| voordelig (bn) | menguntungkan | [məŋuntuŋkan] |

delegatie (de)	delegasi	[delegasi]
salaris (het)	gaji, upah	[gadʒi], [upah]
corrigeren (fouten ~)	mengoreksi	[məŋoreksi]
zakenreis (de)	perjalanan dinas	[pərdʒ'alanan dinas]
commissie (de)	panitia	[panitia]

controleren (ww)	mengontrol	[məŋontrol]
conferentie (de)	konferensi	[konferensi]
licentie (de)	lisensi, izin	[lisensi], [izin]
betrouwbaar (partner, enz.)	yang bisa dipercaya	[yaŋ bisa dipertʃaja]

aanzet (de)	inisiatif	[inisiatif]
norm (bijv. ~ stellen)	norma	[norma]
omstandigheid (de)	keadaan sekitar	[keada'an sekitar]
taak, plicht (de)	tugas	[tugas]

organisatie (bedrijf, zaak)	organisasi	[organisasi]
organisatie (proces)	pengurusan	[peŋurusan]
georganiseerd (bn)	terurus	[tərurus]
afzegging (de)	pembatalan	[pembatalan]
afzeggen (ww)	membatalkan	[membatalkan]
verslag (het)	laporan	[laporan]

patent (het)	paten	[paten]
patenteren (ww)	mematenkan	[mematenkan]
plannen (ww)	merencanakan	[merentʃanakan]

premie (de)	bonus	[bonus]
professioneel (bn)	profesional	[profesional]
procedure (de)	prosedur	[prosedur]

onderzoeken (contract, enz.)	mempertimbangkan	[mempertimbaŋkan]
berekening (de)	perhitungan	[pərhituŋan]
reputatie (de)	reputasi	[reputasi]
risico (het)	risiko	[risiko]
beheren (managen)	memimpin	[memimpin]

informatie (de)	data, informasi	[data], [informasi]
eigendom (bezit)	milik	[miliʔ]
unie (de)	persatuan, serikat	[pərsatuan], [serikat]

levensverzekering (de)	asuransi jiwa	[asuransi ʤiwa]
verzekeren (ww)	mengasuransikan	[məŋasuransikan]
verzekering (de)	asuransi	[asuransi]

veiling (de)	lelang	[lelaŋ]
verwittigen (ww)	memberitahu	[memberitahu]
beheer (het)	manajemen	[manaʤˈemen]
dienst (de)	jasa	[ʤˈasa]

forum (het)	forum	[forum]
functioneren (ww)	berfungsi	[bərfuŋsi]
stap, etappe (de)	tahap	[tahap]
juridisch (bn)	hukum	[hukum]
jurist (de)	ahli hukum	[ahli hukum]

106. Productie. Werken

industriële installatie (fabriek)	pabrik	[pabriʔ]
fabriek (de)	pabrik	[pabriʔ]
werkplaatsruimte (de)	bengkel	[beŋkel]
productielocatie (de)	perusahaan	[pərusahaʔan]

industrie (de)	industri	[industri]
industrieel (bn)	industri	[industri]
zware industrie (de)	industri berat	[industri bərat]
lichte industrie (de)	industri ringan	[industri riŋan]

productie (de)	produksi	[produksi]
produceren (ww)	memproduksi	[memproduksi]
grondstof (de)	bahan baku	[bahan baku]

voorman, ploegbaas (de)	mandor	[mandor]
ploeg (de)	regu pekerja	[regu pekerʤˈa]
arbeider (de)	buruh, pekerja	[buruh], [pekerʤˈa]

werkdag (de)	hari kerja	[hari kerʤˈa]
pauze (de)	perhentian	[pərhentian]
samenkomst (de)	rapat	[rapat]
bespreken (spreken over)	membicarakan	[membiʧarakan]

plan (het)	rencana	[renʧana]
het plan uitvoeren	melaksanakan rencana	[melaksanakan renʧana]
productienorm (de)	kecepatan produksi	[keʧepatan produksi]
kwaliteit (de)	kualitas, mutu	[kualitas], [mutu]
controle (de)	kontrol, kendali	[kontrol], [kendali]
kwaliteitscontrole (de)	kendali mutu	[kendali mutu]

arbeidsveiligheid (de)	keselamatan kerja	[keselamatan kerʤˈa]
discipline (de)	disiplin	[disiplin]
overtreding (de)	pelanggaran	[pelaŋgaran]

overtreden (ww)	melanggar	[melaŋgar]
staking (de)	pemogokan	[pemogokan]
staker (de)	pemogok	[pemogoʔ]
staken (ww)	mogok	[mogoʔ]
vakbond (de)	serikat pekerja	[serikat pekerʤʲa]

uitvinden (machine, enz.)	menemukan	[mənemukan]
uitvinding (de)	penemuan	[penemuan]
onderzoek (het)	riset, penelitian	[riset], [penelitian]
verbeteren (beter maken)	memperbaiki	[memperbajki]
technologie (de)	teknologi	[teknologi]
technische tekening (de)	gambar teknik	[gambar tekniʔ]

vracht (de)	muatan	[muatan]
lader (de)	kuli	[kuli]
laden (vrachtwagen)	memuat	[memuat]
laden (het)	pemuatan	[pemuatan]

| lossen (ww) | membongkar | [memboŋkar] |
| lossen (het) | pembongkaran | [pemboŋkaran] |

transport (het)	transportasi, angkutan	[transportasi], [aŋkutan]
transportbedrijf (de)	perusahaan transportasi	[pərusahaʔan transportasi]
transporteren (ww)	mengangkut	[məŋaŋkut]

goederenwagon (de)	gerbong barang	[gerboŋ baraŋ]
tank (bijv. ketelwagen)	tangki	[taŋki]
vrachtwagen (de)	truk	[truʔ]

| machine (de) | mesin | [mesin] |
| mechanisme (het) | mekanisme | [mekanisme] |

industrieel afval (het)	limbah industri	[limbah industri]
verpakking (de)	pengemasan	[peŋemasan]
verpakken (ww)	mengemas	[məŋemas]

107. Contract. Overeenstemming

contract (het)	kontrak	[kontraʔ]
overeenkomst (de)	perjanjian	[pərʤʲanʤian]
bijlage (de)	lampiran	[lampiran]

een contract sluiten	menandatangani kontrak	[mənandataŋani kontraʔ]
handtekening (de)	tanda tangan	[tanda taŋan]
ondertekenen (ww)	menandatangani	[mənandataŋani]
stempel (de)	cap	[ʧap]

| voorwerp (het) van de overeenkomst | subjek perjanjian | [subʤʲeʔ pərʤʲanʤian] |

clausule (de)	ayat, pasal	[ajat], [pasal]
partijen (mv.)	pihak	[pihaʔ]
vestigingsadres (het)	alamat sah	[alamat sah]
het contract verbreken (overtreden)	melanggar kontrak	[melaŋgar kontraʔ]

verplichting (de)	komitmen, kewajiban	[komitmen], [kewadʒiban]
verantwoordelijkheid (de)	tanggung jawab	[taŋguŋ dʒ'awab]
overmacht (de)	keadaan kahar	[keada'an kahar]
geschil (het)	sengketa	[seŋketa]
sancties (mv.)	sanksi, penalti	[sanksi], [penalti]

108. Import & Export

import (de)	impor	[impor]
importeur (de)	importir	[importir]
importeren (ww)	mengimpor	[meŋimpor]
import- (abn)	impor	[impor]

uitvoer (export)	ekspor	[ekspor]
exporteur (de)	eksportir	[eksportir]
exporteren (ww)	mengekspor	[meŋekspor]
uitvoer- (bijv., ~goederen)	ekspor	[ekspor]

goederen (mv.)	barang dagangan	[baraŋ dagaŋan]
partij (de)	partai	[partaj]

gewicht (het)	berat	[berat]
volume (het)	volume, isi	[volume], [isi]
kubieke meter (de)	meter kubik	[meter kubiʔ]

producent (de)	produsen	[produsen]
transportbedrijf (de)	perusahaan transportasi	[perusaha'an transportasi]
container (de)	peti kemas	[peti kemas]

grens (de)	perbatasan	[perbatasan]
douane (de)	pabean	[pabean]
douanerecht (het)	bea cukai	[bea tʃukaj]
douanier (de)	petugas pabean	[petugas pabean]
smokkelen (het)	penyelundupan	[penjelundupan]
smokkelwaar (de)	barang-barang selundupan	[baraŋ-baraŋ selundupan]

109. Financiën

aandeel (het)	saham	[saham]
obligatie (de)	obligasi	[obligasi]
wissel (de)	wesel	[wesel]

beurs (de)	bursa efek	[bursa efeʔ]
aandelenkoers (de)	kurs saham	[kurs saham]

dalen (ww)	menjadi murah	[mendʒ'adi murah]
stijgen (ww)	menjadi mahal	[mendʒ'adi mahal]

deel (het)	kepemilikan saham	[kepemilikan saham]
meerderheidsbelang (het)	mayoritas saham	[majoritas saham]
investeringen (mv.)	investasi	[investasi]
investeren (ww)	berinvestasi	[berinvestasi]

| procent (het) | persen | [pərsen] |
| rente (de) | suku bunga | [suku buŋa] |

winst (de)	profit, untung	[profit], [untuŋ]
winstgevend (bn)	beruntung	[bəruntuŋ]
belasting (de)	pajak	[padʒia']

valuta (vreemde ~)	valas	[valas]
nationaal (bn)	nasional	[nasional]
ruil (de)	pertukaran	[pərtukaran]

| boekhouder (de) | akuntan | [akuntan] |
| boekhouding (de) | akuntansi | [akuntansi] |

bankroet (het)	kebangkrutan	[kebaŋkrutan]
ondergang (de)	keruntuhan	[keruntuhan]
faillissement (het)	kebangkrutan	[kebaŋkrutan]
geruïneerd zijn (ww)	bangkrut	[baŋkrut]
inflatie (de)	inflasi	[inflasi]
devaluatie (de)	devaluasi	[devaluasi]

kapitaal (het)	modal	[modal]
inkomen (het)	pendapatan	[pendapatan]
omzet (de)	omzet	[omzet]
middelen (mv.)	sumber daya	[sumber daja]
financiële middelen (mv.)	dana	[dana]

| operationele kosten (mv.) | beaya umum | [beaja umum] |
| reduceren (kosten ~) | mengurangi | [məŋuraŋi] |

110. Marketing

marketing (de)	pemasaran	[pemasaran]
markt (de)	pasar	[pasar]
marktsegment (het)	segmen pasar	[segmen pasar]
product (het)	produk	[produ']
goederen (mv.)	barang dagangan	[baraŋ dagaŋan]

merk (het)	merek	[mere']
handelsmerk (het)	merek dagang	[mere' dagaŋ]
beeldmerk (het)	logo dagang	[logo dagaŋ]
logo (het)	logo	[logo]
vraag (de)	permintaan	[perminta'an]
aanbod (het)	penawaran	[penawaran]
behoefte (de)	kebutuhan	[kebutuhan]
consument (de)	konsumen	[konsumen]

analyse (de)	analisis	[analisis]
analyseren (ww)	menganalisis	[məŋanalisis]
positionering (de)	pemosisian	[pemosisian]
positioneren (ww)	memosisikan	[memosisikan]
prijs (de)	harga	[harga]
prijspolitiek (de)	politik harga	[politi' harga]
prijsvorming (de)	penentuan harga	[penentuan harga]

111. Reclame

reclame (de)	iklan	[iklan]
adverteren (ww)	mengiklankan	[məŋiklankan]
budget (het)	anggaran belanja	[aŋgaran belandʒʲa]

advertentie, reclame (de)	iklan	[iklan]
TV-reclame (de)	iklan TV	[iklan ti-vi]
radioreclame (de)	iklan radio	[iklan radio]
buitenreclame (de)	iklan luar ruangan	[iklan luar ruaŋan]

massamedia (de)	media massa	[media massa]
periodiek (de)	terbitan berkala	[tərbitan bərkala]
imago (het)	citra	[tʃitra]

| slagzin (de) | slogan, semboyan | [slogan], [semboyan] |
| motto (het) | moto | [moto] |

campagne (de)	kampanye	[kampanje]
reclamecampagne (de)	kampanye iklan	[kampanje iklan]
doelpubliek (het)	khalayak sasaran	[halaja' sasaran]

visitekaartje (het)	kartu nama	[kartu nama]
flyer (de)	selebaran	[selebaran]
brochure (de)	brosur	[brosur]
folder (de)	pamflet	[pamflet]
nieuwsbrief (de)	buletin	[buletin]

gevelreclame (de)	papan nama	[papan nama]
poster (de)	poster	[poster]
aanplakbord (het)	papan iklan	[papan iklan]

112. Bankieren

| bank (de) | bank | [ban'] |
| bankfiliaal (het) | cabang | [tʃabaŋ] |

| bankbediende (de) | konsultan | [konsultan] |
| manager (de) | manajer | [manadʒʲer] |

bankrekening (de)	rekening	[rekeniŋ]
rekeningnummer (het)	nomor rekening	[nomor rekeniŋ]
lopende rekening (de)	rekening koran	[rekeniŋ koran]
spaarrekening (de)	rekening simpanan	[rekeniŋ simpanan]

een rekening openen	membuka rekening	[membuka rekeniŋ]
de rekening sluiten	menutup rekening	[mənutup rekeniŋ]
op rekening storten	memasukkan ke rekening	[memasu'kan ke rekeniŋ]
opnemen (ww)	menarik uang	[mənari' uaŋ]

storting (de)	deposito	[deposito]
een storting maken	melakukan setoran	[melakukan setoran]
overschrijving (de)	transfer kawat	[transfer kawat]

een overschrijving maken	mentransfer	[məntransfer]
som (de)	jumlah	[dʒ¹umlah]
Hoeveel?	Berapa?	[bərapa?]
handtekening (de)	tanda tangan	[tanda taŋan]
ondertekenen (ww)	menandatangani	[mənandataŋani]
kredietkaart (de)	kartu kredit	[kartu kredit]
code (de)	kode	[kode]
kredietkaartnummer (het)	nomor kartu kredit	[nomor kartu kredit]
geldautomaat (de)	Anjungan Tunai Mandiri, ATM	[andʒ¹uŋan tunaj mandiri], [a-te-em]
cheque (de)	cek	[tʃe?]
een cheque uitschrijven	menulis cek	[mənulis tʃe?]
chequeboekje (het)	buku cek	[buku tʃe?]
lening, krediet (de)	kredit, pinjaman	[kredit], [pindʒ¹aman]
een lening aanvragen	meminta kredit	[meminta kredit]
een lening nemen	mendapatkan kredit	[məndapatkan kredit]
een lening verlenen	memberikan kredit	[memberikan kredit]
garantie (de)	jaminan	[dʒ¹aminan]

113. Telefoon. Telefoongesprek

telefoon (de)	telepon	[telepon]
mobieltje (het)	ponsel	[ponsel]
antwoordapparaat (het)	mesin penjawab panggilan	[mesin pendʒ¹awab paŋgilan]
bellen (ww)	menelepon	[mənelepon]
belletje (telefoontje)	panggilan telepon	[paŋgilan telepon]
een nummer draaien	memutar nomor telepon	[memutar nomor telepon]
Hallo!	Halo!	[halo!]
vragen (ww)	bertanya	[bərtanja]
antwoorden (ww)	menjawab	[məndʒ¹awab]
horen (ww)	mendengar	[məndeŋar]
goed (bw)	baik	[baj?]
slecht (bw)	buruk, jelek	[buruk], [dʒ¹ele?]
storingen (mv.)	bising, gangguan	[bisiŋ], [gaŋguan]
hoorn (de)	gagang	[gagaŋ]
opnemen (ww)	mengangkat telepon	[məŋaŋkat telepon]
ophangen (ww)	menutup telepon	[mənutup telepon]
bezet (bn)	sibuk	[sibu?]
overgaan (ww)	berdering	[bərderiŋ]
telefoonboek (het)	buku telepon	[buku telepon]
lokaal (bn)	lokal	[lokal]
lokaal gesprek (het)	panggilan lokal	[paŋgilan lokal]
interlokaal (bn)	interlokal	[interlokal]
interlokaal gesprek (het)	panggilan interlokal	[paŋgilan interlokal]

| buitenlands (bn) | internasional | [internasional] |
| buitenlands gesprek (het) | panggilan internasional | [paŋgilan internasional] |

114. Mobiele telefoon

mobieltje (het)	ponsel	[ponsel]
scherm (het)	layar	[lajar]
toets, knop (de)	kenop	[kenop]
simkaart (de)	kartu SIM	[kartu sim]

batterij (de)	baterai	[bateraj]
leeg zijn (ww)	mati	[mati]
acculader (de)	pengisi baterai, pengecas	[peɲisi bateraj], [peɲetʃas]

menu (het)	menu	[menu]
instellingen (mv.)	penyetelan	[penjetelan]
melodie (beltoon)	nada panggil	[nada paŋgil]
selecteren (ww)	memilih	[memilih]

| rekenmachine (de) | kalkulator | [kalkulator] |
| voicemail (de) | penjawab telepon | [pendʒawab telepon] |

| wekker (de) | weker | [weker] |
| contacten (mv.) | buku telepon | [buku telepon] |

| SMS-bericht (het) | pesan singkat | [pesan siŋkat] |
| abonnee (de) | pelanggan | [pelaŋgan] |

115. Schrijfbehoeften

| balpen (de) | bolpen | [bolpen] |
| vulpen (de) | pena celup | [pena tʃelup] |

potlood (het)	pensil	[pensil]
marker (de)	spidol	[spidol]
viltstift (de)	spidol	[spidol]

| notitieboekje (het) | buku catatan | [buku tʃatatan] |
| agenda (boekje) | agenda | [agenda] |

liniaal (de/het)	mistar, penggaris	[mistar], [peŋgaris]
rekenmachine (de)	kalkulator	[kalkulator]
gom (de)	karet penghapus	[karet peɲhapus]

| punaise (de) | paku payung | [paku pajuŋ] |
| paperclip (de) | penjepit kertas | [pendʒepit kertas] |

| lijm (de) | lem | [lem] |
| nietmachine (de) | stapler | [stapler] |

| perforator (de) | alat pelubang kertas | [alat pelubaŋ kertas] |
| potloodslijper (de) | rautan pensil | [rautan pensil] |

116. Verschillende soorten documenten

verslag (het)	laporan	[laporan]
overeenkomst (de)	perjanjian	[pərdʒ'andʒian]
aanvraagformulier (het)	formulir pendaftaran	[formulir pendaftaran]
origineel, authentiek (bn)	otentik, asli	[otentik], [asli]
badge, kaart (de)	label identitas	[label identitas]
visitekaartje (het)	kartu nama	[kartu nama]

certificaat (het)	sertifikat	[sertifikat]
cheque (de)	cek	[tʃeˀ]
rekening (in restaurant)	bon	[bon]
grondwet (de)	Konstitusi, Undang-Undang Dasar	[konstitusi], [undaŋ-undaŋ dasar]

contract (het)	perjanjian	[pərdʒ'andʒian]
kopie (de)	salinan, tembusan	[salinan], [tembusan]
exemplaar (het)	eksemplar	[eksemplar]

douaneaangifte (de)	pernyataan pabean	[pərnjataˀan pabean]
document (het)	dokumen	[dokumen]
rijbewijs (het)	Surat Izin Mengemudi, SIM	[surat izin məŋemudi], [sim]
bijlage (de)	lampiran	[lampiran]
formulier (het)	formulir	[formulir]

identiteitskaart (de)	kartu identitas	[kartu identitas]
aanvraag (de)	pertanyaan	[pərtanjaˀan]
uitnodigingskaart (de)	surat undangan	[surat undaŋan]
factuur (de)	faktur, tagihan	[faktur], [tagihan]

wet (de)	undang-undang	[undaŋ-undaŋ]
brief (de)	surat	[surat]
briefhoofd (het)	kop surat	[kop surat]
lijst (de)	daftar	[daftar]
manuscript (het)	manuskrip	[manuskrip]
nieuwsbrief (de)	buletin	[buletin]
briefje (het)	nota, catatan	[nota], [tʃatatan]

pasje (voor personeel, enz.)	pas masuk	[pas masuˀ]
paspoort (het)	paspor	[paspor]
vergunning (de)	surat izin	[surat izin]
CV, curriculum vitae (het)	resume	[resume]
schuldbekentenis (de)	kuitansi	[kuitansi]
kwitantie (de)	kuitansi	[kuitansi]
bon (kassabon)	slip penjualan	[slip pendʒ'ualan]
rapport (het)	laporan	[laporan]

tonen (paspoort, enz.)	memperlihatkan	[memperlihatkan]
ondertekenen (ww)	menandatangani	[mənandataŋani]
handtekening (de)	tanda tangan	[tanda taŋan]
stempel (de)	cap	[tʃap]
tekst (de)	teks	[teks]
biljet (het)	tiket	[tiket]
doorhalen (doorstrepen)	mencoret	[mentʃoret]
invullen (een formulier ~)	mengisi	[məŋisi]

| vrachtbrief (de) | faktur | [faktur] |
| testament (het) | surat wasiat | [surat wasiat] |

117. Soorten bedrijven

uitzendbureau (het)	biro tenaga kerja	[biro tenaga kerdʒʲa]
bewakingsfirma (de)	biro keamanan	[biro keamanan]
persbureau (het)	kantor berita	[kantor berita]
reclamebureau (het)	biro periklanan	[biro periklanan]

antiek (het)	antikuariat	[antikuariat]
verzekering (de)	asuransi	[asuransi]
naaiatelier (het)	rumah jahit	[rumah dʒʲahit]

banken (mv.)	industri perbankan	[industri perbankan]
bar (de)	bar	[bar]
bouwbedrijven (mv.)	pembangunan	[pembaŋunan]
juwelen (mv.)	perhiasan	[perhiasan]
juwelier (de)	tukang perhiasan	[tukaŋ perhiasan]

wasserette (de)	penatu	[penatu]
alcoholische dranken (mv.)	minuman beralkohol	[minuman beralkohol]
nachtclub (de)	klub malam	[klub malam]
handelsbeurs (de)	bursa efek	[bursa efeʔ]
bierbrouwerij (de)	pabrik bir	[pabriʔ bir]
uitvaartcentrum (het)	rumah duka	[rumah duka]

casino (het)	kasino	[kasino]
zakencentrum (het)	pusat bisnis	[pusat bisnis]
bioscoop (de)	bioskop	[bioskop]
airconditioning (de)	penyejuk udara	[penjedʒʲuʔ udara]

handel (de)	perdagangan	[perdagaŋan]
luchtvaartmaatschappij (de)	maskapai penerbangan	[maskapaj penerbaŋan]
adviesbureau (het)	jasa konsultasi	[dʒʲasa konsultasi]
koerierdienst (de)	jasa kurir	[dʒʲasa kurir]

tandheelkunde (de)	klinik gigi	[kliniʔ gigi]
design (het)	desain	[desajn]
business school (de)	sekolah bisnis	[sekolah bisnis]
magazijn (het)	gudang	[gudaŋ]
kunstgalerie (de)	galeri seni	[galeri seni]
IJsje (het)	es krim	[es krim]
hotel (het)	hotel	[hotel]

vastgoed (het)	properti, lahan yasan	[properti], [lahan yasan]
drukkerij (de)	percetakan	[pertʃetakan]
industrie (de)	industri	[industri]
Internet (het)	Internet	[internet]
investeringen (mv.)	investasi	[investasi]

krant (de)	koran	[koran]
boekhandel (de)	toko buku	[toko buku]
lichte industrie (de)	industri ringan	[industri riŋan]

winkel (de)	**toko**	[toko]
uitgeverij (de)	**penerbit**	[penerbit]
medicijnen (mv.)	**kedokteran**	[kedokteran]
meubilair (het)	**mebel**	[mebel]
museum (het)	**museum**	[museum]
olie (aardolie)	**petroleum, minyak**	[petroleum], [minja']
apotheek (de)	**apotek, toko obat**	[apotek], [toko obat]
geneesmiddelen (mv.)	**farmasi**	[farmasi]
zwembad (het)	**kolam renang**	[kolam renaŋ]
stomerij (de)	**penatu kimia**	[penatu kimia]
voedingswaren (mv.)	**produk makanan**	[produ' makanan]
reclame (de)	**periklanan**	[periklanan]
radio (de)	**radio**	[radio]
afvalinzameling (de)	**pemungutan sampah**	[pemuŋutan sampah]
restaurant (het)	**restoran**	[restoran]
tijdschrift (het)	**majalah**	[madʒalah]
schoonheidssalon (de/het)	**salon kecantikan**	[salon ketʃantikan]
financiële diensten (mv.)	**jasa finansial**	[dʒasa finansial]
juridische diensten (mv.)	**penasihat hukum**	[penasihat hukum]
boekhouddiensten (mv.)	**jasa akuntansi**	[dʒasa akuntansi]
audit diensten (mv.)	**jasa audit**	[dʒasa audit]
sport (de)	**olahraga**	[olahraga]
supermarkt (de)	**pasar swalayan**	[pasar swalajan]
televisie (de)	**televisi**	[televisi]
theater (het)	**teater**	[teater]
toerisme (het)	**pariwisata**	[pariwisata]
transport (het)	**transportasi, angkutan**	[transportasi], [aŋkutan]
postorderbedrijven (mv.)	**perniagaan pesanan pos**	[perniaga'an pesanan pos]
kleding (de)	**pakaian, busana**	[pakajan], [busana]
dierenarts (de)	**dokter hewan**	[dokter hewan]

Baan. Business. Deel 2

118. Show. Tentoonstelling

beurs (de)	pameran	[pameran]
vakbeurs, handelsbeurs (de)	pameran perdagangan	[pameran pərdagaŋan]
deelneming (de)	partisipasi	[partisipasi]
deelnemen (ww)	turut serta	[turut serta]
deelnemer (de)	partisipan, peserta	[partisipan], [peserta]
directeur (de)	direktur	[direktur]
organisatiecomité (het)	biro penyelenggara kegiatan	[biro peneleŋgara kegiatan]
organisator (de)	penyelenggara	[penjeleŋgara]
organiseren (ww)	menyelenggarakan	[mənjeleŋgarakan]
deelnemingsaanvraag (de)	formulir keikutsertaan	[formulir keikutserta'an]
invullen (een formulier ~)	mengisi	[məŋisi]
details (mv.)	detail	[detajl]
informatie (de)	informasi	[informasi]
prijs (de)	harga	[harga]
inclusief (bijv. ~ BTW)	termasuk	[tərmasu']
inbegrepen (alles ~)	mencakup	[məntʃakup]
betalen (ww)	membayar	[membajar]
registratietarief (het)	biaya pendaftaran	[biaja pendaftaran]
ingang (de)	masuk	[masu']
paviljoen (het), hal (de)	paviliun	[paviliun]
registreren (ww)	mendaftar	[məndaftar]
badge, kaart (de)	label identitas	[label identitas]
beursstand (de)	stand	[stand]
reserveren (een stand ~)	memesan	[memesan]
vitrine (de)	dagang layar kaca	[dagaŋ lajar katʃa]
licht (het)	lampu	[lampu]
design (het)	desain	[desajn]
plaatsen (ww)	menempatkan	[mənempatkan]
geplaatst zijn (ww)	diletakkan	[dileta'kan]
distributeur (de)	penyalur	[penjalur]
leverancier (de)	penyuplai	[penyuplaj]
leveren (ww)	menyuplai	[mənyuplaj]
land (het)	negara, negeri	[negara], [negeri]
buitenlands (bn)	asing	[asiŋ]
product (het)	produk	[produ']
associatie (de)	asosiasi, perhimpunan	[asosiasi], [pərhimpunan]

conferentiezaal (de)	gedung pertemuan	[geduŋ pərtemuan]
congres (het)	kongres	[koŋres]
wedstrijd (de)	kontes	[kontes]

bezoeker (de)	pengunjung	[peŋundʒiuŋ]
bezoeken (ww)	mendatangi	[məndataŋi]
afnemer (de)	pelanggan	[pelaŋgan]

119. Massamedia

krant (de)	koran	[koran]
tijdschrift (het)	majalah	[madʒalah]
pers (gedrukte media)	pers	[pers]
radio (de)	radio	[radio]
radiostation (het)	stasiun radio	[stasiun radio]
televisie (de)	televisi	[televisi]

presentator (de)	pembawa acara	[pembawa atʃara]
nieuwslezer (de)	penyiar	[penjiar]
commentator (de)	komentator	[komentator]

journalist (de)	wartawan	[wartawan]
correspondent (de)	koresponden	[koresponden]
fotocorrespondent (de)	fotografer pers	[fotografer pers]
reporter (de)	reporter, pewarta	[reporter], [pewarta]

redacteur (de)	editor, penyunting	[editor], [penyuntiŋ]
chef-redacteur (de)	editor kepala	[editor kepala]

zich abonneren op	berlangganan ...	[bərlaŋganan ...]
abonnement (het)	langganan	[laŋganan]
abonnee (de)	pelanggan	[pelaŋgan]
lezen (ww)	membaca	[membatʃa]
lezer (de)	pembaca	[pembatʃa]

oplage (de)	oplah	[oplah]
maand-, maandelijks (bn)	bulanan	[bulanan]
wekelijks (bn)	mingguan	[miŋguan]
nummer (het)	edisi	[edisi]
vers (~ van de pers)	baru	[baru]

kop (de)	kepala berita	[kepala bərita]
korte artikel (het)	artikel singkat	[artikel siŋkat]
rubriek (de)	kolom	[kolom]
artikel (het)	artikel	[artikel]
pagina (de)	halaman	[halaman]

reportage (de)	reportase	[reportase]
gebeurtenis (de)	peristiwa, kejadian	[pəristiwa], [kedʒiadian]
sensatie (de)	sensasi	[sensasi]
schandaal (het)	skandal	[skandal]
schandalig (bn)	penuh skandal	[penuh skandal]
groot (~ schandaal, enz.)	besar	[besar]
programma (het)	program	[program]

interview (het)	wawancara	[wawanʧara]
live uitzending (de)	siaran langsung	[siaran laŋsuŋ]
kanaal (het)	saluran	[saluran]

120. Landbouw

landbouw (de)	pertanian	[pərtanian]
boer (de)	petani	[petani]
boerin (de)	petani	[petani]
landbouwer (de)	petani	[petani]

| tractor (de) | traktor | [traktor] |
| maaidorser (de) | mesin pemanen | [mesin pemanen] |

ploeg (de)	bajak	[badʒiaʔ]
ploegen (ww)	membajak, menenggala	[membadʒiak], [menengala]
akkerland (het)	tanah garapan	[tanah garapan]
voor (de)	alur	[alur]

zaaien (ww)	menanam	[mənanam]
zaaimachine (de)	mesin penanam	[mesin penanam]
zaaien (het)	penanaman	[penanaman]

| zeis (de) | sabit | [sabit] |
| maaien (ww) | menyabit | [mənjabit] |

| schop (de) | sekop | [sekop] |
| spitten (ww) | menggali | [mənggali] |

schoffel (de)	cangkul	[ʧaŋkul]
wieden (ww)	menyiangi	[mənjiaŋi]
onkruid (het)	gulma	[gulma]

gieter (de)	kaleng penyiram	[kaleŋ penjiram]
begieten (water geven)	menyiram	[mənjiram]
bewatering (de)	penyiraman	[penjiraman]

| riek, hooivork (de) | garpu ramput | [garpu ramput] |
| hark (de) | penggaruk | [pengaruʔ] |

meststof (de)	pupuk	[pupuʔ]
bemesten (ww)	memupuk	[memupuʔ]
mest (de)	pupuk kandang	[pupuʔ kandaŋ]

veld (het)	ladang	[ladaŋ]
wei (de)	padang rumput	[padaŋ rumput]
moestuin (de)	kebun sayur	[kebun sajur]
boomgaard (de)	kebun buah	[kebun buah]

weiden (ww)	menggembalakan	[mənggembalakan]
herder (de)	penggembala	[penggembala]
weiland (de)	padang penggembalaan	[padaŋ pengembalaʔan]
veehouderij (de)	peternakan	[peternakan]
schapenteelt (de)	peternakan domba	[peternakan domba]

plantage (de)	perkebunan	[pərkebunan]
rijtje (het)	bedeng	[bedeŋ]
broeikas (de)	rumah kaca	[rumah katʃa]

| droogte (de) | musim kering | [musim keriŋ] |
| droog (bn) | kering | [keriŋ] |

graan (het)	biji	[bidʒi]
graangewassen (mv.)	serealia	[serealia]
oogsten (ww)	memanen	[memanen]

molenaar (de)	penggiling	[peŋgiliŋ]
molen (de)	kincir	[kintʃir]
malen (graan ~)	menggiling	[məŋgiliŋ]
bloem (bijv. tarwebloem)	tepung	[tepuŋ]
stro (het)	jerami	[dʒˈerami]

121. Gebouw. Bouwproces

bouwplaats (de)	lokasi pembangunan	[lokasi pembaŋunan]
bouwen (ww)	membangun	[membaŋun]
bouwvakker (de)	buruh bangunan	[buruh baŋunan]

project (het)	proyek	[proeʔ]
architect (de)	arsitek	[arsiteʔ]
arbeider (de)	buruh, pekerja	[buruh], [pekerdʒˈa]

fundering (de)	fondasi	[fondasi]
dak (het)	atap	[atap]
heipaal (de)	tiang fondasi	[tiaŋ fondasi]
muur (de)	dinding	[dindiŋ]

| betonstaal (het) | kerangka besi | [keraŋka besi] |
| steigers (mv.) | perancah | [pərantʃah] |

beton (het)	beton	[beton]
graniet (het)	granit	[granit]
steen (de)	batu	[batu]
baksteen (de)	bata, batu bata	[bata], [batu bata]

zand (het)	pasir	[pasir]
cement (de/het)	semen	[semen]
pleister (het)	lepa, plester	[lepa], [plester]
pleisteren (ww)	melepa	[melepa]
verf (de)	cat	[tʃat]
verven (muur ~)	mengecat	[məŋetʃat]
ton (de)	tong	[toŋ]

kraan (de)	derek	[dereʔ]
heffen, hijsen (ww)	menaikkan	[mənajʔkan]
neerlaten (ww)	menurunkan	[mənurunkan]

| bulldozer (de) | buldoser | [buldozer] |
| graafmachine (de) | ekskavator | [ekskavator] |

graafbak (de)	sudu pengeruk	[sudu peŋeruʔ]
graven (tunnel, enz.)	menggali	[məŋgali]
helm (de)	topi baja	[topi badʒʲa]

122. Wetenschap. Onderzoek. Wetenschappers

wetenschap (de)	ilmu	[ilmu]
wetenschappelijk (bn)	ilmiah	[ilmiah]
wetenschapper (de)	ilmuwan	[ilmuwan]
theorie (de)	teori	[teori]

axioma (het)	aksioma	[aksioma]
analyse (de)	analisis	[analisis]
analyseren (ww)	menganalisis	[məŋanalisis]
argument (het)	argumen	[argumen]
substantie (de)	zat, bahan	[zat], [bahan]

hypothese (de)	hipotesis	[hipotesis]
dilemma (het)	dilema	[dilema]
dissertatie (de)	disertasi	[disertasi]
dogma (het)	dogma	[dogma]

doctrine (de)	doktrin	[doktrin]
onderzoek (het)	riset, penelitian	[riset], [penelitian]
onderzoeken (ww)	penelitian	[penelitian]
toetsing (de)	pengujian	[peŋudʒian]
laboratorium (het)	laboratorium	[laboratorium]

methode (de)	metode	[metode]
molecule (de/het)	molekul	[molekul]
monitoring (de)	pemonitoran	[pemonitoran]
ontdekking (de)	penemuan	[penemuan]

postulaat (het)	postulat	[postulat]
principe (het)	prinsip	[prinsip]
voorspelling (de)	prakiraan	[prakiraʔan]
een prognose maken	memprakirakan	[memprakirakan]

synthese (de)	sintesis	[sintesis]
tendentie (de)	tendensi	[tendensi]
theorema (het)	teorema	[teorema]

| leerstellingen (mv.) | ajaran | [adʒʲaran] |
| feit (het) | fakta | [fakta] |

| expeditie (de) | ekspedisi | [ekspedisi] |
| experiment (het) | eksperimen | [eksperimen] |

academicus (de)	akademikus	[akademikus]
bachelor (bijv. BA, LLB)	sarjana	[sardʒʲana]
doctor (de)	doktor	[doktor]
universitair docent (de)	Profesor Madya	[profesor madja]
master, magister (de)	Master	[master]
professor (de)	profesor	[profesor]

Beroepen en ambachten

123. Zoeken naar werk. Ontslag

baan (de)	kerja, pekerjaan	[kerʤ'a], [pekerʤ'a'an]
werknemers (mv.)	staf, personalia	[staf], [personalia]
personeel (het)	staf, personel	[staf], [personel]
carrière (de)	karier	[karier]
vooruitzichten (mv.)	perspektif	[perspektif]
meesterschap (het)	keterampilan	[keterampilan]
keuze (de)	pilihan	[pilihan]
uitzendbureau (het)	biro tenaga kerja	[biro tenaga kerʤ'a]
CV, curriculum vitae (het)	resume	[resume]
sollicitatiegesprek (het)	wawancara kerja	[wawantʃara kerʤ'a]
vacature (de)	lowongan	[lowoŋan]
salaris (het)	gaji, upah	[gaʤi], [upah]
vaste salaris (het)	gaji tetap	[gaʤi tetap]
loon (het)	bayaran	[bajaran]
betrekking (de)	jabatan	[ʤ'abatan]
taak, plicht (de)	tugas	[tugas]
takenpakket (het)	bidang tugas	[bidaŋ tugas]
bezig (~ zijn)	sibuk	[sibu']
ontslagen (ww)	memecat	[memetʃat]
ontslag (het)	pemecatan	[pemetʃatan]
werkloosheid (de)	pengangguran	[peŋaŋguran]
werkloze (de)	penggangur	[peŋaŋgur]
pensioen (het)	pensiun	[pensiun]
met pensioen gaan	pensiun	[pensiun]

124. Zakenmensen

directeur (de)	direktur	[direktur]
beheerder (de)	manajer	[manaʤ'er]
hoofd (het)	bos, atasan	[bos], [atasan]
baas (de)	atasan	[atasan]
superieuren (mv.)	atasan	[atasan]
president (de)	presiden	[presiden]
voorzitter (de)	ketua, dirut	[ketua], [dirut]
adjunct (de)	wakil	[wakil]
assistent (de)	asisten	[asisten]

| secretaris (de) | sekretaris | [sekretaris] |
| persoonlijke assistent (de) | asisten pribadi | [asisten pribadi] |

zakenman (de)	pengusaha, pebisnis	[peŋusaha], [pebisnis]
ondernemer (de)	pengusaha	[peŋusaha]
oprichter (de)	pendiri	[pendiri]
oprichten	mendirikan	[mendirikan]
(een nieuw bedrijf ~)		

stichter (de)	pendiri	[pendiri]
partner (de)	mitra	[mitra]
aandeelhouder (de)	pemegang saham	[pemegaŋ saham]

miljonair (de)	jutawan	[dʒutawan]
miljardair (de)	miliarder	[miliarder]
eigenaar (de)	pemilik	[pemiliʔ]
landeigenaar (de)	tuan tanah	[tuan tanah]

klant (de)	klien	[klien]
vaste klant (de)	klien tetap	[klien tetap]
koper (de)	pembeli	[pembeli]
bezoeker (de)	tamu	[tamu]
professioneel (de)	profesional	[profesional]
expert (de)	pakar, ahli	[pakar], [ahli]
specialist (de)	spesialis, ahli	[spesialis], [ahli]

| bankier (de) | bankir | [bankir] |
| makelaar (de) | broker, pialang | [broker], [pialaŋ] |

kassier (de)	kasir	[kasir]
boekhouder (de)	akuntan	[akuntan]
bewaker (de)	satpam, pengawal	[satpam], [peŋawal]

investeerder (de)	investor	[investor]
schuldenaar (de)	debitur	[debitur]
crediteur (de)	kreditor	[kreditor]
lener (de)	peminjam	[pemindʒam]

| importeur (de) | importir | [importir] |
| exporteur (de) | eksportir | [eksportir] |

producent (de)	produsen	[produsen]
distributeur (de)	penyalur	[penjalur]
bemiddelaar (de)	perantara	[perantara]

adviseur, consulent (de)	konsultan	[konsultan]
vertegenwoordiger (de)	perwakilan penjualan	[perwakilan pendʒualan]
agent (de)	agen	[agen]
verzekeringsagent (de)	agen asuransi	[agen asuransi]

125. Dienstverlenende beroepen

| kok (de) | koki, juru masak | [koki], [dʒuru masaʔ] |
| chef-kok (de) | koki kepala | [koki kepala] |

bakker (de)	pembuat roti	[pembuat roti]
barman (de)	pelayan bar	[pelajan bar]
kelner, ober (de)	pelayan lelaki	[pelajan lelaki]
serveerster (de)	pelayan perempuan	[pelajan perempuan]
advocaat (de)	advokat, pengacara	[advokat], [peɲatʃara]
jurist (de)	ahli hukum	[ahli hukum]
notaris (de)	notaris	[notaris]
elektricien (de)	tukang listrik	[tukaŋ listriʔ]
loodgieter (de)	tukang pipa	[tukaŋ pipa]
timmerman (de)	tukang kayu	[tukaŋ kaju]
masseur (de)	tukang pijat lelaki	[tukaŋ pidʒ ̍at lelaki]
masseuse (de)	tukang pijat perempuan	[tukaŋ pidʒ ̍at perempuan]
dokter, arts (de)	dokter	[dokter]
taxichauffeur (de)	sopir taksi	[sopir taksi]
chauffeur (de)	sopir	[sopir]
koerier (de)	kurir	[kurir]
kamermeisje (het)	pelayan kamar	[pelajan kamar]
bewaker (de)	satpam, pengawal	[satpam], [peɲawal]
stewardess (de)	pramugari	[pramugari]
meester (de)	guru	[guru]
bibliothecaris (de)	pustakawan	[pustakawan]
vertaler (de)	penerjemah	[penerdʒ ̍emah]
tolk (de)	juru bahasa	[dʒ ̍uru bahasa]
gids (de)	pemandu wisata	[pemandu wisata]
kapper (de)	tukang cukur	[tukaŋ tʃukur]
postbode (de)	tukang pos	[tukaŋ pos]
verkoper (de)	pramuniaga	[pramuniaga]
tuinman (de)	tukang kebun	[tukaŋ kebun]
huisbediende (de)	pramuwisma	[pramuwisma]
dienstmeisje (het)	pramuwisma	[pramuwisma]
schoonmaakster (de)	pembersih ruangan	[pembersih ruaŋan]

126. Militaire beroepen en rangen

soldaat (rang)	prajurit	[pradʒ ̍urit]
sergeant (de)	sersan	[sersan]
luitenant (de)	letnan	[letnan]
kapitein (de)	kapten	[kapten]
majoor (de)	mayor	[major]
kolonel (de)	kolonel	[kolonel]
generaal (de)	jenderal	[dʒ ̍enderal]
maarschalk (de)	marsekal	[marsekal]
admiraal (de)	laksamana	[laksamana]
militair (de)	anggota militer	[aŋgota militer]
soldaat (de)	tentara, serdadu	[tentara], [serdadu]

| officier (de) | perwira | [pərwira] |
| commandant (de) | komandan | [komandan] |

grenswachter (de)	penjaga perbatasan	[pendʒiaga pərbatasan]
marconist (de)	operator radio	[operator radio]
verkenner (de)	pengintai	[peɲintaj]
sappeur (de)	pencari ranjau	[pentʃari randʒiau]
schutter (de)	petembak	[petembaʔ]
stuurman (de)	navigator, penavigasi	[navigator], [penavigasi]

127. Ambtenaren. Priesters

| koning (de) | raja | [radʒia] |
| koningin (de) | ratu | [ratu] |

| prins (de) | pangeran | [paŋeran] |
| prinses (de) | putri | [putri] |

| tsaar (de) | tsar, raja | [tsar], [radʒia] |
| tsarina (de) | tsarina, ratu | [tsarina], [ratu] |

president (de)	presiden	[presiden]
minister (de)	Menteri Sekretaris	[mənteri sekretaris]
eerste minister (de)	perdana menteri	[pərdana menteri]
senator (de)	senator	[senator]

diplomaat (de)	diplomat	[diplomat]
consul (de)	konsul	[konsul]
ambassadeur (de)	duta besar	[duta besar]
adviseur (de)	penasihat	[penasihat]

ambtenaar (de)	petugas	[petugas]
prefect (de)	prefek	[prefeʔ]
burgemeester (de)	walikota	[walikota]

| rechter (de) | hakim | [hakim] |
| aanklager (de) | kejaksaan negeri | [kedʒiaksaʔan negeri] |

missionaris (de)	misionaris	[misionaris]
monnik (de)	biarawan, rahib	[biarawan], [rahib]
abt (de)	abbas	[abbas]
rabbi, rabbijn (de)	rabbi	[rabbi]

vizier (de)	wazir	[wazir]
sjah (de)	syah	[ʃah]
sjeik (de)	syeikh	[ʃejh]

128. Agrarische beroepen

imker (de)	peternak lebah	[peternaʔ lebah]
herder (de)	penggembala	[peŋgembala]
landbouwkundige (de)	agronom	[agronom]

veehouder (de)	peternak	[peterna']
dierenarts (de)	dokter hewan	[dokter hewan]

landbouwer (de)	petani	[petani]
wijnmaker (de)	pembuat anggur	[pembuat aŋgur]
zoöloog (de)	zoolog	[zoolog]
cowboy (de)	koboi	[koboi]

129. Kunst beroepen

acteur (de)	aktor	[aktor]
actrice (de)	aktris	[aktris]

zanger (de)	biduan	[biduan]
zangeres (de)	biduanita	[biduanita]

danser (de)	penari lelaki	[penari lelaki]
danseres (de)	penari perempuan	[penari pərempuan]

artiest (mann.)	artis	[artis]
artiest (vrouw.)	artis	[artis]

muzikant (de)	musisi, musikus	[musisi], [musikus]
pianist (de)	pianis	[pianis]
gitarist (de)	pemain gitar	[pemajn gitar]

orkestdirigent (de)	konduktor	[konduktor]
componist (de)	komposer, komponis	[komposer], [komponis]
impresario (de)	impresario	[impresario]

filmregisseur (de)	sutradara	[sutradara]
filmproducent (de)	produser	[produser]
scenarioschrijver (de)	penulis skenario	[penulis skenario]
criticus (de)	kritikus	[kritikus]

schrijver (de)	penulis	[penulis]
dichter (de)	penyair	[penjajr]
beeldhouwer (de)	pematung	[pematuŋ]
kunstenaar (de)	perupa	[pərupa]

jongleur (de)	juggler	[dʒjuggler]
clown (de)	badut	[badut]
acrobaat (de)	akrobat	[akrobat]
goochelaar (de)	pesulap	[pesulap]

130. Verschillende beroepen

dokter, arts (de)	dokter	[dokter]
ziekenzuster (de)	suster, juru rawat	[suster], [dʒjuru rawat]
psychiater (de)	psikiater	[psikiater]
tandarts (de)	dokter gigi	[dokter gigi]
chirurg (de)	dokter bedah	[dokter bedah]

astronaut (de)	astronaut	[astronaut]
astronoom (de)	astronom	[astronom]
piloot (de)	pilot	[pilot]

chauffeur (de)	sopir	[sopir]
machinist (de)	masinis	[masinis]
mecanicien (de)	mekanik	[mekaniʔ]

mijnwerker (de)	penambang	[penambaŋ]
arbeider (de)	buruh, pekerja	[buruh], [pekerdʒʲa]
bankwerker (de)	tukang kikir	[tukaŋ kikir]
houtbewerker (de)	tukang kayu	[tukaŋ kaju]
draaier (de)	tukang bubut	[tukaŋ bubut]
bouwvakker (de)	buruh bangunan	[buruh baŋunan]
lasser (de)	tukang las	[tukaŋ las]

professor (de)	profesor	[profesor]
architect (de)	arsitek	[arsiteʔ]
historicus (de)	sejarawan	[sedʒʲarawan]
wetenschapper (de)	ilmuwan	[ilmuwan]
fysicus (de)	fisikawan	[fisikawan]
scheikundige (de)	kimiawan	[kimiawan]

archeoloog (de)	arkeolog	[arkeolog]
geoloog (de)	geolog	[geolog]
onderzoeker (de)	periset, peneliti	[pəriset], [peneliti]

| babysitter (de) | pengasuh anak | [peŋasuh anaʔ] |
| leraar, pedagoog (de) | guru, pendidik | [guru], [pendidiʔ] |

redacteur (de)	editor, penyunting	[editor], [penyuntiŋ]
chef-redacteur (de)	editor kepala	[editor kepala]
correspondent (de)	koresponden	[koresponden]
typiste (de)	juru ketik	[dʒʲuru ketiʔ]

designer (de)	desainer, perancang	[desajner], [pərantʃaŋ]
computerexpert (de)	ahli komputer	[ahli komputer]
programmeur (de)	pemrogram	[pemrogram]
ingenieur (de)	insinyur	[insinyur]

matroos (de)	pelaut	[pelaut]
zeeman (de)	kelasi	[kelasi]
redder (de)	penyelamat	[penjelamat]

brandweerman (de)	pemadam kebakaran	[pemadam kebakaran]
politieagent (de)	polisi	[polisi]
nachtwaker (de)	penjaga	[pendʒʲaga]
detective (de)	detektif	[detektif]

douanier (de)	petugas pabean	[petugas pabean]
lijfwacht (de)	pengawal pribadi	[peɲawal pribadi]
gevangenisbewaker (de)	sipir, penjaga penjara	[sipir], [pendʒʲaga pendʒʲara]
inspecteur (de)	inspektur	[inspektur]

| sportman (de) | olahragawan | [olahragawan] |
| trainer (de) | pelatih | [pelatih] |

slager, beenhouwer (de)	tukang daging	[tukaŋ dagiŋ]
schoenlapper (de)	tukang sepatu	[tukaŋ sepatu]
handelaar (de)	pedagang	[pedagaŋ]
lader (de)	kuli	[kuli]

| kledingstilist (de) | perancang busana | [perantʃaŋ busana] |
| model (het) | peragawati | [peragawati] |

131. Beroepen. Sociale status

| scholier (de) | siswa | [siswa] |
| student (de) | mahasiswa | [mahasiswa] |

filosoof (de)	filsuf	[filsuf]
econoom (de)	ahli ekonomi	[ahli ekonomi]
uitvinder (de)	penemu	[penemu]

werkloze (de)	pengganggur	[peŋgaŋgur]
gepensioneerde (de)	pensiunan	[pensiunan]
spion (de)	mata-mata	[mata-mata]

gedetineerde (de)	tahanan	[tahanan]
staker (de)	pemogok	[pemogoʔ]
bureaucraat (de)	birokrat	[birokrat]
reiziger (de)	pelancong	[pelantʃoŋ]

homoseksueel (de)	homo, homoseksual	[homo], [homoseksual]
hacker (computerkraker)	peretas	[peretas]
hippie (de)	hipi	[hipi]

bandiet (de)	bandit	[bandit]
huurmoordenaar (de)	pembunuh bayaran	[pembunuh bajaran]
drugsverslaafde (de)	pecandu narkoba	[petʃandu narkoba]
drugshandelaar (de)	pengedar narkoba	[peŋedar narkoba]
prostituee (de)	pelacur	[pelatʃur]
pooier (de)	germo	[germo]

tovenaar (de)	penyihir lelaki	[penjihir lelaki]
tovenares (de)	penyihir perempuan	[penjihir perempuan]
piraat (de)	bajak laut	[badʒʲaʔ laut]
slaaf (de)	budak	[budaʔ]
samoerai (de)	samurai	[samuraj]
wilde (de)	orang primitif	[oraŋ primitif]

Sport

132. Soorten sporten. Sporters

sportman (de)	olahragawan	[olahragawan]
soort sport (de/het)	jenis olahraga	[dʒʲenis olahraga]
basketbal (het)	bola basket	[bola basket]
basketbalspeler (de)	pemain bola basket	[pemajn bola basket]
baseball (het)	bisbol	[bisbol]
baseballspeler (de)	pemain bisbol	[pemajn bisbol]
voetbal (het)	sepak bola	[sepa' bola]
voetballer (de)	pemain sepak bola	[pemajn sepa' bola]
doelman (de)	kiper, penjaga gawang	[kiper], [pendʒʲaga gawaŋ]
hockey (het)	hoki	[hoki]
hockeyspeler (de)	pemain hoki	[pemajn hoki]
volleybal (het)	bola voli	[bola voli]
volleybalspeler (de)	pemain bola voli	[pemajn bola voli]
boksen (het)	tinju	[tindʒʲu]
bokser (de)	petinju	[petindʒʲu]
worstelen (het)	gulat	[gulat]
worstelaar (de)	pegulat	[pegulat]
karate (de)	karate	[karate]
karateka (de)	karateka	[karateka]
judo (de)	judo	[dʒʲudo]
judoka (de)	pejudo	[pedʒʲudo]
tennis (het)	tenis	[tenis]
tennisspeler (de)	petenis	[petenis]
zwemmen (het)	berenang	[bərenaŋ]
zwemmer (de)	perenang	[pərenaŋ]
schermen (het)	anggar	[aŋgar]
schermer (de)	pemain anggar	[pemajn aŋgar]
schaak (het)	catur	[tʃatur]
schaker (de)	pecatur	[petʃatur]
alpinisme (het)	mendaki gunung	[məndaki gunuŋ]
alpinist (de)	pendaki gunung	[pendaki gunuŋ]
hardlopen (het)	lari	[lari]

renner (de)	pelari	[pelari]
atletiek (de)	atletik	[atletiʔ]
atleet (de)	atlet	[atlet]

| paardensport (de) | menunggang kuda | [mənuŋgaŋ kuda] |
| ruiter (de) | penunggang kuda | [penuŋgaŋ kuda] |

kunstschaatsen (het)	seluncur indah	[seluntʃur indah]
kunstschaatser (de)	peseluncur indah	[peseluntʃur indah]
kunstschaatsster (de)	peseluncur indah	[peseluntʃur indah]

| gewichtheffen (het) | angkat berat | [aŋkat bərat] |
| gewichtheffer (de) | atlet angkat berat | [atlet aŋkat bərat] |

| autoraces (mv.) | balapan mobil | [balapan mobil] |
| coureur (de) | pembalap mobil | [pembalap mobil] |

| wielersport (de) | bersepeda | [bərsepeda] |
| wielrenner (de) | atlet sepeda | [atlet sepeda] |

verspringen (het)	lompat jauh	[lompat dʒʲauh]
polsstokspringen (het)	lompat galah	[lompat galah]
verspringer (de)	atlet lompat, pelompat	[atlet lompat], [pelompat]

133. Soorten sporten. Diversen

Amerikaans voetbal (het)	futbol	[futbol]
badminton (het)	badminton, bulu tangkis	[badminton], [bulu taŋkis]
biatlon (de)	biathlon	[biatlon]
biljart (het)	biliar	[biliar]

bobsleeën (het)	bobsled	[bobsled]
bodybuilding (de)	binaraga	[binaraga]
waterpolo (het)	polo air	[polo air]
handbal (de)	bola tangan	[bola taŋan]
golf (het)	golf	[golf]

roeisport (de)	mendayung	[məndajuŋ]
duiken (het)	selam skuba	[selam skuba]
langlaufen (het)	ski lintas alam	[ski lintas alam]
tafeltennis (het)	tenis meja	[tenis medʒʲa]

zeilen (het)	berlayar	[bərlajar]
rally (de)	balap reli	[balap reli]
rugby (het)	rugbi	[rugbi]
snowboarden (het)	seluncur salju	[seluntʃur saldʒʲu]
boogschieten (het)	memanah	[memanah]

134. Fitnessruimte

| lange halter (de) | barbel | [barbel] |
| halters (mv.) | dumbel | [dumbel] |

training machine (de)	alat senam	[alat senam]
hometrainer (de)	sepeda statis	[sepeda statis]
loopband (de)	treadmill	[tredmil]
rekstok (de)	rekstok	[reksto']
brug (de) gelijke leggers	palang sejajar	[palaŋ sedʒ'adʒ'ar]
paardsprong (de)	kuda-kuda	[kuda-kuda]
mat (de)	matras	[matras]
springtouw (het)	lompat tali	[lompat tali]
aerobics (de)	aerobik	[aerobi']
yoga (de)	yoga	[yoga]

135. Hockey

hockey (het)	hoki	[hoki]
hockeyspeler (de)	pemain hoki	[pemajn hoki]
hockey spelen	bermain hoki	[bərmajn hoki]
IJs (het)	es	[es]
puck (de)	bola hoki es	[bola hoki es]
hockeystick (de)	stik hoki	[sti' hoki]
schaatsen (mv.)	sepatu es	[sepatu es]
boarding (de)	papan	[papan]
schot (het)	pukulan	[pukulan]
doelman (de)	penjaga gawang	[pendʒ'aga gawaŋ]
goal (de)	gol	[gol]
een goal scoren	menjaringkan gol	[məndʒ'ariŋkan gol]
periode (de)	babak	[baba']
tweede periode (de)	babak kedua	[baba' kedua]
reservebank (de)	bangku pemain pengganti	[baŋku pemajn peŋganti]

136. Voetbal

voetbal (het)	sepak bola	[sepa' bola]
voetballer (de)	pemain sepak bola	[pemajn sepa' bola]
voetbal spelen	bermain sepak bola	[bərmajn sepa' bola]
eredivisie (de)	liga tertinggi	[liga tərtiŋgi]
voetbalclub (de)	klub sepak bola	[klub sepa' bola]
trainer (de)	pelatih	[pelatih]
eigenaar (de)	pemilik	[pemili']
team (het)	tim	[tim]
aanvoerder (de)	kapten tim	[kapten tim]
speler (de)	pemain	[pemajn]
reservespeler (de)	pemain pengganti	[pemajn peŋganti]
aanvaller (de)	penyerang	[penjeraŋ]
centrale aanvaller (de)	penyerang tengah	[penjeraŋ teŋah]

doelpuntmaker (de)	penyerang, pencetak gol	[penjeraŋ], [penʧeta' gol]
verdediger (de)	bek, pemain bertahan	[bek], [pemajn bərtahan]
middenvelder (de)	hafbek	[hafbe']
match, wedstrijd (de)	pertandingan	[pərtandiŋan]
elkaar ontmoeten (ww)	bertanding	[bərtandiŋ]
finale (de)	final	[final]
halve finale (de)	semifinal	[semifinal]
kampioenschap (het)	kejuaraan	[kedʒ'uara'an]
helft (de)	babak	[baba']
eerste helft (de)	babak pertama	[baba' pərtama]
pauze (de)	waktu istirahat	[waktu istirahat]
doel (het)	gawang	[gawaŋ]
doelman (de)	kiper, penjaga gawang	[kiper], [pendʒ'aga gawaŋ]
doelpaal (de)	tiang gawang	[tiaŋ gawaŋ]
lat (de)	palang gol	[palaŋ gol]
doelnet (het)	net	[net]
een goal incasseren	kebobolan	[kebobolan]
bal (de)	bola	[bola]
pass (de)	operan	[operan]
schot (het), schop (de)	tendangan	[tendaŋan]
schieten (de bal ~)	menendang	[mənendaŋ]
vrije schop (directe ~)	tendangan bebas	[tendaŋan bebas]
hoekschop, corner (de)	tendangan penjuru	[tendaŋan pendʒ'uru]
aanval (de)	serangan	[seraŋan]
tegenaanval (de)	serangan balik	[seraŋan bali']
combinatie (de)	kombinasi	[kombinasi]
scheidsrechter (de)	wasit	[wasit]
fluiten (ww)	meniup peluit	[məniup peluit]
fluitsignaal (het)	peluit	[peluit]
overtreding (de)	pelanggaran	[pelaŋgaran]
een overtreding maken	melanggar	[melaŋgar]
uit het veld te sturen	mengusir keluar lapangan	[məŋusir keluar lapaŋan]
gele kaart (de)	kartu kuning	[kartu kuniŋ]
rode kaart (de)	kartu merah	[kartu merah]
diskwalificatie (de)	diskualifikasi	[diskualifikasi]
diskwalificeren (ww)	mendiskualifikasi	[məndiskualifikasi]
strafschop, penalty (de)	tendangan penalti	[tendaŋan penalti]
muur (de)	tembok pemain	[tembo' pemajn]
scoren (ww)	menjaringkan	[məndʒ'ariŋkan]
goal (de), doelpunt (het)	gol	[gol]
een goal scoren	menjaringkan gol	[məndʒ'ariŋkan gol]
vervanging (de)	penggantian	[peŋgantian]
vervangen (ov.ww.)	mengganti	[məŋganti]
regels (mv.)	peraturan	[pəraturan]
tactiek (de)	taktik	[takti']
stadion (het)	stadion	[stadion]
tribune (de)	tribun	[tribun]

| fan, supporter (de) | pendukung | [pendukuŋ] |
| schreeuwen (ww) | berteriak | [bərteriaˀ] |

| scorebord (het) | papan skor | [papan skor] |
| stand (~ is 3-1) | skor | [skor] |

nederlaag (de)	kekalahan	[kekalahan]
verliezen (ww)	kalah	[kalah]
gelijkspel (het)	seri, hasil imbang	[seri], [hasil imbaŋ]
in gelijk spel eindigen	bermain seri	[bərmajn seri]

| overwinning (de) | kemenangan | [kemenaŋan] |
| overwinnen (ww) | menang | [menaŋ] |

kampioen (de)	juara	[dʒⁱuara]
best (bn)	terbaik	[terbaiˀ]
feliciteren (ww)	mengucapkan selamat	[məɲutʃapkan selamat]

commentator (de)	komentator	[komentator]
becommentariëren (ww)	berkomentar	[bərkomentar]
uitzending (de)	siaran	[siaran]

137. Alpine skiën

ski's (mv.)	ski	[ski]
skiën (ww)	bermain ski	[bərmajn ski]
skigebied (het)	resor ski	[resor ski]
skilift (de)	kereta gantung	[kereta gantuŋ]

skistokken (mv.)	tongkat ski	[toŋkat ski]
helling (de)	lereng	[lereŋ]
slalom (de)	slalom	[slalom]

138. Tennis. Golf

golf (het)	golf	[golf]
golfclub (de)	klub golf	[klub golf]
golfer (de)	pegolf	[pegolf]

hole (de)	lubang	[lubaŋ]
golfclub (de)	stik golf	[stiˀ golf]
trolley (de)	troli golf	[troli golf]

| tennis (het) | tenis | [tenis] |
| tennisveld (het) | lapangan tenis | [lapaŋan tenis] |

| opslag (de) | servis | [servis] |
| serveren, opslaan (ww) | melakukan servis | [melakukan servis] |

racket (het)	raket	[raket]
net (het)	net	[net]
bal (de)	bola	[bola]

139. Schaken

schaak (het)	catur	[ʧatur]
schaakstukken (mv.)	buah catur	[buah ʧatur]
schaker (de)	pecatur	[peʧatur]
schaakbord (het)	papan catur	[papan ʧatur]
schaakstuk (het)	buah catur	[buah ʧatur]
witte stukken (mv.)	buah putih	[buah putih]
zwarte stukken (mv.)	buah hitam	[buah hitam]
pion (de)	pion, bidak	[pion], [bidaʔ]
loper (de)	gajah	[gadʒ/ah]
paard (het)	kuda	[kuda]
toren (de)	benteng	[benteŋ]
koningin (de)	ratu, menteri	[ratu], [menteri]
koning (de)	raja	[radʒ/a]
zet (de)	langkah	[laŋkah]
zetten (ww)	melangkahkan bidak	[melaŋkahkan bidaʔ]
opofferen (ww)	mengorbankan	[məŋorbankan]
rokade (de)	rokade	[rokade]
schaak (het)	skak	[skaʔ]
schaakmat (het)	skak mat	[skaʔ mat]
schaakwedstrijd (de)	pertandingan catur	[pərtandiŋan ʧatur]
grootmeester (de)	Grandmaster	[grandmaster]
combinatie (de)	kombinasi	[kombinasi]
partij (de)	partai	[partaj]
dammen (de)	permainan dam	[pərmajnan dam]

140. Boksen

boksen (het)	tinju	[tindʒ/u]
boksgevecht (het)	pertarungan	[pərtaruŋan]
bokswedstrijd (de)	pertandingan	[pərtandiŋan]
ronde (de)	ronde	[ronde]
ring (de)	ring	[riŋ]
gong (de)	gong	[goŋ]
stoot (de)	pukulan	[pukulan]
knock-down (de)	knock-down	[knokdaun]
knock-out (de)	knock-out	[knokaut]
knock-out slaan (ww)	meng-KO	[meŋ-kao]
bokshandschoen (de)	sarung tinju	[saruŋ tindʒ/u]
referee (de)	wasit	[wasit]
lichtgewicht (het)	kelas ringan	[kelas riŋan]
middengewicht (het)	kelas menengah	[kelas meneŋah]
zwaargewicht (het)	kelas berat	[kelas bərat]

141. Sporten. Diversen

Olympische Spelen (mv.)	Olimpiade	[olimpiade]
winnaar (de)	pemenang	[pemenaŋ]
overwinnen (ww)	unggul	[uŋgul]
winnen (ww)	menang	[menaŋ]
leider (de)	pemimpin	[pemimpin]
leiden (ww)	memimpin	[memimpin]
eerste plaats (de)	tempat pertama	[tempat pertama]
tweede plaats (de)	tempat kedua	[tempat kedua]
derde plaats (de)	tempat ketiga	[tempat ketiga]
medaille (de)	medali	[medali]
trofee (de)	trofi	[trofi]
beker (de)	piala	[piala]
prijs (de)	hadiah	[hadiah]
hoofdprijs (de)	hadiah utama	[hadiah utama]
record (het)	rekor	[rekor]
een record breken	menciptakan rekor	[mentʃiptakan rekor]
finale (de)	final	[final]
finale (bn)	final	[final]
kampioen (de)	juara	[dʒˈuara]
kampioenschap (het)	kejuaraan	[kedʒˈuaraʔan]
stadion (het)	stadion	[stadion]
tribune (de)	tribun	[tribun]
fan, supporter (de)	pendukung	[pendukuŋ]
tegenstander (de)	lawan	[lawan]
start (de)	start	[start]
finish (de)	finis	[finis]
nederlaag (de)	kekalahan	[kekalahan]
verliezen (ww)	kalah	[kalah]
rechter (de)	wasit	[wasit]
jury (de)	juri	[dʒˈuri]
stand (~ is 3-1)	skor	[skor]
gelijkspel (het)	seri, hasil imbang	[seri], [hasil imbaŋ]
in gelijk spel eindigen	bermain seri	[bermajn seri]
punt (het)	poin	[poin]
uitslag (de)	skor, hasil akhir	[skor], [hasil ahir]
periode (de)	babak	[babaʔ]
pauze (de)	waktu istirahat	[waktu istirahat]
doping (de)	doping	[dopiŋ]
straffen (ww)	menghukum	[meŋhukum]
diskwalificeren (ww)	mendiskualifikasi	[mendiskualifikasi]
toestel (het)	alat olahraga	[alat olahraga]

speer (de)	lembing	[lembiŋ]
kogel (de)	peluru	[peluru]
bal (de)	bola	[bola]

doel (het)	sasaran	[sasaran]
schietkaart (de)	sasaran	[sasaran]
schieten (ww)	menembak	[mənembaʔ]
precies (bijv. precieze schot)	akurat	[akurat]

trainer, coach (de)	pelatih	[pelatih]
trainen (ww)	melatih	[melatih]
zich trainen (ww)	berlatih	[bərlatih]
training (de)	latihan	[latihan]

gymnastiekzaal (de)	gimnasium	[gimnasium]
oefening (de)	latihan	[latihan]
opwarming (de)	pemanasan	[pemanasan]

Onderwijs

142. School

| school (de) | sekolah | [sekolah] |
| schooldirecteur (de) | kepala sekolah | [kepala sekolah] |

leerling (de)	murid laki-laki	[murid laki-laki]
leerlinge (de)	murid perempuan	[murid pərempuan]
scholier (de)	siswa	[siswa]
scholiere (de)	siswi	[siswi]

leren (lesgeven)	mengajar	[məŋadʒʲar]
studeren (bijv. een taal ~)	belajar	[beladʒʲar]
van buiten leren	menghafalkan	[məŋhafalkan]

leren (bijv. ~ tellen)	belajar	[beladʒʲar]
in school zijn	bersekolah	[bərsekolah]
(schooljongen zijn)		
naar school gaan	ke sekolah	[ke sekolah]

| alfabet (het) | alfabet, abjad | [alfabet], [abdʒʲad] |
| vak (schoolvak) | subjek, mata pelajaran | [subdʒʲek], [mata peladʒʲaran] |

klaslokaal (het)	ruang kelas	[ruaŋ kelas]
les (de)	pelajaran	[peladʒʲaran]
pauze (de)	waktu istirahat	[waktu istirahat]
bel (de)	lonceng	[lontʃeŋ]
schooltafel (de)	bangku sekolah	[baŋku sekolah]
schoolbord (het)	papan tulis hitam	[papan tulis hitam]

cijfer (het)	nilai	[nilaj]
goed cijfer (het)	nilai baik	[nilaj bajʔ]
slecht cijfer (het)	nilai jelek	[nilaj dʒʲeleʔ]
een cijfer geven	memberikan nilai	[memberikan nilaj]

fout (de)	kesalahan	[kesalahan]
fouten maken	melakukan kesalahan	[melakukan kesalahan]
corrigeren (fouten ~)	mengoreksi	[məŋoreksi]
spiekbriefje (het)	contekan	[tʃontekan]

| huiswerk (het) | pekerjaan rumah | [pekerdʒʲaʔan rumah] |
| oefening (de) | latihan | [latihan] |

aanwezig zijn (ww)	hadir	[hadir]
absent zijn (ww)	absen, tidak hadir	[absen], [tidaʔ hadir]
school verzuimen	absen dari sekolah	[absen dari sekolah]

| bestraffen (een stout kind ~) | menghukum | [məŋhukum] |
| bestraffing (de) | hukuman | [hukuman] |

gedrag (het)	perilaku	[pərilaku]
cijferlijst (de)	rapor	[rapor]
potlood (het)	pensil	[pensil]
gom (de)	karet penghapus	[karet peŋhapus]
krijt (het)	kapur	[kapur]
pennendoos (de)	kotak pensil	[kota' pensil]

boekentas (de)	tas sekolah	[tas sekolah]
pen (de)	pen	[pen]
schrift (de)	buku tulis	[buku tulis]
leerboek (het)	buku pelajaran	[buku peladʒaran]
passer (de)	paser, jangka	[paser], [dʒaŋka]

| technisch tekenen (ww) | menggambar | [məŋgambar] |
| technische tekening (de) | gambar teknik | [gambar tekni'] |

gedicht (het)	puisi, sajak	[puisi], [sadʒa']
van buiten (bw)	hafal	[hafal]
van buiten leren	menghafalkan	[məŋhafalkan]

vakantie (de)	liburan sekolah	[liburan sekolah]
met vakantie zijn	berlibur	[bərlibur]
vakantie doorbrengen	menjalani liburan	[məndʒalani liburan]

toets (schriftelijke ~)	tes, kuis	[tes], [kuis]
opstel (het)	esai, karangan	[esaj], [karaŋan]
dictee (het)	dikte	[dikte]
examen (het)	ujian	[udʒian]
examen afleggen	menempuh ujian	[mənempuh udʒian]
experiment (het)	eksperimen	[eksperimen]

143. Hogeschool. Universiteit

academie (de)	akademi	[akademi]
universiteit (de)	universitas	[universitas]
faculteit (de)	fakultas	[fakultas]

student (de)	mahasiswa	[mahasiswa]
studente (de)	mahasiswi	[mahasiswi]
leraar (de)	dosen	[dosen]

| collegezaal (de) | ruang kuliah | [ruaŋ kuliah] |
| afgestudeerde (de) | lulusan | [lulusan] |

| diploma (het) | ijazah | [idʒazah] |
| dissertatie (de) | disertasi | [disertasi] |

| onderzoek (het) | penelitian | [penelitian] |
| laboratorium (het) | laboratorium | [laboratorium] |

college (het)	kuliah	[kuliah]
medestudent (de)	rekan sekuliah	[rekan sekuliah]
studiebeurs (de)	beasiswa	[beasiswa]
academische graad (de)	gelar akademik	[gelar akademi']

144. Wetenschappen. Disciplines

wiskunde (de)	matematika	[matematika]
algebra (de)	aljabar	[aldʒiabar]
meetkunde (de)	geometri	[geometri]
astronomie (de)	astronomi	[astronomi]
biologie (de)	biologi	[biologi]
geografie (de)	geografi	[geografi]
geologie (de)	geologi	[geologi]
geschiedenis (de)	sejarah	[sedʒiarah]
geneeskunde (de)	kedokteran	[kedokteran]
pedagogiek (de)	pedagogi	[pedagogi]
rechten (mv.)	hukum	[hukum]
fysica, natuurkunde (de)	fisika	[fisika]
scheikunde (de)	kimia	[kimia]
filosofie (de)	filsafat	[filsafat]
psychologie (de)	psikologi	[psikologi]

145. Schrift. Spelling

grammatica (de)	tatabahasa	[tatabahasa]
vocabulaire (het)	kosakata	[kosakata]
fonetiek (de)	fonetik	[foneti']
zelfstandig naamwoord (het)	nomina	[nomina]
bijvoeglijk naamwoord (het)	adjektiva	[adʒiektiva]
werkwoord (het)	verba	[verba]
bijwoord (het)	adverbia	[adverbia]
voornaamwoord (het)	kata ganti	[kata ganti]
tussenwerpsel (het)	kata seru	[kata seru]
voorzetsel (het)	preposisi, kata depan	[preposisi], [kata depan]
stam (de)	kata dasar	[kata dasar]
achtervoegsel (het)	akhiran	[ahiran]
voorvoegsel (het)	prefiks, awalan	[prefiks], [awalan]
lettergreep (de)	suku kata	[suku kata]
achtervoegsel (het)	sufiks, akhiran	[sufiks], [ahiran]
nadruk (de)	tanda tekanan	[tanda tekanan]
afkappingsteken (het)	apostrofi	[apostrofi]
punt (de)	titik	[titi']
komma (de/het)	koma	[koma]
puntkomma (de)	titik koma	[titi' koma]
dubbelpunt (de)	titik dua	[titi' dua]
beletselteken (het)	elipsis, lesapan	[elipsis], [lesapan]
vraagteken (het)	tanda tanya	[tanda tanja]
uitroepteken (het)	tanda seru	[tanda seru]

aanhalingstekens (mv.)	tanda petik	[tanda peti']
tussen aanhalingstekens (bw)	dalam tanda petik	[dalam tanda peti']
haakjes (mv.)	tanda kurung	[tanda kuruŋ]
tussen haakjes (bw)	dalam tanda kurung	[dalam tanda kuruŋ]

streepje (het)	tanda pisah	[tanda pisah]
gedachtestreepje (het)	tanda hubung	[tanda hubuŋ]
spatie	spasi	[spasi]
(~ tussen twee woorden)		

| letter (de) | huruf | [huruf] |
| hoofdletter (de) | huruf kapital | [huruf kapital] |

| klinker (de) | vokal | [vokal] |
| medeklinker (de) | konsonan | [konsonan] |

zin (de)	kalimat	[kalimat]
onderwerp (het)	subjek	[subdʒ'e']
gezegde (het)	predikat	[predikat]

regel (in een tekst)	baris	[baris]
op een nieuwe regel (bw)	di baris baru	[di baris baru]
alinea (de)	alinea, paragraf	[alinea], [paragraf]

woord (het)	kata	[kata]
woordgroep (de)	rangkaian kata	[raŋkajan kata]
uitdrukking (de)	ungkapan	[uŋkapan]
synoniem (het)	sinonim	[sinonim]
antoniem (het)	antonim	[antonim]

regel (de)	peraturan	[peraturan]
uitzondering (de)	perkecualian	[perketʃualian]
correct (bijv. ~e spelling)	benar, betul	[benar], [betul]

vervoeging, conjugatie (de)	konjugasi	[kondʒ'ugasi]
verbuiging, declinatie (de)	deklinasi	[deklinasi]
naamval (de)	kasus nominal	[kasus nominal]
vraag (de)	pertanyaan	[pertanja'an]
onderstrepen (ww)	menggaris bawahi	[meŋgaris bawahi]
stippellijn (de)	garis bertitik	[garis bertiti']

146. Vreemde talen

taal (de)	bahasa	[bahasa]
vreemd (bn)	asing	[asiŋ]
vreemde taal (de)	bahasa asing	[bahasa asiŋ]
leren (bijv. van buiten ~)	mempelajari	[mempeladʒ'ari]
studeren (Nederlands ~)	belajar	[beladʒ'ar]

lezen (ww)	membaca	[membatʃa]
spreken (ww)	berbicara	[berbitʃara]
begrijpen (ww)	mengerti	[meŋerti]
schrijven (ww)	menulis	[menulis]
snel (bw)	cepat, fasih	[tʃepat], [fasih]

| langzaam (bw) | perlahan-lahan | [pərlahan-lahan] |
| vloeiend (bw) | fasih | [fasih] |

regels (mv.)	peraturan	[pəraturan]
grammatica (de)	tatabahasa	[tatabahasa]
vocabulaire (het)	kosakata	[kosakata]
fonetiek (de)	fonetik	[foneti']

leerboek (het)	buku pelajaran	[buku peladʒiaran]
woordenboek (het)	kamus	[kamus]
leerboek (het) voor zelfstudie	buku autodidak	[buku autodida']
taalgids (de)	panduan percakapan	[panduan pərtʃakapan]

cassette (de)	kaset	[kaset]
videocassette (de)	kaset video	[kaset video]
CD (de)	cakram kompak	[tʃakram kompa']
DVD (de)	cakram DVD	[tʃakram di-vi-di]

alfabet (het)	alfabet, abjad	[alfabet], [abdʒiad]
spellen (ww)	mengeja	[məŋedʒia]
uitspraak (de)	pelafalan	[pelafalan]

accent (het)	aksen	[aksen]
met een accent (bw)	dengan aksen	[dəŋan aksen]
zonder accent (bw)	tanpa aksen	[tanpa aksen]

| woord (het) | kata | [kata] |
| betekenis (de) | arti | [arti] |

cursus (de)	kursus	[kursus]
zich inschrijven (ww)	Mendaftar	[məndaftar]
leraar (de)	guru	[guru]

vertaling (een ~ maken)	penerjemahan	[penerdʒiemahan]
vertaling (tekst)	terjemahan	[tərdʒiemahan]
vertaler (de)	penerjemah	[penerdʒiemah]
tolk (de)	juru bahasa	[dʒiuru bahasa]

| polyglot (de) | poliglot | [poliglot] |
| geheugen (het) | memori, daya ingat | [memori], [daja iŋat] |

147. Sprookjesfiguren

Sinterklaas (de)	Sinterklas	[sinterklas]
Assepoester (de)	Cinderella	[tʃinderella]
zeemeermin (de)	putri duyung	[putri duyuŋ]
Neptunus (de)	Neptunus	[neptunus]

magiër, tovenaar (de)	penyihir	[penjihir]
goede heks (de)	peri	[peri]
magisch (bn)	sihir	[sihir]
toverstokje (het)	tongkat sihir	[toŋkat sihir]
sprookje (het)	dongeng	[doŋeŋ]
wonder (het)	keajaiban	[keadʒiajban]

dwerg (de)	kerdil, katai	[kerdil], [kataj]
veranderen in ...	menjelma menjadi ...	[məndʒ'elma məndʒ'adi ...]
(anders worden)		

geest (de)	hantu	[hantu]
spook (het)	fantom	[fantom]
monster (het)	monster	[monster]
draak (de)	naga	[naga]
reus (de)	raksasa	[raksasa]

148. Dierenriem

Ram (de)	Aries	[aries]
Stier (de)	Taurus	[taurus]
Tweelingen (mv.)	Gemini	[dʒemini]
Kreeft (de)	Cancer	[kanser]
Leeuw (de)	Leo	[leo]
Maagd (de)	Virgo	[virgo]

Weegschaal (de)	Libra	[libra]
Schorpioen (de)	Scorpio	[skorpio]
Boogschutter (de)	Sagitarius	[sagitarius]
Steenbok (de)	Capricorn	[keprikon]
Waterman (de)	Aquarius	[akuarius]
Vissen (mv.)	Pisces	[pistʃes]

karakter (het)	karakter	[karakter]
karaktertrekken (mv.)	ciri karakter	[tʃiri karakter]
gedrag (het)	tingkah laku	[tiŋkah laku]
waarzeggen (ww)	meramal	[meramal]
waarzegster (de)	peramal	[peramal]
horoscoop (de)	horoskop	[horoskop]

Kunst

149. Theater

theater (het)	teater	[teater]
opera (de)	opera	[opera]
operette (de)	opereta	[opereta]
ballet (het)	balet	[balet]

affiche (de/het)	poster	[poster]
theatergezelschap (het)	rombongan teater	[romboŋan teater]
tournee (de)	tur, pertunjukan keliling	[tur], [pərtundʒ‌ukan keliliŋ]
op tournee zijn	mengadakan tur	[məŋadakan tur]
repeteren (ww)	berlatih	[bərlatih]
repetitie (de)	geladi	[geladi]
repertoire (het)	repertoar	[repertoar]

voorstelling (de)	pertunjukan	[pərtundʒ‌ukan]
spektakel (het)	pergelaran	[pərgelaran]
toneelstuk (het)	lakon	[lakon]

biljet (het)	tiket	[tiket]
kassa (de)	loket tiket	[loket tiket]
foyer (de)	lobi, ruang depan	[lobi], [ruaŋ depan]
garderobe (de)	tempat penitipan jas	[tempat penitipan dʒ‌as]
garderobe nummer (het)	nomor penitipan jas	[nomor penitipan dʒ‌as]
verrekijker (de)	binokular	[binokular]
plaatsaanwijzer (de)	petugas penyobek tiket	[petugas penjobe' tiket]

parterre (de)	kursi orkestra	[kursi orkestra]
balkon (het)	balkon	[balkon]
gouden rang (de)	tingkat pertama	[tiŋkat pərtama]
loge (de)	boks	[boks]
rij (de)	barisan	[barisan]
plaats (de)	tempat duduk	[tempat dudu']

publiek (het)	khalayak	[halaja']
kijker (de)	penonton	[penonton]
klappen (ww)	bertepuk tangan	[bərtepu' taŋan]
applaus (het)	aplaus, tepuk tangan	[aplaus], [tepu' taŋan]
ovatie (de)	ovasi, tepuk tangan	[ovasi], [tepu' taŋan]

toneel (op het ~ staan)	panggung	[paŋguŋ]
gordijn, doek (het)	tirai	[tiraj]
toneeldecor (het)	tata panggung	[tata paŋguŋ]
backstage (de)	belakang panggung	[belakaŋ paŋguŋ]

scène (de)	adegan	[adegan]
bedrijf (het)	babak	[baba']
pauze (de)	waktu istirahat	[waktu istirahat]

150. Bioscoop

acteur (de)	aktor	[aktor]
actrice (de)	aktris	[aktris]
bioscoop (de)	sinematografi, perfilman	[sinematografi], [pərfilman]
speelfilm (de)	film	[film]
aflevering (de)	episode, seri	[episode], [seri]
detectivefilm (de)	detektif	[detektif]
actiefilm (de)	film laga	[film laga]
avonturenfilm (de)	film petualangan	[film petualaŋan]
sciencefictionfilm (de)	film fiksi ilmiah	[film fiksi ilmiah]
griezelfilm (de)	film horor	[film horor]
komedie (de)	film komedi	[film komedi]
melodrama (het)	melodrama	[melodrama]
drama (het)	drama	[drama]
speelfilm (de)	film fiksi	[film fiksi]
documentaire (de)	film dokumenter	[film dokumenter]
tekenfilm (de)	kartun	[kartun]
stomme film (de)	film bisu	[film bisu]
rol (de)	peran	[peran]
hoofdrol (de)	peran utama	[peran utama]
spelen (ww)	berperan	[bərperan]
filmster (de)	bintang film	[bintaŋ film]
bekend (bn)	terkenal	[tərkenal]
beroemd (bn)	terkenal	[tərkenal]
populair (bn)	populer, terkenal	[populer], [tərkenal]
scenario (het)	skenario	[skenario]
scenarioschrijver (de)	penulis skenario	[penulis skenario]
regisseur (de)	sutradara	[sutradara]
filmproducent (de)	produser	[produser]
assistent (de)	asisten	[asisten]
cameraman (de)	kamerawan	[kamerawan]
stuntman (de)	pemeran pengganti	[pemeran peŋganti]
stuntdubbel (de)	pengganti	[peŋganti]
een film maken	merekam film	[merekam film]
auditie (de)	audisi	[audisi]
opnamen (mv.)	syuting, pengambilan gambar	[ʃyutiŋ], [peɲambilan gambar]
filmploeg (de)	rombongan film	[romboŋan film]
filmset (de)	set film	[set film]
filmcamera (de)	kamera	[kamera]
bioscoop (de)	bioskop	[bioskop]
scherm (het)	layar	[lajar]
een film vertonen	menayangkan film	[menajaŋkan film]
geluidsspoor (de)	soundtrack, trek suara	[saundtrek], [tre' suara]
speciale effecten (mv.)	efek khusus	[efe' husus]

ondertiteling (de)	subjudul, teks film	[subʤudul], [teks film]
voortiteling, aftiteling (de)	ucapan terima kasih	[utʃapan tərima kasih]
vertaling (de)	terjemahan	[tərʤemahan]

151. Schilderij

kunst (de)	seni	[seni]
schone kunsten (mv.)	seni rupa	[seni rupa]
kunstgalerie (de)	galeri seni	[galeri seni]
kunsttentoonstelling (de)	pameran seni	[pameran seni]
schilderkunst (de)	seni lukis	[seni lukis]
grafiek (de)	seni grafis	[seni grafis]
abstracte kunst (de)	seni abstrak	[seni abstraʔ]
impressionisme (het)	impresionisme	[impresionisme]
schilderij (het)	lukisan	[lukisan]
tekening (de)	gambar	[gambar]
poster (de)	poster	[poster]
illustratie (de)	ilustrasi	[ilustrasi]
miniatuur (de)	miniatur	[miniatur]
kopie (de)	salinan	[salinan]
reproductie (de)	reproduksi	[reproduksi]
mozaïek (het)	mozaik	[mozajʔ]
gebrandschilderd glas (het)	kaca berwarna	[katʃa bərwarna]
fresco (het)	fresko	[fresko]
gravure (de)	gravir	[gravir]
buste (de)	patung sedada	[patuŋ sedada]
beeldhouwwerk (het)	seni patung	[seni patuŋ]
beeld (bronzen ~)	patung	[patuŋ]
gips (het)	gips	[gips]
gipsen (bn)	dari gips	[dari gips]
portret (het)	potret	[potret]
zelfportret (het)	potret diri	[potret diri]
landschap (het)	lukisan lanskap	[lukisan lanskap]
stilleven (het)	alam benda	[alam benda]
karikatuur (de)	karikatur	[karikatur]
schets (de)	sketsa	[sketsa]
verf (de)	cat	[tʃat]
aquarel (de)	cat air	[tʃat air]
olieverf (de)	cat minyak	[tʃat minjaʔ]
potlood (het)	pensil	[pensil]
Oostindische inkt (de)	tinta gambar	[tinta gambar]
houtskool (de)	arang	[araŋ]
tekenen (met krijt)	menggambar	[məŋgambar]
schilderen (ww)	melukis	[melukis]
poseren (ww)	berpose	[bərpose]
naaktmodel (man)	model lelaki	[model lelaki]

naaktmodel (vrouw)	model perempuan	[model perempuan]
kunstenaar (de)	perupa	[perupa]
kunstwerk (het)	karya seni	[karja seni]
meesterwerk (het)	adikarya, mahakarya	[adikarja], [mahakarja]
studio, werkruimte (de)	studio seni	[studio seni]
schildersdoek (het)	kanvas	[kanvas]
schildersezel (de)	esel, kuda-kuda	[esel], [kuda-kuda]
palet (het)	palet	[palet]
lijst (een vergulde ~)	bingkai	[biŋkaj]
restauratie (de)	pemugaran	[pemugaran]
restaureren (ww)	memugar	[memugar]

152. Literatuur & Poëzie

literatuur (de)	sastra, kesusastraan	[sastra], [kesusastra'an]
auteur (de)	pengarang	[peŋaraŋ]
pseudoniem (het)	pseudonim, nama samaran	[pseudonim], [nama samaran]
boek (het)	buku	[buku]
boekdeel (het)	jilid	[dʒilid]
inhoudsopgave (de)	daftar isi	[daftar isi]
pagina (de)	halaman	[halaman]
hoofdpersoon (de)	karakter utama	[karakter utama]
handtekening (de)	tanda tangan	[tanda taŋan]
verhaal (het)	cerpen	[tʃerpen]
novelle (de)	novel, cerita	[novel], [tʃerita]
roman (de)	novel	[novel]
werk (literatuur)	karya	[karja]
fabel (de)	fabel	[fabel]
detectiveroman (de)	novel detektif	[novel detektif]
gedicht (het)	puisi, sajak	[puisi], [sadʒ'a']
poëzie (de)	puisi	[puisi]
epos (het)	puisi	[puisi]
dichter (de)	penyair	[penjajr]
fictie (de)	fiksi	[fiksi]
sciencefiction (de)	fiksi ilmiah	[fiksi ilmiah]
avonturenroman (de)	petualangan	[petualaŋan]
opvoedkundige literatuur (de)	literatur pendidikan	[literatur pendidikan]
kinderliteratuur (de)	sastra kanak-kanak	[sastra kana'-kana']

153. Circus

circus (de/het)	sirkus	[sirkus]
chapiteau circus (de/het)	sirkus keliling	[sirkus keliliŋ]
programma (het)	program	[program]
voorstelling (de)	pertunjukan	[pertundʒ'ukan]

| nummer (circus ~) | aksi | [aksi] |
| arena (de) | arena | [arena] |

| pantomime (de) | pantomim | [pantomim] |
| clown (de) | badut | [badut] |

acrobaat (de)	pemain akrobat	[pemajn akrobat]
acrobatiek (de)	akrobatik	[akrobatiˀ]
gymnast (de)	pesenam	[pesenam]
gymnastiek (de)	senam	[senam]
salto (de)	salto	[salto]

sterke man (de)	orang kuat	[oraŋ kuat]
temmer (de)	penjinak hewan	[pendʒinaˀ hewan]
ruiter (de)	penunggang kuda	[penuŋgaŋ kuda]
assistent (de)	asisten	[asisten]

stunt (de)	stunt	[stun]
goocheltruc (de)	trik sulap	[triˀ sulap]
goochelaar (de)	pesulap	[pesulap]

jongleur (de)	juggler	[dʒⁱuggler]
jongleren (ww)	bermain juggling	[bermajn dʒⁱuggliŋ]
dierentrainer (de)	pelatih binatang	[pelatih binataŋ]
dressuur (de)	pelatihan binatang	[pelatihan binataŋ]
dresseren (ww)	melatih	[melatih]

154. Muziek. Popmuziek

muziek (de)	musik	[musiˀ]
muzikant (de)	musisi, musikus	[musisi], [musikus]
muziekinstrument (het)	alat musik	[alat musiˀ]
spelen (bijv. gitaar ~)	bermain ...	[bermajn ...]

gitaar (de)	gitar	[gitar]
viool (de)	biola	[biola]
cello (de)	selo	[selo]
contrabas (de)	kontrabas	[kontrabas]
harp (de)	harpa	[harpa]

piano (de)	piano	[piano]
vleugel (de)	grand piano	[grand piano]
orgel (het)	organ	[organ]

blaasinstrumenten (mv.)	alat musik tiup	[alat musiˀ tiup]
hobo (de)	obo	[obo]
saxofoon (de)	saksofon	[saksofon]
klarinet (de)	klarinet	[klarinet]
fluit (de)	suling	[suliŋ]
trompet (de)	trompet	[trompet]

accordeon (de/het)	akordeon	[akordeon]
trommel (de)	drum	[drum]
duet (het)	duo, duet	[duo], [duet]

trio (het)	**trio**	[trio]
kwartet (het)	**kuartet**	[kuartet]
koor (het)	**kor**	[kor]
orkest (het)	**orkestra**	[orkestra]
popmuziek (de)	**musik pop**	[musiʔ pop]
rockmuziek (de)	**musik rok**	[musiʔ roʔ]
rockgroep (de)	**grup musik rok**	[grup musiʔ roʔ]
jazz (de)	**jaz**	[dʒˈaz]
idool (het)	**idola**	[idola]
bewonderaar (de)	**pengagum**	[peŋagum]
concert (het)	**konser**	[konser]
symfonie (de)	**simfoni**	[simfoni]
compositie (de)	**komposisi**	[komposisi]
componeren (muziek ~)	**menggubah, mencipta**	[məŋgubah], [məntʃipta]
zang (de)	**nyanyian**	[njanjian]
lied (het)	**lagu**	[lagu]
melodie (de)	**nada, melodi**	[nada], [melodi]
ritme (het)	**irama**	[irama]
blues (de)	**musik blues**	[musiʔ blus]
bladmuziek (de)	**notasi musik**	[notasi musiʔ]
dirigeerstok (baton)	**tongkat dirigen**	[toŋkat dirigen]
strijkstok (de)	**penggesek**	[peŋgeseʔ]
snaar (de)	**tali, senar**	[tali], [senar]
koffer (de)	**wadah**	[wadah]

Rusten. Entertainment. Reizen

155. Trip. Reizen

toerisme (het)	pariwisata	[pariwisata]
toerist (de)	turis, wisatawan	[turis], [wisatawan]
reis (de)	pengembaraan	[peŋembaraʔan]
avontuur (het)	petualangan	[petualaŋan]
tocht (de)	perjalanan, lawatan	[pərʤalanan], [lawatan]
vakantie (de)	liburan	[liburan]
met vakantie zijn	berlibur	[bərlibur]
rust (de)	istirahat	[istirahat]
trein (de)	kereta api	[kereta api]
met de trein	naik kereta api	[naiʔ kereta api]
vliegtuig (het)	pesawat terbang	[pesawat tərbaŋ]
met het vliegtuig	naik pesawat terbang	[naiʔ pesawat tərbaŋ]
met de auto	naik mobil	[naiʔ mobil]
per schip (bw)	naik kapal	[naiʔ kapal]
bagage (de)	bagasi	[bagasi]
valies (de)	koper	[koper]
bagagekarretje (het)	troli bagasi	[troli bagasi]
paspoort (het)	paspor	[paspor]
visum (het)	visa	[visa]
kaartje (het)	tiket	[tiket]
vliegticket (het)	tiket pesawat terbang	[tiket pesawat tərbaŋ]
reisgids (de)	buku pedoman	[buku pedoman]
kaart (de)	peta	[peta]
gebied (landelijk ~)	kawasan	[kawasan]
plaats (de)	tempat	[tempat]
exotische bestemming (de)	keeksotisan	[keeksotisan]
exotisch (bn)	eksotis	[eksotis]
verwonderlijk (bn)	menakjubkan	[mənakʤubkan]
groep (de)	kelompok	[kelompoʔ]
rondleiding (de)	ekskursi	[ekskursi]
gids (de)	pemandu wisata	[pemandu wisata]

156. Hotel

motel (het)	motel	[motel]
3-sterren	bintang tiga	[bintaŋ tiga]
5-sterren	bintang lima	[bintaŋ lima]

137

overnachten (ww)	menginap	[məɲinap]
kamer (de)	kamar	[kamar]
eenpersoonskamer (de)	kamar tunggal	[kamar tuŋgal]
tweepersoonskamer (de)	kamar ganda	[kamar ganda]
een kamer reserveren	memesan kamar	[memesan kamar]

| halfpension (het) | sewa setengah | [sewa setəɲah] |
| volpension (het) | sewa penuh | [sewa penuh] |

met badkamer	dengan kamar mandi	[deŋan kamar mandi]
met douche	dengan pancuran	[deŋan pantʃuran]
satelliet-tv (de)	televisi satelit	[televisi satelit]
airconditioner (de)	penyejuk udara	[penjedʒʲuʔ udara]
handdoek (de)	handuk	[handuʔ]
sleutel (de)	kunci	[kuntʃi]

administrateur (de)	administrator	[administrator]
kamermeisje (het)	pelayan kamar	[pelajan kamar]
piccolo (de)	porter	[porter]
portier (de)	pramupintu	[pramupintu]

restaurant (het)	restoran	[restoran]
bar (de)	bar	[bar]
ontbijt (het)	makan pagi, sarapan	[makan pagi], [sarapan]
avondeten (het)	makan malam	[makan malam]
buffet (het)	prasmanan	[prasmanan]

| hal (de) | lobi | [lobi] |
| lift (de) | elevator | [elevator] |

| NIET STOREN | JANGAN MENGGANGGU | [dʒʲaŋan məŋgaŋgu] |
| VERBODEN TE ROKEN! | DILARANG MEROKOK! | [dilaraŋ merokoʔ!] |

157. Boeken. Lezen

boek (het)	buku	[buku]
auteur (de)	pengarang	[peɲaraŋ]
schrijver (de)	penulis	[penulis]
schrijven (een boek)	menulis	[mənulis]

lezer (de)	pembaca	[pembatʃa]
lezen (ww)	membaca	[membatʃa]
lezen (het)	membaca	[membatʃa]

| stil (~ lezen) | dalam hati | [dalam hati] |
| hardop (~ lezen) | dengan keras | [deŋan keras] |

uitgeven (boek ~)	menerbitkan	[mənerbitkan]
uitgeven (het)	penerbitan	[penerbitan]
uitgever (de)	penerbit	[penerbit]
uitgeverij (de)	penerbit	[penerbit]

| verschijnen (bijv. boek) | terbit | [terbit] |
| verschijnen (het) | penerbitan | [penerbitan] |

oplage (de)	oplah	[oplah]
boekhandel (de)	toko buku	[toko buku]
bibliotheek (de)	perpustakaan	[pərpustaka'an]

novelle (de)	novel, cerita	[novel], [ʧerita]
verhaal (het)	cerpen	[ʧerpen]
roman (de)	novel	[novel]
detectiveroman (de)	novel detektif	[novel detektif]

memoires (mv.)	memoir	[memoir]
legende (de)	legenda	[legenda]
mythe (de)	mitos	[mitos]

gedichten (mv.)	puisi	[puisi]
autobiografie (de)	autobiografi	[autobiografi]
bloemlezing (de)	karya pilihan	[karja pilihan]
sciencefiction (de)	fiksi ilmiah	[fiksi ilmiah]
naam (de)	judul	[dʒʲudul]
inleiding (de)	pendahuluan	[pendahuluan]
voorblad (het)	halaman judul	[halaman dʒʲudul]

hoofdstuk (het)	bab	[bab]
fragment (het)	kutipan	[kutipan]
episode (de)	episode	[episode]

intrige (de)	alur cerita	[alur ʧerita]
inhoud (de)	daftar isi	[daftar isi]
inhoudsopgave (de)	daftar isi	[daftar isi]
hoofdpersonage (het)	karakter utama	[karakter utama]

boekdeel (het)	jilid	[dʒilid]
omslag (de/het)	sampul	[sampul]
boekband (de)	penjilidan	[pendʒilidan]
bladwijzer (de)	pembatas buku	[pembatas buku]

pagina (de)	halaman	[halaman]
bladeren (ww)	membolak-balik	[membola'-bali']
marges (mv.)	margin	[margin]
annotatie (de)	anotasi, catatan	[anotasi], [ʧatatan]
opmerking (de)	catatan kaki	[ʧatatan kaki]

tekst (de)	teks	[teks]
lettertype (het)	huruf	[huruf]
drukfout (de)	salah cetak	[salah ʧeta']

vertaling (de)	terjemahan	[tərdʒʲemahan]
vertalen (ww)	menerjemahkan	[mənerdʒʲemahkan]
origineel (het)	orisinal	[orisinal]

beroemd (bn)	terkenal	[tərkenal]
onbekend (bn)	tidak dikenali	[tida' dikenali]
interessant (bn)	menarik	[mənari']
bestseller (de)	buku laris	[buku laris]
woordenboek (het)	kamus	[kamus]
leerboek (het)	buku pelajaran	[buku peladʒʲaran]
encyclopedie (de)	ensiklopedi	[ensiklopedi]

158. Jacht. Vissen

jacht (de)	perburuan	[pərburuan]
jagen (ww)	berburu	[bərburu]
jager (de)	pemburu	[pemburu]
schieten (ww)	menembak	[mənemba?]
geweer (het)	senapan	[senapan]
patroon (de)	peluru, patrun	[peluru], [patrun]
hagel (de)	peluru gotri	[peluru gotri]
val (de)	perangkap	[pəraŋkap]
valstrik (de)	perangkap	[pəraŋkap]
in de val trappen	terperangkap	[tərperaŋkap]
een val zetten	memasang perangkap	[memasaŋ pəraŋkap]
stroper (de)	pemburu ilegal	[pemburu ilegal]
wild (het)	binatang buruan	[binataŋ buruan]
jachthond (de)	anjing pemburu	[andʒiŋ pemburu]
safari (de)	safari	[safari]
opgezet dier (het)	patung binatang	[patuŋ binataŋ]
visser (de)	nelayan, pemancing	[nelajan], [pemantʃiŋ]
visvangst (de)	memancing	[memantʃiŋ]
vissen (ww)	memancing	[memantʃiŋ]
hengel (de)	joran	[dʒoran]
vislijn (de)	tali pancing	[tali pantʃiŋ]
haak (de)	kail	[kail]
dobber (de)	pelampung	[pelampuŋ]
aas (het)	umpan	[umpan]
de hengel uitwerpen	melempar pancing	[melempar pantʃiŋ]
bijten (ov. de vissen)	memakan umpan	[memakan umpan]
vangst (de)	tangkapan	[taŋkapan]
wak (het)	lubang es	[lubaŋ es]
net (het)	jala	[dʒʲala]
boot (de)	perahu	[perahu]
vissen met netten	menjala	[məndʒʲala]
het net uitwerpen	menabur jala	[mənabur dʒʲala]
het net binnenhalen	menarik jala	[mənari? dʒʲala]
in het net vallen	tertangkap dalam jala	[tərtaŋkap dalam dʒʲala]
walvisvangst (de)	pemburu paus	[pemburu paus]
walvisvaarder (de)	kapal pemburu paus	[kapal pemburu paus]
harpoen (de)	tempuling	[tempuliŋ]

159. Spellen. Biljart

biljart (het)	biliar	[biliar]
biljartzaal (de)	kamar biliar	[kamar biliar]
biljartbal (de)	bola	[bola]

een bal in het gat jagen	memasukkan bola	[memasuʔkan bola]
keu (de)	stik	[stiʔ]
gat (het)	lubang meja biliar	[lubaŋ meʤɪa biliar]

160. Spellen. Speelkaarten

ruiten (mv.)	wajik	[waʤiʔ]
schoppen (mv.)	sekop	[sekop]
klaveren (mv.)	hati	[hati]
harten (mv.)	keriting	[keritiŋ]

aas (de)	as	[as]
koning (de)	raja	[raʤɪa]
dame (de)	ratu	[ratu]
boer (de)	jack	[ʤɪeʔ]

speelkaart (de)	kartu permainan	[kartu pərmajnan]
kaarten (mv.)	kartu	[kartu]
troef (de)	truf	[truf]
pak (het) kaarten	pak kartu	[paʔ kartu]

punt (bijv. vijftig ~en)	poin	[poin]
uitdelen (kaarten ~)	membagikan	[membagikan]
schudden (de kaarten ~)	mengocok	[məŋotʃoʔ]
beurt (de)	giliran	[giliran]
valsspeler (de)	pemain kartu curang	[pemajn kartu tʃuraŋ]

161. Casino. Roulette

casino (het)	kasino	[kasino]
roulette (de)	rolet	[rolet]
inzet (de)	bet, taruhan	[bet], [taruhan]
een bod doen	bertaruh	[bərtaruh]

rood (de)	merah	[merah]
zwart (de)	hitam	[hitam]
inzetten op rood	memasang warna merah	[memasaŋ warna merah]
inzetten op zwart	memasang warna hitam	[memasaŋ warna hitam]

croupier (de)	bandar	[bandar]
de cilinder draaien	memutar roda	[memutar roda]
spelregels (mv.)	aturan main	[aturan majn]
fiche (pokerfiche, etc.)	chip	[tʃip]

| winnen (ww) | menang | [menaŋ] |
| winst (de) | kemenangan | [kemenaŋan] |

| verliezen (ww) | kalah | [kalah] |
| verlies (het) | kekalahan | [kekalahan] |

| speler (de) | pemain | [pemajn] |
| blackjack (kaartspel) | Blackjack | [blekʤɪeʔ] |

dobbelspel (het)	permainan dadu	[pərmajnan dadu]
dobbelstenen (mv.)	dadu	[dadu]
speelautomaat (de)	mesin slot	[mesin slot]

162. Rusten. Spellen. Diversen

wandelen (on.ww.)	berjalan-jalan	[bərdʒalan-dʒalan]
wandeling (de)	jalan-jalan	[dʒalan-dʒalan]
trip (per auto)	perjalanan	[pərdʒalanan]
avontuur (het)	petualangan	[petualaŋan]
picknick (de)	piknik	[pikniʔ]

spel (het)	permainan	[pərmajnan]
speler (de)	pemain	[pemajn]
partij (de)	partai	[partaj]

collectioneur (de)	kolektor	[kolektor]
collectioneren (ww)	mengoleksi	[məŋoleksi]
collectie (de)	koleksi	[koleksi]

kruiswoordraadsel (het)	teka-teki silang	[teka-teki silaŋ]
hippodroom (de)	lapangan pacu	[lapaŋan patʃu]
discotheek (de)	diskotik	[diskotiʔ]

| sauna (de) | sauna | [sauna] |
| loterij (de) | lotre | [lotre] |

trektocht (kampeertocht)	darmawisata	[darmawisata]
kamp (het)	perkemahan	[pərkemahan]
tent (de)	tenda, kemah	[tenda], [kemah]
kompas (het)	kompas	[kompas]
rugzaktoerist (de)	pewisata alam	[pewisata alam]

bekijken (een film ~)	menonton	[mənonton]
kijker (televisie~)	penonton	[penonton]
televisie-uitzending (de)	acara TV	[atʃara ti-vi]

163. Fotografie

| fotocamera (de) | kamera | [kamera] |
| foto (de) | foto | [foto] |

fotograaf (de)	fotografer	[fotografer]
fotostudio (de)	studio foto	[studio foto]
fotoalbum (het)	album foto	[album foto]

lens (de), objectief (het)	lensa kamera	[lensa kamera]
telelens (de)	lensa telefoto	[lensa telefoto]
filter (de/het)	filter	[filter]
lens (de)	lensa	[lensa]
optiek (de)	alat optik	[alat optiʔ]
diafragma (het)	diafragma	[diafragma]

| belichtingstijd (de) | kecepatan rana | [ketʃepatan rana] |
| zoeker (de) | jendela pengamat | [dʒʲendela peŋamat] |

digitale camera (de)	kamera digital	[kamera digital]
statief (het)	kakitiga	[kakitiga]
flits (de)	blitz	[blits]

fotograferen (ww)	memotret	[memotret]
kieken (foto's maken)	memotret	[memotret]
zich laten fotograferen	berfoto	[bərfoto]

focus (de)	fokus	[fokus]
scherpstellen (ww)	mengatur fokus	[məŋatur fokus]
scherp (bn)	tajam	[tadʒʲam]
scherpte (de)	ketajaman	[ketadʒʲaman]

| contrast (het) | kekontrasan | [kekontrasan] |
| contrastrijk (bn) | kontras | [kontras] |

kiekje (het)	gambar foto	[gambar foto]
negatief (het)	negatif	[negatif]
filmpje (het)	film	[film]
beeld (frame)	frame, gambar diam	[frame], [gambar diam]
afdrukken (foto's ~)	mencetak	[mənʧetaʔ]

164. Strand. Zwemmen

strand (het)	pantai	[pantaj]
zand (het)	pasir	[pasir]
leeg (~ strand)	sepi	[sepi]

bruine kleur (de)	hitam terbakar matahari	[hitam tərbakar matahari]
zonnebaden (ww)	berjemur di sinar matahari	[bərdʒʲemur di sinar matahari]
gebruind (bn)	hitam terbakar matahari	[hitam tərbakar matahari]
zonnecrème (de)	tabir surya	[tabir surja]

bikini (de)	bikini	[bikini]
badpak (het)	baju renang	[badʒʲu renaŋ]
zwembroek (de)	celana renang	[ʧelana renaŋ]

zwembad (het)	kolam renang	[kolam renaŋ]
zwemmen (ww)	berenang	[bərenaŋ]
douche (de)	pancuran	[panʧuran]
zich omkleden (ww)	berganti pakaian	[bərganti pakajan]
handdoek (de)	handuk	[handuʔ]

| boot (de) | perahu | [pərahu] |
| motorboot (de) | perahu motor | [pərahu motor] |

waterski's (mv.)	ski air	[ski air]
waterfiets (de)	sepeda air	[sepeda air]
surfen (het)	berselancar	[bərselanʧar]
surfer (de)	peselancar	[peselanʧar]
scuba, aqualong (de)	alat scuba	[alat skuba]

zwemvliezen (mv.)	sirip karet	[sirip karet]
duikmasker (het)	masker	[masker]
duiker (de)	penyelam	[penjelam]
duiken (ww)	menyelam	[mənjelam]
onder water (bw)	bawah air	[bawah air]
parasol (de)	payung	[pajuŋ]
ligstoel (de)	kursi pantai	[kursi pantaj]
zonnebril (de)	kacamata hitam	[katʃamata hitam]
luchtmatras (de/het)	kasur udara	[kasur udara]
spelen (ww)	bermain	[bərmajn]
gaan zwemmen (ww)	berenang	[bərenaŋ]
bal (de)	bola pantai	[bola pantaj]
opblazen (oppompen)	meniup	[məniup]
lucht-, opblaasbare (bn)	udara	[udara]
golf (hoge ~)	gelombang	[gelombaŋ]
boei (de)	pelampung	[pelampuŋ]
verdrinken (ww)	tenggelam	[teŋgelam]
redden (ww)	menyelamatkan	[mənjelamatkan]
reddingsvest (de)	jaket pelampung	[dʒʲaket pelampuŋ]
waarnemen (ww)	mengamati	[məŋamati]
redder (de)	penyelamat	[penjelamat]

TECHNISCHE APPARATUUR. VERVOER

Technische apparatuur

165. Computer

computer (de)	komputer	[komputer]
laptop (de)	laptop	[laptop]
aanzetten (ww)	menyalakan	[mənjalakan]
uitzetten (ww)	mematikan	[mematikan]
toetsenbord (het)	keyboard, papan tombol	[keybor], [papan tombol]
toets (enter~)	tombol	[tombol]
muis (de)	tetikus	[tetikus]
muismat (de)	bantal tetikus	[bantal tetikus]
knopje (het)	tombol	[tombol]
cursor (de)	kursor	[kursor]
monitor (de)	monitor	[monitor]
scherm (het)	layar	[lajar]
harde schijf (de)	hard disk, cakram keras	[hard disk], [tʃakram keras]
volume (het) van de harde schijf	kapasitas cakram keras	[kapasitas tʃakram keras]
geheugen (het)	memori	[memori]
RAM-geheugen (het)	memori akses acak	[memori akses atʃaʔ]
bestand (het)	file, berkas	[file], [bərkas]
folder (de)	folder	[folder]
openen (ww)	membuka	[membuka]
sluiten (ww)	menutup	[mənutup]
opslaan (ww)	menyimpan	[mənjimpan]
verwijderen (wissen)	menghapus	[məŋhapus]
kopiëren (ww)	menyalin	[mənjalin]
sorteren (ww)	menyortir	[mənjortir]
overplaatsen (ww)	mentransfer	[məntransfer]
programma (het)	program	[program]
software (de)	perangkat lunak	[pəraŋkat lunaʔ]
programmeur (de)	pemrogram	[pemrogram]
programmeren (ww)	memprogram	[memprogram]
hacker (computerkraker)	peretas	[peretas]
wachtwoord (het)	kata sandi	[kata sandi]
virus (het)	virus	[virus]
ontdekken (virus ~)	mendeteksi	[məndeteksi]

| byte (de) | bita | [bita] |
| megabyte (de) | megabita | [megabita] |

| data (de) | data | [data] |
| databank (de) | basis data, pangkalan data | [basis data], [paŋkalan data] |

kabel (USB-~, enz.)	kabel	[kabel]
afsluiten (ww)	melepaskan	[melepaskan]
aansluiten op (ww)	menyambungkan	[mənjambuŋkan]

166. Internet. E-mail

internet (het)	Internet	[internet]
browser (de)	peramban	[peramban]
zoekmachine (de)	mesin telusur	[mesin telusur]
internetprovider (de)	provider	[provider]

webmaster (de)	webmaster, perancang web	[webmaster], [perantʃaŋ web]
website (de)	situs web	[situs web]
webpagina (de)	halaman web	[halaman web]

| adres (het) | alamat | [alamat] |
| adresboek (het) | buku alamat | [buku alamat] |

postvak (het)	kotak surat	[kota' surat]
post (de)	surat	[surat]
vol (~ postvak)	penuh	[penuh]

bericht (het)	pesan	[pesan]
binnenkomende berichten (mv.)	pesan masuk	[pesan masu']
uitgaande berichten (mv.)	pesan keluar	[pesan keluar]

verzender (de)	pengirim	[peŋirim]
verzenden (ww)	mengirim	[məŋirim]
verzending (de)	pengiriman	[peŋiriman]

| ontvanger (de) | penerima | [penerima] |
| ontvangen (ww) | menerima | [mənerima] |

| correspondentie (de) | surat-menyurat | [surat-menyurat] |
| corresponderen (met ...) | surat-menyurat | [surat-menyurat] |

bestand (het)	file, berkas	[file], [bərkas]
downloaden (ww)	mengunduh	[məŋunduh]
creëren (ww)	membuat	[membuat]
verwijderen (een bestand ~)	menghapus	[məŋhapus]
verwijderd (bn)	terhapus	[tərhapus]

verbinding (de)	koneksi	[koneksi]
snelheid (de)	kecepatan	[ketʃepatan]
modem (de)	modem	[modem]
toegang (de)	akses	[akses]
poort (de)	porta	[porta]

aansluiting (de)	koneksi	[koneksi]
zich aansluiten (ww)	terhubung ke ...	[tərhubuŋ ke ...]
selecteren (ww)	memilih	[memilih]
zoeken (ww)	mencari ...	[məntʃari ...]

167. Elektriciteit

elektriciteit (de)	listrik	[listriʔ]
elektrisch (bn)	listrik	[listriʔ]
elektriciteitscentrale (de)	pembangkit listrik	[pembaŋkit listriʔ]
energie (de)	energi, tenaga	[energi], [tenaga]
elektrisch vermogen (het)	tenaga listrik	[tenaga listriʔ]
lamp (de)	bohlam	[bohlam]
zaklamp (de)	lentera	[lentera]
straatlantaarn (de)	lampu jalan	[lampu dʒʲalan]
licht (elektriciteit)	lampu	[lampu]
aandoen (ww)	menyalakan	[mənjalakan]
uitdoen (ww)	mematikan	[mematikan]
het licht uitdoen	mematikan lampu	[mematikan lampu]
doorbranden (gloeilamp)	mati	[mati]
kortsluiting (de)	korsleting	[korsletiŋ]
onderbreking (de)	kabel putus	[kabel putus]
contact (het)	kontak	[kontaʔ]
schakelaar (de)	sakelar	[sakelar]
stopcontact (het)	colokan	[tʃolokan]
stekker (de)	steker	[steker]
verlengsnoer (de)	kabel ekstensi	[kabel ekstensi]
zekering (de)	sekering	[sekeriŋ]
kabel (de)	kabel, kawat	[kabel], [kawat]
bedrading (de)	rangkaian kabel	[raŋkajan kabel]
ampère (de)	ampere	[ampere]
stroomsterkte (de)	kuat arus listrik	[kuat arus listriʔ]
volt (de)	volt	[volt]
spanning (de)	voltase	[voltase]
elektrisch toestel (het)	perkakas listrik	[pərkakas listriʔ]
indicator (de)	indikator	[indikator]
elektricien (de)	tukang listrik	[tukaŋ listriʔ]
solderen (ww)	mematri	[mematri]
soldeerbout (de)	besi solder	[besi solder]
stroom (de)	arus listrik	[arus listriʔ]

168. Gereedschappen

werktuig (stuk gereedschap)	alat	[alat]
gereedschap (het)	peralatan	[pəralatan]

uitrusting (de)	perlengkapan	[pərleŋkapan]
hamer (de)	martil, palu	[martil], [palu]
schroevendraaier (de)	obeng	[obeŋ]
bijl (de)	kapak	[kapaʔ]
zaag (de)	gergaji	[gergadʒi]
zagen (ww)	menggergaji	[məŋgergadʒi]
schaaf (de)	serut	[serut]
schaven (ww)	menyerut	[mənjerut]
soldeerbout (de)	besi solder	[besi solder]
solderen (ww)	mematri	[mematri]
vijl (de)	kikir	[kikir]
nijptang (de)	tang	[taŋ]
combinatietang (de)	catut	[tʃatut]
beitel (de)	pahat	[pahat]
boorkop (de)	mata bor	[mata bor]
boormachine (de)	bor listrik	[bor listriʔ]
boren (ww)	mengebor	[məŋebor]
mes (het)	pisau	[pisau]
zakmes (het)	pisau saku	[pisau saku]
knip- (abn)	pisau lipat	[pisau lipat]
lemmet (het)	mata pisau	[mata pisau]
scherp (bijv. ~ mes)	tajam	[tadʒiam]
bot (bn)	tumpul	[tumpul]
bot raken (ww)	menjadi tumpul	[məndʒiadi tumpul]
slijpen (een mes ~)	mengasah	[məŋasah]
bout (de)	baut	[baut]
moer (de)	mur	[mur]
schroefdraad (de)	ulir	[ulir]
houtschroef (de)	sekrup	[sekrup]
nagel (de)	paku	[paku]
kop (de)	paku payung	[paku pajuŋ]
liniaal (de/het)	mistar, penggaris	[mistar], [peŋgaris]
rolmeter (de)	meteran	[meteran]
waterpas (de/het)	pengukur kedataran	[peŋukur kedataran]
loep (de)	kaca pembesar	[katʃa pembesar]
meetinstrument (het)	alat ukur	[alat ukur]
opmeten (ww)	mengukur	[məŋukur]
schaal (meetschaal)	skala	[skala]
gegevens (mv.)	pencatatan	[pentʃatatan]
compressor (de)	kompresor	[kompresor]
microscoop (de)	mikroskop	[mikroskop]
pomp (de)	pompa	[pompa]
robot (de)	robot	[robot]
laser (de)	laser	[laser]
moersleutel (de)	kunci pas	[kuntʃi pas]

| plakband (de) | selotip | [selotip] |
| lijm (de) | lem | [lem] |

schuurpapier (het)	kertas amplas	[kertas amplas]
veer (de)	pegas, per	[pegas], [pər]
magneet (de)	magnet	[magnet]
handschoenen (mv.)	sarung tangan	[saruŋ taŋan]

touw (bijv. henneptouw)	tali	[tali]
snoer (het)	tambang, tali	[tambaŋ], [tali]
draad (de)	kabel, kawat	[kabel], [kawat]
kabel (de)	kabel, kawat	[kabel], [kawat]

moker (de)	palu godam	[palu godam]
breekijzer (het)	linggis	[liŋgis]
ladder (de)	tangga	[taŋga]
trapje (inklapbaar ~)	tangga	[taŋga]

aanschroeven (ww)	mengencangkan	[məŋentʃaŋkan]
losschroeven (ww)	mengendurkan	[məŋendurkan]
dichtpersen (ww)	mengencangkan	[məŋentʃaŋkan]
vastlijmen (ww)	menempelkan	[mənempelkan]
snijden (ww)	memotong	[memotoŋ]

defect (het)	malafungsi, kerusakan	[malafuŋsi], [kerusakan]
reparatie (de)	perbaikan	[pərbajkan]
repareren (ww)	mereparasi, memperbaiki	[mereparasi], [memperbajki]
regelen (een machine ~)	menyetel	[mənetel]

nakijken (ww)	memeriksa	[memeriksa]
controle (de)	pemeriksaan	[pemeriksa'an]
gegevens (mv.)	pencatatan	[pentʃatatan]

| degelijk (bijv. ~ machine) | andal | [andal] |
| ingewikkeld (bn) | rumit | [rumit] |

roesten (ww)	berkarat, karatan	[bərkarat], [karatan]
roestig (bn)	berkarat, karatan	[bərkarat], [karatan]
roest (de/het)	karat	[karat]

Vervoer

169. Vliegtuig

vliegtuig (het)	**pesawat terbang**	[pesawat tərbaŋ]
vliegticket (het)	**tiket pesawat terbang**	[tiket pesawat tərbaŋ]
luchtvaartmaatschappij (de)	**maskapai penerbangan**	[maskapaj penerbaŋan]
luchthaven (de)	**bandara**	[bandara]
supersonisch (bn)	**supersonik**	[supersoni']
gezagvoerder (de)	**kapten**	[kapten]
bemanning (de)	**awak**	[awa']
piloot (de)	**pilot**	[pilot]
stewardess (de)	**pramugari**	[pramugari]
stuurman (de)	**navigator, penavigasi**	[navigator], [penavigasi]
vleugels (mv.)	**sayap**	[sajap]
staart (de)	**ekor**	[ekor]
cabine (de)	**kokpit**	[kokpit]
motor (de)	**mesin**	[mesin]
landingsgestel (het)	**roda pendarat**	[roda pendarat]
turbine (de)	**turbin**	[turbin]
propeller (de)	**baling-baling**	[baliŋ-baliŋ]
zwarte doos (de)	**kotak hitam**	[kota' hitam]
stuur (het)	**kemudi**	[kemudi]
brandstof (de)	**bahan bakar**	[bahan bakar]
veiligheidskaart (de)	**instruksi keselamatan**	[instruksi keselamatan]
zuurstofmasker (het)	**masker oksigen**	[masker oksigen]
uniform (het)	**seragam**	[seragam]
reddingsvest (de)	**jaket pelampung**	[dʒ'aket pelampuŋ]
parachute (de)	**parasut**	[parasut]
opstijgen (het)	**lepas landas**	[lepas landas]
opstijgen (ww)	**bertolak**	[bərtola']
startbaan (de)	**jalur lepas landas**	[dʒ'alur lepas landas]
zicht (het)	**visibilitas, pandangan**	[visibilitas], [pandaŋan]
vlucht (de)	**penerbangan**	[penerbaŋan]
hoogte (de)	**ketinggian**	[ketiŋgian]
luchtzak (de)	**lubang udara**	[lubaŋ udara]
plaats (de)	**tempat duduk**	[tempat dudu']
koptelefoon (de)	**headphone, fonkepala**	[headphone], [fonkepala]
tafeltje (het)	**meja lipat**	[medʒ'a lipat]
venster (het)	**jendela pesawat**	[dʒ'endela pesawat]
gangpad (het)	**lorong**	[loroŋ]

170. Trein

trein (de)	kereta api	[kereta api]
elektrische trein (de)	kereta api listrik	[kereta api listri']
sneltrein (de)	kereta api cepat	[kereta api tʃepat]
diesellocomotief (de)	lokomotif diesel	[lokomotif disel]
locomotief (de)	lokomotif uap	[lokomotif uap]
rijtuig (het)	gerbong penumpang	[gerboŋ penumpaŋ]
restauratierijtuig (het)	gerbong makan	[gerboŋ makan]
rails (mv.)	rel	[rel]
spoorweg (de)	rel kereta api	[rel kereta api]
dwarsligger (de)	bantalan rel	[bantalan rel]
perron (het)	platform	[platform]
spoor (het)	jalur	[dʒialur]
semafoor (de)	semafor	[semafor]
halte (bijv. kleine treinhalte)	stasiun	[stasiun]
machinist (de)	masinis	[masinis]
kruier (de)	porter	[porter]
conducteur (de)	kondektur	[kondektur]
passagier (de)	penumpang	[penumpaŋ]
controleur (de)	kondektur	[kondektur]
gang (in een trein)	koridor	[koridor]
noodrem (de)	rem darurat	[rem darurat]
coupé (de)	kabin	[kabin]
bed (slaapplaats)	bangku	[baŋku]
bovenste bed (het)	bangku atas	[baŋku atas]
onderste bed (het)	bangku bawah	[baŋku bawah]
beddengoed (het)	kain kasur	[kain kasur]
kaartje (het)	tiket	[tiket]
dienstregeling (de)	jadwal	[dʒiadwal]
informatiebord (het)	layar informasi	[lajar informasi]
vertrekken	berangkat	[bəraŋkat]
(De trein vertrekt ...)		
vertrek (ov. een trein)	keberangkatan	[keberaŋkatan]
aankomen (ov. de treinen)	datang	[dataŋ]
aankomst (de)	kedatangan	[kedataŋan]
aankomen per trein	datang naik kereta api	[dataŋ naj' kereta api]
in de trein stappen	naik ke kereta	[nai' ke kereta]
uit de trein stappen	turun dari kereta	[turun dari kereta]
treinwrak (het)	kecelakaan kereta	[ketʃelaka'an kereta]
ontspoord zijn	keluar rel	[keluar rel]
locomotief (de)	lokomotif uap	[lokomotif uap]
stoker (de)	juru api	[dʒiuru api]
stookplaats (de)	tungku	[tuŋku]
steenkool (de)	batu bara	[batu bara]

171. Schip

schip (het)	kapal	[kapal]
vaartuig (het)	kapal	[kapal]
stoomboot (de)	kapal uap	[kapal uap]
motorschip (het)	kapal api	[kapal api]
lijnschip (het)	kapal laut	[kapal laut]
kruiser (de)	kapal penjelajah	[kapal pendʒ'eladʒ'ah]
jacht (het)	perahu pesiar	[pərahu pesiar]
sleepboot (de)	kapal tunda	[kapal tunda]
duwbak (de)	tongkang	[toŋkaŋ]
ferryboot (de)	feri	[feri]
zeilboot (de)	kapal layar	[kapal lajar]
brigantijn (de)	kapal brigantin	[kapal brigantin]
IJsbreker (de)	kapal pemecah es	[kapal pemetʃah es]
duikboot (de)	kapal selam	[kapal selam]
boot (de)	perahu	[pərahu]
sloep (de)	sekoci	[sekotʃi]
reddingssloep (de)	sekoci penyelamat	[sekotʃi penjelamat]
motorboot (de)	perahu motor	[pərahu motor]
kapitein (de)	kapten	[kapten]
zeeman (de)	kelasi	[kelasi]
matroos (de)	pelaut	[pelaut]
bemanning (de)	awak	[awaʔ]
bootsman (de)	bosman, bosun	[bosman], [bosun]
scheepsjongen (de)	kadet laut	[kadet laut]
kok (de)	koki	[koki]
scheepsarts (de)	dokter kapal	[dokter kapal]
dek (het)	dek	[deʔ]
mast (de)	tiang	[tiaŋ]
zeil (het)	layar	[lajar]
ruim (het)	lambung kapal	[lambuŋ kapal]
voorsteven (de)	haluan	[haluan]
achtersteven (de)	buritan	[buritan]
roeispaan (de)	dayung	[dajuŋ]
schroef (de)	baling-baling	[baliŋ-baliŋ]
kajuit (de)	kabin	[kabin]
officierskamer (de)	ruang rekreasi	[ruaŋ rekreasi]
machinekamer (de)	ruang mesin	[ruaŋ mesin]
brug (de)	anjungan kapal	[andʒ'uŋan kapal]
radiokamer (de)	ruang radio	[ruaŋ radio]
radiogolf (de)	gelombang radio	[gelombaŋ radio]
logboek (het)	buku harian kapal	[buku harian kapal]
verrekijker (de)	teropong	[teropoŋ]
klok (de)	lonceng	[lontʃeŋ]

vlag (de)	bendera	[bendera]
kabel (de)	tali	[tali]
knoop (de)	simpul	[simpul]

| trapleuning (de) | pegangan | [peganan] |
| trap (de) | tangga kapal | [tanga kapal] |

anker (het)	jangkar	[dʒʲankar]
het anker lichten	mengangkat jangkar	[mənankat dʒʲankar]
het anker neerlaten	menjatuhkan jangkar	[məndʒʲatuhkan dʒʲankar]
ankerketting (de)	rantai jangkar	[rantaj dʒʲankar]

haven (bijv. containerhaven)	pelabuhan	[pelabuhan]
kaai (de)	dermaga	[dermaga]
aanleggen (ww)	merapat	[merapat]
wegvaren (ww)	bertolak	[bərtolaʔ]

reis (de)	pengembaraan	[penembaraʔan]
cruise (de)	pesiar	[pesiar]
koers (de)	haluan	[haluan]
route (de)	rute	[rute]

| zandbank (de) | beting | [betiŋ] |
| stranden (ww) | kandas | [kandas] |

storm (de)	badai	[badaj]
signaal (het)	sinyal	[sinjal]
zinken (ov. een boot)	tenggelam	[teŋgelam]
Man overboord!	Orang hanyut!	[oraŋ hanyut!]
SOS (noodsignaal)	SOS	[es-o-es]
reddingsboei (de)	pelampung penyelamat	[pelampuŋ penjelamat]

172. Vliegveld

luchthaven (de)	bandara	[bandara]
vliegtuig (het)	pesawat terbang	[pesawat tərbaŋ]
luchtvaartmaatschappij (de)	maskapai penerbangan	[maskapaj penerbaŋan]
luchtverkeersleider (de)	pengawas lalu lintas udara	[penawas lalu lintas udara]

vertrek (het)	keberangkatan	[keberaŋkatan]
aankomst (de)	kedatangan	[kedatanan]
aankomen (per vliegtuig)	datang	[datan]

| vertrektijd (de) | waktu keberangkatan | [waktu keberaŋkatan] |
| aankomstuur (het) | waktu kedatangan | [waktu kedatanan] |

| vertraagd zijn (ww) | terlambat | [tərlambat] |
| vluchtvertraging (de) | penundaan penerbangan | [penundaʔan penerbaŋan] |

informatiebord (het)	papan informasi	[papan informasi]
informatie (de)	informasi	[informasi]
aankondigen (ww)	mengumumkan	[mənumumkan]
vlucht (bijv. KLM ~)	penerbangan	[penerbaŋan]
douane (de)	pabean	[pabean]

douanier (de)	petugas pabean	[petugas pabean]
douaneaangifte (de)	pernyataan pabean	[pərnjata'an pabean]
invullen (douaneaangifte ~)	mengisi	[məŋisi]
een douaneaangifte invullen	mengisi formulir bea cukai	[məŋisi formulir bea ʧukaj]
paspoortcontrole (de)	pemeriksaan paspor	[pemeriksa'an paspor]
bagage (de)	bagasi	[bagasi]
handbagage (de)	jinjingan	[dʒindʒiŋan]
bagagekarretje (het)	troli bagasi	[troli bagasi]
landing (de)	pendaratan	[pendaratan]
landingsbaan (de)	jalur pendaratan	[dʒʲalur pendaratan]
landen (ww)	mendarat	[mendarat]
vliegtuigtrap (de)	tangga pesawat	[taŋga pesawat]
inchecken (het)	check-in	[ʧekin]
incheckbalie (de)	meja check-in	[medʒʲa ʧekin]
inchecken (ww)	check-in	[ʧekin]
instapkaart (de)	kartu pas	[kartu pas]
gate (de)	gerbang keberangkatan	[gerbaŋ keberaŋkatan]
transit (de)	transit	[transit]
wachten (ww)	menunggu	[mənuŋgu]
wachtzaal (de)	ruang tunggu	[ruaŋ tuŋgu]
begeleiden (uitwuiven)	mengantar	[məŋantar]
afscheid nemen (ww)	berpamitan	[bərpamitan]

173. Fiets. Motorfiets

fiets (de)	sepeda	[sepeda]
bromfiets (de)	skuter	[skuter]
motorfiets (de)	sepeda motor	[sepeda motor]
met de fiets rijden	naik sepeda	[nai' sepeda]
stuur (het)	kemudi, setang	[kemudi], [setaŋ]
pedaal (de/het)	pedal	[pedal]
remmen (mv.)	rem	[rem]
fietszadel (de/het)	sadel	[sadel]
pomp (de)	pompa	[pompa]
bagagedrager (de)	boncengan	[bonʧeŋan]
fietslicht (het)	lampu depan, berko	[lampu depan], [bərko]
helm (de)	helm	[helm]
wiel (het)	roda	[roda]
spatbord (het)	sayap roda	[sajap roda]
velg (de)	bingkai	[biŋkaj]
spaak (de)	jari-jari, ruji	[dʒʲari-dʒʲari], [rudʒi]

Auto's

174. Soorten auto's

auto (de)	mobil	[mobil]
sportauto (de)	mobil sports	[mobil sports]
limousine (de)	limusin	[limusin]
terreinwagen (de)	kendaraan lintas medan	[kendaraʔan lintas medan]
cabriolet (de)	kabriolet	[kabriolet]
minibus (de)	minibus	[minibus]
ambulance (de)	ambulans	[ambulans]
sneeuwruimer (de)	truk pembersih salju	[truʔ pembersih saldʒʲu]
vrachtwagen (de)	truk	[truʔ]
tankwagen (de)	truk tangki	[truʔ taŋki]
bestelwagen (de)	mobil van	[mobil van]
trekker (de)	truk semi trailer	[traʔ semi treyler]
aanhangwagen (de)	trailer	[treyler]
comfortabel (bn)	nyaman	[njaman]
tweedehands (bn)	bekas	[bekas]

175. Auto's. Carrosserie

motorkap (de)	kap	[kap]
spatbord (het)	sepatbor	[sepatbor]
dak (het)	atap	[atap]
voorruit (de)	kaca depan	[katʃa depan]
achterruit (de)	spion belakang	[spion belakaŋ]
ruitensproeier (de)	pencuci kaca	[pentʃutʃi katʃa]
wisserbladen (mv.)	karet wiper	[karet wiper]
zijruit (de)	jendela mobil	[dʒʲendela mobil]
raamlift (de)	pemutar jendela	[pemutar dʒʲendela]
antenne (de)	antena	[antena]
zonnedak (het)	panel atap	[panel atap]
bumper (de)	bumper	[bumper]
koffer (de)	bagasi mobil	[bagasi mobil]
imperiaal (de/het)	rak bagasi atas	[raʔ bagasi atas]
portier (het)	pintu	[pintu]
handvat (het)	gagang pintu	[gagaŋ pintu]
slot (het)	kunci	[kuntʃi]
nummerplaat (de)	pelat nomor	[pelat nomor]
knalpot (de)	peredam suara	[peredam suara]

| benzinetank (de) | tangki bahan bakar | [taŋki bahan bakar] |
| uitlaatpijp (de) | knalpot | [knalpot] |

gas (het)	gas	[gas]
pedaal (de/het)	pedal	[pedal]
gaspedaal (de/het)	pedal gas	[pedal gas]

rem (de)	rem	[rem]
rempedaal (de/het)	pedal rem	[pedal rem]
remmen (ww)	mengerem	[məŋerem]
handrem (de)	rem tangan	[rem taŋan]

koppeling (de)	kopling	[kopliŋ]
koppelingspedaal (de/het)	pedal kopling	[pedal kopliŋ]
koppelingsschijf (de)	pelat kopling	[pelat kopliŋ]
schokdemper (de)	peredam kejut	[pəredam kedʒiut]

wiel (het)	roda	[roda]
reservewiel (het)	ban serep	[ban serep]
band (de)	ban	[ban]
wieldop (de)	dop	[dop]

aandrijfwielen (mv.)	roda penggerak	[roda peŋera']
met voorwielaandrijving	penggerak roda depan	[peŋera' roda depan]
met achterwielaandrijving	penggerak roda belakang	[peŋera' roda belakaŋ]
met vierwielaandrijving	penggerak roda empat	[peŋera' roda empat]

versnellingsbak (de)	transmisi, girboks	[transmisi], [girboks]
automatisch (bn)	otomatis	[otomatis]
mechanisch (bn)	mekanis	[mekanis]
versnellingspook (de)	tuas persneling	[tuas pərsneliŋ]

| voorlicht (het) | lampu depan | [lampu depan] |
| voorlichten (mv.) | lampu depan | [lampu depan] |

dimlicht (het)	lampu dekat	[lampu dekat]
grootlicht (het)	lampu jauh	[lampu dʒiauh]
stoplicht (het)	lampu rem	[lampu rem]

standlichten (mv.)	lampu kecil	[lampu ketʃil]
noodverlichting (de)	lampu bahaya	[lampu bahaja]
mistlichten (mv.)	lampu kabut	[lampu kabut]
pinker (de)	lampu sein	[lampu sein]
achteruitrijdlicht (het)	lampu belakang	[lampu belakaŋ]

176. Auto's. Passagiersruimte

interieur (het)	kabin, interior	[kabin], [interior]
leren (van leer gemaak)	kulit	[kulit]
fluwelen (abn)	velour	[velour]
bekleding (de)	pelapis jok	[pelapis dʒo']

| toestel (het) | alat pengukur | [alat peŋukur] |
| instrumentenbord (het) | dasbor | [dasbor] |

| snelheidsmeter (de) | spidometer | [spidometer] |
| pijltje (het) | jarum | [dʒiarum] |

kilometerteller (de)	odometer	[odometer]
sensor (de)	indikator, sensor	[indikator], [sensor]
niveau (het)	level	[level]
controlelampje (het)	lampu indikator	[lampu indikator]

stuur (het)	setir	[setir]
toeter (de)	klakson	[klakson]
knopje (het)	tombol	[tombol]
schakelaar (de)	tuas	[tuas]

stoel (bestuurders~)	jok	[dʒo']
rugleuning (de)	sandaran	[sandaran]
hoofdsteun (de)	sandaran kepala	[sandaran kepala]
veiligheidsgordel (de)	sabuk pengaman	[sabu' penaman]
de gordel aandoen	mengencangkan sabuk pengaman	[mənentʃankan sabu' penaman]
regeling (de)	penyetelan	[penjetelan]

| airbag (de) | bantal udara | [bantal udara] |
| airconditioner (de) | penyejuk udara | [penjedʒiu' udara] |

radio (de)	radio	[radio]
CD-speler (de)	pemutar CD	[pemutar si-di]
aanzetten (bijv. radio ~)	menyalakan	[mənjalakan]
antenne (de)	antena	[antena]
handschoenenkastje (het)	laci depan	[latʃi depan]
asbak (de)	asbak	[asba']

177. Auto's. Motor

| diesel- (abn) | diesel | [disel] |
| benzine- (~motor) | bensin | [bensin] |

motorinhoud (de)	kapasitas mesin	[kapasitas mesin]
vermogen (het)	daya, tenaga	[daja], [tenaga]
paardenkracht (de)	tenaga kuda	[tenaga kuda]
zuiger (de)	piston	[piston]
cilinder (de)	silinder	[silinder]
klep (de)	katup	[katup]

injectie (de)	injektor	[indʒiektor]
generator (de)	generator	[generator]
carburator (de)	karburator	[karburator]
motorolie (de)	oli	[oli]

radiator (de)	radiator	[radiator]
koelvloeistof (de)	cairan pendingin	[tʃajran pendiɲin]
ventilator (de)	kipas angin	[kipas aɲin]

| accu (de) | aki | [aki] |
| starter (de) | starter | [starter] |

| contact (ontsteking) | pengapian | [peŋapian] |
| bougie (de) | busi | [busi] |

pool (de)	elektroda	[elektroda]
positieve pool (de)	terminal positif	[terminal positif]
negatieve pool (de)	terminal negatif	[terminal negatif]
zekering (de)	sekering	[sekeriŋ]

luchtfilter (de)	filter udara	[filter udara]
oliefilter (de)	filter oli	[filter oli]
benzinefilter (de)	filter bahan bakar	[filter bahan bakar]

178. Auto's. Botsing. Reparatie

auto-ongeval (het)	kecelakaan mobil	[ketʃelaka'an mobil]
verkeersongeluk (het)	kecelakaan jalan raya	[ketʃelaka'an dʒalan raja]
aanrijden	menabrak	[mənabra']
(tegen een boom, enz.)		
verongelukken (ww)	mengalami kecelakaan	[məŋalami ketʃelaka'an]
beschadiging (de)	kerusakan	[kerusakan]
heelhuids (bn)	tidak tersentuh	[tida' tərsentuh]

pech (de)	kerusakan	[kerusakan]
kapot gaan (zijn gebroken)	rusak	[rusa']
sleeptouw (het)	tali penyeret	[tali penjeret]

lek (het)	ban bocor	[ban botʃor]
lekke krijgen (band)	kempes	[kempes]
oppompen (ww)	memompa	[memompa]
druk (de)	tekanan	[tekanan]
checken (controleren)	memeriksa	[memeriksa]

reparatie (de)	reparasi	[reparasi]
garage (de)	bengkel mobil	[beŋkel mobil]
wisselstuk (het)	onderdil, suku cadang	[onderdil], [suku tʃadaŋ]
onderdeel (het)	komponen	[komponen]

bout (de)	baut	[baut]
schroef (de)	sekrup	[sekrup]
moer (de)	mur	[mur]
sluitring (de)	ring	[riŋ]
kogellager (de/het)	bantalan luncur	[bantalan luntʃur]

pijp (de)	pipa	[pipa]
pakking (de)	gasket	[gasket]
kabel (de)	kabel, kawat	[kabel], [kawat]

dommekracht (de)	dongkrak	[doŋkra']
moersleutel (de)	kunci pas	[kuntʃi pas]
hamer (de)	martil, palu	[martil], [palu]
pomp (de)	pompa	[pompa]
schroevendraaier (de)	obeng	[obeŋ]
brandblusser (de)	pemadam api	[pemadam api]
gevarendriehoek (de)	segi tiga pengaman	[segi tiga peŋaman]

afslaan (ophouden te werken)	mogok	[mogoˀ]
uitvallen (het)	mogok	[mogoˀ]
zijn gebroken	rusak	[rusaˀ]

oververhitten (ww)	kepanasan	[kepanasan]
verstopt raken (ww)	tersumbat	[tərsumbat]
bevriezen (autodeur, enz.)	membeku	[membeku]
barsten (leidingen, enz.)	pecah	[peʧah]

druk (de)	tekanan	[tekanan]
niveau (bijv. olieniveau)	level	[level]
slap (de drijfriem is ~)	longgar	[loŋgar]

deuk (de)	penyok	[penjoˀ]
geklop (vreemde geluiden)	ketukan	[ketukan]
barst (de)	retak	[retaˀ]
kras (de)	gores	[gores]

179. Auto's. Weg

weg (de)	jalan	[dʒʲalan]
snelweg (de)	jalan raya	[dʒʲalan raja]
autoweg (de)	jalan raya	[dʒʲalan raja]
richting (de)	arah	[arah]
afstand (de)	jarak	[dʒʲaraˀ]

brug (de)	jembatan	[dʒʲembatan]
parking (de)	tempat parkir	[tempat parkir]
plein (het)	lapangan	[lapaŋan]
verkeersknooppunt (het)	jembatan simpang susun	[dʒʲembatan simpaŋ susun]
tunnel (de)	terowongan	[terowoŋan]

benzinestation (het)	SPBU, stasiun bensin	[es-pe-be-u], [stasjun bensin]
parking (de)	tempat parkir	[tempat parkir]
benzinepomp (de)	stasiun bahan bakar	[stasiun bahan bakar]
garage (de)	bengkel mobil	[beŋkel mobil]
tanken (ww)	mengisi bahan bakar	[məŋisi bahan bakar]
brandstof (de)	bahan bakar	[bahan bakar]
jerrycan (de)	jeriken	[dʒʲeriken]

asfalt (het)	aspal	[aspal]
markering (de)	penandaan jalan	[penandaˀan dʒʲalan]
trottoirband (de)	kerb jalan	[kerb dʒʲalan]
geleiderail (de)	pagar pematas	[pagar pematas]
greppel (de)	parit	[parit]
vluchtstrook (de)	bahu jalan	[bahu dʒʲalan]
lichtmast (de)	tiang lampu	[tiaŋ lampu]

besturen (een auto ~)	menyetir	[mənjetir]
afslaan (naar rechts ~)	membelok	[membeloˀ]
U-bocht maken (ww)	memutar arah	[memutar arah]
achteruit (de)	mundur	[mundur]
toeteren (ww)	membunyikan klakson	[membunjikan klakson]

toeter (de)	suara klakson	[suara klakson]
vastzitten (in modder)	terjebak	[tərdʒ'eba']
spinnen (wielen gaan ~)	terjebak	[tərdʒ'eba']
uitzetten (ww)	mematikan	[mematikan]

snelheid (de)	kecepatan	[ketʃepatan]
een snelheidsovertreding maken	melebihi batas kecepatan	[melebihi batas ketʃepatan]
bekeuren (ww)	memberikan surat tilang	[memberikan surat tilaŋ]
verkeerslicht (het)	lampu lalu lintas	[lampu lalu lintas]
rijbewijs (het)	Surat Izin Mengemudi, SIM	[surat izin meŋemudi], [sim]

overgang (de)	lintasan	[lintasan]
kruispunt (het)	persimpangan	[persimpaŋan]
zebrapad (oversteekplaats)	penyeberangan	[penjeberaŋan]
bocht (de)	tikungan	[tikuŋan]
voetgangerszone (de)	kawasan pejalan kaki	[kawasan pedʒ'alan kaki]

180. Verkeersborden

verkeersregels (mv.)	peraturan lalu lintas	[peraturan lalu lintas]
verkeersbord (het)	rambu	[rambu]
inhalen (het)	mendahului	[mendahului]
bocht (de)	tikungan	[tikuŋan]
U-bocht, kering (de)	putaran	[putaran]
Rotonde (de)	bundaran lalu lintas	[bundaran lalu lintas]

Verboden richting	Dilarang masuk	[dilaraŋ masu']
Verboden toegang	Kendaraan dilarang masuk	[kendara'an dilaraŋ masu']
Inhalen verboden	Dilarang mendahului	[dilaraŋ mendahului]
Parkeerverbod	Dilarang parkir	[dilaraŋ parkir]
Verbod stil te staan	Dilarang berhenti	[dilaraŋ berhenti]

Gevaarlijke bocht	tikungan tajam	[tikuŋan tadʒ'am]
Gevaarlijke daling	turunan terjal	[turunan tərdʒ'al]
Eenrichtingsweg	jalan satu arah	[dʒ'alan satu arah]
Voetgangers	penyeberangan	[penjeberaŋan]
Slipgevaar	jalan licin	[dʒ'alan litʃin]
Voorrang verlenen	beri jalan	[beri dʒ'alan]

MENSEN. GEBEURTENISSEN IN HET LEVEN

Gebeurtenissen in het leven

181. Vakanties. Evenement

feest (het)	**perayaan**	[pəraja'an]
nationale feestdag (de)	**hari besar nasional**	[hari besar nasional]
feestdag (de)	**hari libur**	[hari libur]
herdenken (ww)	**merayakan**	[merajakan]
gebeurtenis (de)	**peristiwa, kejadian**	[peristiwa], [kedʒiadian]
evenement (het)	**acara**	[atʃara]
banket (het)	**banket**	[banket]
receptie (de)	**resepsi**	[resepsi]
feestmaal (het)	**pesta**	[pesta]
verjaardag (de)	**hari jadi, HUT**	[hari dʒiadi], [ha-u-te]
jubileum (het)	**yubileum**	[yubileum]
vieren (ww)	**merayakan**	[merajakan]
Nieuwjaar (het)	**Tahun Baru**	[tahun baru]
Gelukkig Nieuwjaar!	**Selamat Tahun Baru!**	[selamat tahun baru!]
Sinterklaas (de)	**Sinterklas**	[sinterklas]
Kerstfeest (het)	**Natal**	[natal]
Vrolijk kerstfeest!	**Selamat Hari Natal!**	[selamat hari natal!]
kerstboom (de)	**pohon Natal**	[pohon natal]
vuurwerk (het)	**kembang api**	[kembaŋ api]
bruiloft (de)	**pernikahan**	[pernikahan]
bruidegom (de)	**mempelai lelaki**	[mempelaj lelaki]
bruid (de)	**mempelai perempuan**	[mempelaj perempuan]
uitnodigen (ww)	**mengundang**	[meŋundaŋ]
uitnodiging (de)	**kartu undangan**	[kartu undaŋan]
gast (de)	**tamu**	[tamu]
op bezoek gaan	**mengunjungi**	[meŋundʒiuŋi]
gasten verwelkomen	**menyambut tamu**	[menjambut tamu]
geschenk, cadeau (het)	**hadiah**	[hadiah]
geven (iets cadeau ~)	**memberi**	[memberi]
geschenken ontvangen	**menerima hadiah**	[menerima hadiah]
boeket (het)	**buket**	[buket]
felicitaties (mv.)	**ucapan selamat**	[utʃapan selamat]
feliciteren (ww)	**mengucapkan selamat**	[meŋutʃapkan selamat]
wenskaart (de)	**kartu ucapan selamat**	[kartu utʃapan selamat]

| een kaartje versturen | mengirim kartu pos | [məŋirim kartu pos] |
| een kaartje ontvangen | menerima kartu pos | [mənerima kartu pos] |

toast (de)	toas	[toas]
aanbieden (een drankje ~)	menawari	[mənawari]
champagne (de)	sampanye	[sampanje]

plezier hebben (ww)	bersukaria	[bərsukaria]
plezier (het)	keriangan, kegembiraan	[keriaŋan], [kegembira'an]
vreugde (de)	kegembiraan	[kegembira'an]

| dans (de) | dansa, tari | [dansa], [tari] |
| dansen (ww) | berdansa, menari | [bərdansa], [menari] |

| wals (de) | wals | [wals] |
| tango (de) | tango | [taŋo] |

182. Begrafenissen. Begrafenis

kerkhof (het)	pemakaman	[pemakaman]
graf (het)	makam	[makam]
kruis (het)	salib	[salib]
grafsteen (de)	batu nisan	[batu nisan]
omheining (de)	pagar	[pagar]
kapel (de)	kapel	[kapel]

dood (de)	kematian	[kematian]
sterven (ww)	mati, meninggal	[mati], [meniŋgal]
overledene (de)	almarhum	[almarhum]
rouw (de)	perkabungan	[pərkabuŋan]

begraven (ww)	memakamkan	[memakamkan]
begrafenisonderneming (de)	rumah duka	[rumah duka]
begrafenis (de)	pemakaman	[pemakaman]

krans (de)	karangan bunga	[karaŋan buŋa]
doodskist (de)	keranda	[keranda]
lijkwagen (de)	mobil jenazah	[mobil dʒʲenazah]
lijkkleed (de)	kain kafan	[kain kafan]

begrafenisstoet (de)	prosesi pemakaman	[prosesi pemakaman]
urn (de)	guci abu jenazah	[gutʃi abu dʒʲenazah]
crematorium (het)	krematorium	[krematorium]

overlijdensbericht (het)	obituarium	[obituarium]
huilen (wenen)	menangis	[mənaŋis]
snikken (huilen)	meratap	[meratap]

183. Oorlog. Soldaten

| peloton (het) | peleton | [peleton] |
| compagnie (de) | kompi | [kompi] |

regiment (het)	resimen	[resimen]
leger (armee)	tentara	[tentara]
divisie (de)	divisi	[divisi]
sectie (de)	pasukan	[pasukan]
troep (de)	tentara	[tentara]
soldaat (militair)	tentara, serdadu	[tentara], [serdadu]
officier (de)	perwira	[pərwira]
soldaat (rang)	prajurit	[pradʒʲurit]
sergeant (de)	sersan	[sersan]
luitenant (de)	letnan	[letnan]
kapitein (de)	kapten	[kapten]
majoor (de)	mayor	[major]
kolonel (de)	kolonel	[kolonel]
generaal (de)	jenderal	[dʒʲenderal]
matroos (de)	pelaut	[pelaut]
kapitein (de)	kapten	[kapten]
bootsman (de)	bosman, bosun	[bosman], [bosun]
artillerist (de)	tentara artileri	[tentara artileri]
valschermjager (de)	pasukan penerjun	[pasukan penerdʒʲun]
piloot (de)	pilot	[pilot]
stuurman (de)	navigator, penavigasi	[navigator], [penavigasi]
mecanicien (de)	mekanik	[mekaniʔ]
sappeur (de)	pencari ranjau	[pentʃari randʒʲau]
parachutist (de)	parasutis	[parasutis]
verkenner (de)	pengintai	[peɲintaj]
scherpschutter (de)	penembak jitu	[penembaʔ dʒitu]
patrouille (de)	patroli	[patroli]
patrouilleren (ww)	berpatroli	[bərpatroli]
wacht (de)	pengawal	[peɲawal]
krijger (de)	prajurit	[pradʒʲurit]
held (de)	pahlawan	[pahlawan]
heldin (de)	pahlawan wanita	[pahlawan wanita]
patriot (de)	patriot	[patriot]
verrader (de)	pengkhianat	[peŋhianat]
verraden (ww)	mengkhianati	[məŋhianati]
deserteur (de)	desertir	[desertir]
deserteren (ww)	melakukan desersi	[melakukan desersi]
huurling (de)	tentara bayaran	[tentara bajaran]
rekruut (de)	rekrut, calon tentara	[rekrut], [tʃalon tentara]
vrijwilliger (de)	sukarelawan	[sukarelawan]
gedode (de)	korban meninggal	[korban meniŋgal]
gewonde (de)	korban luka	[korban luka]
krijgsgevangene (de)	tawanan perang	[tawanan pəraŋ]

184. Oorlog. Militaire acties. Deel 1

oorlog (de)	perang	[peraŋ]
oorlog voeren (ww)	berperang	[bərperaŋ]
burgeroorlog (de)	perang saudara	[pəraŋ saudara]
achterbaks (bw)	secara curang	[setʃara tʃuraŋ]
oorlogsverklaring (de)	pernyataan perang	[pərnjataʔan peraŋ]
verklaren (de oorlog ~)	menyatakan perang	[mənjatakan peraŋ]
agressie (de)	agresi	[agresi]
aanvallen (binnenvallen)	menyerang	[mənjeraŋ]
binnenvallen (ww)	menduduki	[mənduduki]
invaller (de)	penduduk	[penduduʔ]
veroveraar (de)	penakluk	[penakluʔ]
verdediging (de)	pertahanan	[pertahanan]
verdedigen (je land ~)	mempertahankan	[mempertahankan]
zich verdedigen (ww)	bertahan ...	[bərtahan ...]
vijand (de)	musuh	[musuh]
tegenstander (de)	lawan	[lawan]
vijandelijk (bn)	musuh	[musuh]
strategie (de)	strategi	[strategi]
tactiek (de)	taktik	[taktiʔ]
order (de)	perintah	[perintah]
bevel (het)	perintah	[perintah]
bevelen (ww)	memerintahkan	[memerintahkan]
opdracht (de)	tugas	[tugas]
geheim (bn)	rahasia	[rahasia]
veldslag (de)	pertempuran	[pərtempuran]
strijd (de)	pertempuran	[pərtempuran]
aanval (de)	serangan	[seraŋan]
bestorming (de)	serbuan	[serbuan]
bestormen (ww)	menyerbu	[mənjerbu]
bezetting (de)	kepungan	[kepuŋan]
aanval (de)	serangan	[seraŋan]
in het offensief te gaan	menyerang	[mənjeraŋ]
terugtrekking (de)	pengunduran	[peŋunduran]
zich terugtrekken (ww)	mundur	[mundur]
omsingeling (de)	pengepungan	[peŋepuŋan]
omsingelen (ww)	mengepung	[məŋepuŋ]
bombardement (het)	pengeboman	[peŋeboman]
een bom gooien	menjatuhkan bom	[məndʒʲatuhkan bom]
bombarderen (ww)	mengebom	[məŋebom]
ontploffing (de)	ledakan	[ledakan]
schot (het)	tembakan	[tembakan]

| een schot lossen | melepaskan | [melepaskan] |
| schieten (het) | penembakan | [penembakan] |

mikken op (ww)	membidik	[membidi?]
aanleggen (een wapen ~)	mengarahkan	[məŋarahkan]
treffen (doelwit ~)	mengenai	[məŋenaj]

zinken (tot zinken brengen)	menenggelamkan	[mənəŋgelamkan]
kogelgat (het)	lubang	[lubaŋ]
zinken (gezonken zijn)	karam	[karam]

front (het)	garis depan	[garis depan]
evacuatie (de)	evakuasi	[evakuasi]
evacueren (ww)	mengevakuasi	[məŋevakuasi]

loopgraaf (de)	parit perlindungan	[parit pərlinduŋan]
prikkeldraad (de)	kawat berduri	[kawat bərduri]
verdedigingsobstakel (het)	rintangan	[rintaŋan]
wachttoren (de)	menara	[mənara]

hospitaal (het)	rumah sakit militer	[rumah sakit militer]
verwonden (ww)	melukai	[melukaj]
wond (de)	luka	[luka]
gewonde (de)	korban luka	[korban luka]
gewond raken (ww)	terluka	[tərluka]
ernstig (~e wond)	parah	[parah]

185. Oorlog. Militaire acties. Deel 2

krijgsgevangenschap (de)	tawanan	[tawanan]
krijgsgevangen nemen	menawan	[mənawan]
krijgsgevangene zijn	ditawan	[ditawan]
krijgsgevangen genomen worden	tertawan	[tərtawan]

concentratiekamp (het)	kamp konsentrasi	[kamp konsentrasi]
krijgsgevangene (de)	tawanan perang	[tawanan peraŋ]
vluchten (ww)	melarikan diri	[melarikan diri]

verraden (ww)	mengkhianati	[məŋhianati]
verrader (de)	pengkhianat	[peŋhianat]
verraad (het)	pengkhianatan	[peŋhianatan]

| fusilleren (executeren) | mengeksekusi | [məŋeksekusi] |
| executie (de) | eksekusi | [eksekusi] |

uitrusting (de)	perlengkapan	[pərleŋkapan]
schouderstuk (het)	epolet	[epolet]
gasmasker (het)	masker gas	[masker gas]

portofoon (de)	pemancar radio	[pemantʃar radio]
geheime code (de)	kode	[kode]
samenzwering (de)	kerahasiaan	[kerahasia?an]
wachtwoord (het)	kata sandi	[kata sandi]

mijn (landmijn)	ranjau darat	[randʒ'au darat]
ondermijnen (legden mijnen)	memasang ranjau	[memasaŋ randʒ'au]
mijnenveld (het)	padang yang dipenuhi ranjau	[padaŋ yaŋ dipenuhi randʒ'au]
luchtalarm (het)	peringatan serangan udara	[pəriŋatan seraŋan udara]
alarm (het)	alarm serangan udara	[alarm seraŋan udara]
signaal (het)	sinyal	[sinjal]
vuurpijl (de)	roket sinyal	[roket sinjal]
staf (generale ~)	markas	[markas]
verkenningstocht (de)	pengintaian	[peŋintajan]
toestand (de)	keadaan	[keada'an]
rapport (het)	laporan	[laporan]
hinderlaag (de)	penyergapan	[penjergapan]
versterking (de)	bala bantuan	[bala bantuan]
doel (bewegend ~)	sasaran	[sasaran]
proefterrein (het)	lapangan tembak	[lapaŋan temba']
manoeuvres (mv.)	latihan perang	[latihan pəraŋ]
paniek (de)	panik	[pani']
verwoesting (de)	pengrusakan	[peŋrusakan]
verwoestingen (mv.)	penghancuran	[peŋhantʃuran]
verwoesten (ww)	menghancurkan	[məŋhantʃurkan]
overleven (ww)	menyintas	[mənjintas]
ontwapenen (ww)	melucuti	[melutʃuti]
behandelen (een pistool ~)	mengendalikan	[məŋendalikan]
Geeft acht!	Siap!	[siap!]
Op de plaats rust!	Istirahat di tempat!	[istirahat di tempat!]
heldendaad (de)	keberanian	[keberanian]
eed (de)	sumpah	[sumpah]
zweren (een eed doen)	bersumpah	[bərsumpah]
decoratie (de)	anugerah	[anugerah]
onderscheiden (een ereteken geven)	menganugerahi	[məŋanugerahi]
medaille (de)	medali	[medali]
orde (de)	bintang kehormatan	[bintaŋ kehormatan]
overwinning (de)	kemenangan	[kemenaŋan]
verlies (het)	kekalahan	[kekalahan]
wapenstilstand (de)	gencatan senjata	[gentʃatan sendʒ'ata]
wimpel (vaandel)	bendera	[bendera]
roem (de)	kehormatan	[kehormatan]
parade (de)	parade	[parade]
marcheren (ww)	berbaris	[bərbaris]

186. Wapens

| wapens (mv.) | senjata | [sendʒ'ata] |
| vuurwapens (mv.) | senjata api | [sendʒ'ata api] |

koude wapens (mv.)	sejata tajam	[sedʒịata tadʒịam]
chemische wapens (mv.)	senjata kimia	[sendʒịata kimia]
kern-, nucleair (bn)	nuklir	[nuklir]
kernwapens (mv.)	senjata nuklir	[sendʒịata nuklir]

| bom (de) | bom | [bom] |
| atoombom (de) | bom atom | [bom atom] |

pistool (het)	pistol	[pistol]
geweer (het)	senapan	[senapan]
machinepistool (het)	senapan otomatis	[senapan otomatis]
machinegeweer (het)	senapan mesin	[senapan mesin]

loop (schietbuis)	moncong	[montʃoŋ]
loop (bijv. geweer met kortere ~)	laras	[laras]
kaliber (het)	kaliber	[kaliber]

trekker (de)	pelatuk	[pelatuʔ]
korrel (de)	pembidik	[pembidiʔ]
magazijn (het)	magasin	[magasin]
geweerkolf (de)	pantat senapan	[pantat senapan]

| granaat (handgranaat) | granat tangan | [granat taŋan] |
| explosieven (mv.) | bahan peledak | [bahan peledaʔ] |

kogel (de)	peluru	[peluru]
patroon (de)	patrun	[patrun]
lading (de)	isian	[isian]
ammunitie (de)	amunisi	[amunisi]

bommenwerper (de)	pesawat pengebom	[pesawat peŋebom]
straaljager (de)	pesawat pemburu	[pesawat pemburu]
helikopter (de)	helikopter	[helikopter]

afweergeschut (het)	meriam penangkis serangan udara	[meriam penaŋkis seraŋan udara]
tank (de)	tank	[tanʔ]
kanon (tank met een ~ van 76 mm)	meriam tank	[meriam tanʔ]

artillerie (de)	artileri	[artileri]
kanon (het)	meriam	[meriam]
aanleggen (een wapen ~)	mengarahkan	[məŋarahkan]

projectiel (het)	peluru	[peluru]
mortiergranaat (de)	peluru mortir	[peluru mortir]
mortier (de)	mortir	[mortir]
granaatscherf (de)	serpihan	[serpihan]

duikboot (de)	kapal selam	[kapal selam]
torpedo (de)	torpedo	[torpedo]
raket (de)	rudal	[rudal]

| laden (geweer, kanon) | mengisi | [məŋisi] |
| schieten (ww) | menembak | [mənembaʔ] |

| richten op (mikken) | membidik | [membidi'] |
| bajonet (de) | bayonet | [bajonet] |

degen (de)	pedang rapier	[pedaŋ rapier]
sabel (de)	pedang saber	[pedaŋ saber]
speer (de)	lembing	[lembiŋ]
boog (de)	busur panah	[busur panah]
pijl (de)	anak panah	[ana' panah]
musket (de)	senapan lantak	[senapan lanta']
kruisboog (de)	busur silang	[busur silaŋ]

187. Oude mensen

primitief (bn)	primitif	[primitif]
voorhistorisch (bn)	prasejarah	[prasedʒ'arah]
eeuwenoude (~ beschaving)	kuno	[kuno]

Steentijd (de)	Zaman Batu	[zaman batu]
Bronstijd (de)	Zaman Perunggu	[zaman pəruŋgu]
IJstijd (de)	Zaman Es	[zaman es]

stam (de)	suku	[suku]
menseneter (de)	kanibal	[kanibal]
jager (de)	pemburu	[pemburu]
jagen (ww)	berburu	[bərburu]
mammoet (de)	mamut	[mamut]

grot (de)	gua	[gua]
vuur (het)	api	[api]
kampvuur (het)	api unggun	[api uŋgun]
rotstekening (de)	lukisan gua	[lukisan gua]

werkinstrument (het)	alat kerja	[alat kerdʒ'a]
speer (de)	tombak	[tomba']
stenen bijl (de)	kapak batu	[kapa' batu]
oorlog voeren (ww)	berperang	[bərperaŋ]
temmen (bijv. wolf ~)	menjinakkan	[məndʒina'kan]

idool (het)	berhala	[bərhala]
aanbidden (ww)	memuja	[memudʒ'a]
bijgeloof (het)	takhayul	[tahajul]
ritueel (het)	upacara	[upatʃara]

evolutie (de)	evolusi	[evolusi]
ontwikkeling (de)	perkembangan	[pərkembaŋan]
verdwijning (de)	kehilangan	[kehilaŋan]
zich aanpassen (ww)	menyesuaikan diri	[mənjesuajkan diri]

archeologie (de)	arkeologi	[arkeologi]
archeoloog (de)	arkeolog	[arkeolog]
archeologisch (bn)	arkeologis	[arkeologis]

| opgravingsplaats (de) | situs ekskavasi | [situs ekskavasi] |
| opgravingen (mv.) | ekskavasi | [ekskavasi] |

| vondst (de) | penemuan | [penemuan] |
| fragment (het) | fragmen | [fragmen] |

188. Middeleeuwen

volk (het)	rakyat	[rakjat]
volkeren (mv.)	bangsa-bangsa	[baŋsa-baŋsa]
stam (de)	suku	[suku]
stammen (mv.)	suku-suku	[suku-suku]

barbaren (mv.)	kaum barbar	[kaum barbar]
Galliërs (mv.)	kaum Gaul	[kaum gaul]
Goten (mv.)	kaum Goth	[kaum got]
Slaven (mv.)	kaum Slavia	[kaum slavia]
Vikings (mv.)	kaum Viking	[kaum vikiŋ]

| Romeinen (mv.) | kaum Roma | [kaum roma] |
| Romeins (bn) | Romawi | [romawi] |

Byzantijnen (mv.)	kaum Byzantium	[kaum bizantium]
Byzantium (het)	Byzantium	[bizantium]
Byzantijns (bn)	Byzantium	[bizantium]

keizer (bijv. Romeinse ~)	kaisar	[kajsar]
opperhoofd (het)	pemimpin	[pemimpin]
machtig (bn)	adikuasa, berkuasa	[adikuasa], [bɘrkuasa]
koning (de)	raja	[radʒʲa]
heerser (de)	penguasa	[peŋuasa]

ridder (de)	ksatria	[ksatria]
feodaal (de)	tuan	[tuan]
feodaal (bn)	feodal	[feodal]
vazal (de)	vasal	[vasal]

hertog (de)	duke	[duke]
graaf (de)	earl	[earl]
baron (de)	baron	[baron]
bisschop (de)	uskup	[uskup]

harnas (het)	baju besi	[badʒʲu besi]
schild (het)	perisai	[pɘrisaj]
zwaard (het)	pedang	[pedaŋ]
vizier (het)	visor, topeng besi	[visor], [topeŋ besi]
maliënkolder (de)	baju zirah	[badʒʲu zirah]

| kruistocht (de) | Perang Salib | [pɘraŋ salib] |
| kruisvaarder (de) | kaum salib | [kaum salib] |

gebied (bijv. bezette ~en)	wilayah	[wilajah]
aanvallen (binnenvallen)	menyerang	[mɘnjeraŋ]
veroveren (ww)	menaklukkan	[mɘnakluˀkan]
innemen (binnenvallen)	menduduki	[mɘnduduki]
bezetting (de)	kepungan	[kepuŋan]
bezet (bn)	terkepung	[tɘrkepuŋ]

belegeren (ww)	mengepung	[məŋepuŋ]
inquisitie (de)	inkuisisi	[inkuisisi]
inquisiteur (de)	inkuisitor	[inkuisitor]
foltering (de)	siksaan	[siksaʔan]
wreed (bn)	kejam	[kedʒʲam]
ketter (de)	penganut bidah	[peŋanut bidah]
ketterij (de)	bidah	[bidah]

zeevaart (de)	pelayaran laut	[pelajaran laut]
piraat (de)	bajak laut	[badʒʲaʔ laut]
piraterij (de)	pembajakan	[pembadʒʲakan]
enteren (het)	serangan terhadap kapal dari dekat	[seraŋan terhadap kapal dari dekat]
buit (de)	rampasan	[rampasan]
schatten (mv.)	harta karun	[harta karun]

ontdekking (de)	penemuan	[penemuan]
ontdekken (bijv. nieuw land)	menemukan	[mənemukan]
expeditie (de)	ekspedisi	[ekspedisi]

musketier (de)	musketir	[musketir]
kardinaal (de)	kardinal	[kardinal]
heraldiek (de)	heraldik	[heraldiʔ]
heraldisch (bn)	heraldik	[heraldiʔ]

189. Leider. Baas. Autoriteiten

koning (de)	raja	[radʒʲa]
koningin (de)	ratu	[ratu]
koninklijk (bn)	kerajaan, raja	[keradʒʲaʔan], [radʒʲa]
koninkrijk (het)	kerajaan	[keradʒʲaʔan]

| prins (de) | pangeran | [paŋeran] |
| prinses (de) | putri | [putri] |

president (de)	presiden	[presiden]
vicepresident (de)	wakil presiden	[wakil presiden]
senator (de)	senator	[senator]

monarch (de)	monark	[monarʔ]
heerser (de)	penguasa	[peŋuasa]
dictator (de)	diktator	[diktator]
tiran (de)	tiran	[tiran]
magnaat (de)	magnat	[magnat]

directeur (de)	direktur	[direktur]
chef (de)	atasan	[atasan]
beheerder (de)	manajer	[manadʒʲer]
baas (de)	bos	[bos]
eigenaar (de)	pemilik	[pemiliʔ]

| leider (de) | pemimpin | [pemimpin] |
| hoofd (bijv. ~ van de delegatie) | kepala | [kepala] |

autoriteiten (mv.)	pihak berwenang	[piha? bərwenaŋ]
superieuren (mv.)	atasan	[atasan]

gouverneur (de)	gabernur	[gabernur]
consul (de)	konsul	[konsul]
diplomaat (de)	diplomat	[diplomat]
burgemeester (de)	walikota	[walikota]
sheriff (de)	sheriff	[ʃeriff]

keizer (bijv. Romeinse ~)	kaisar	[kajsar]
tsaar (de)	tsar, raja	[tsar], [radʒ'a]
farao (de)	firaun	[firaun]
kan (de)	khan	[han]

190. Weg. Weg. Routebeschrijving

weg (de)	jalan	[dʒ'alan]
route (de kortste ~)	jalan	[dʒ'alan]

autoweg (de)	jalan raya	[dʒ'alan raja]
snelweg (de)	jalan raya	[dʒ'alan raja]
rijksweg (de)	jalan nasional	[dʒ'alan nasional]

hoofdweg (de)	jalan utama	[dʒ'alan utama]
landweg (de)	jalan tanah	[dʒ'alan tanah]

pad (het)	jalan setapak	[dʒ'alan setapa?]
paadje (het)	jalan setapak	[dʒ'alan setapa?]

Waar?	Di mana?	[di mana?]
Waarheen?	Ke mana?	[ke mana?]
Waaruit?	Dari mana?	[dari mana?]

richting (de)	arah	[arah]
aanwijzen (de weg ~)	menunjuk	[mənundʒ'u?]

naar links (bw)	ke kiri	[ke kiri]
naar rechts (bw)	ke kanan	[ke kanan]
rechtdoor (bw)	terus lurus	[terus lurus]
terug (bijv. ~ keren)	balik	[bali?]

bocht (de)	tikungan	[tikuŋan]
afslaan (naar rechts ~)	membelok	[membelo?]
U-bocht maken (ww)	memutar arah	[memutar arah]

zichtbaar worden (ww)	kelihatan	[kelihatan]
verschijnen (in zicht komen)	muncul	[munʧul]

stop (korte onderbreking)	perhentian	[pərhentian]
zich verpozen (uitrusten)	beristirahat	[bəristirahat]
rust (de)	istirahat	[istirahat]

verdwalen (de weg kwijt zijn)	tersesat	[tərsesat]
leiden naar ... (de weg)	menuju ...	[mənudʒ'u ...]

| bereiken (ergens aankomen) | sampai | [sampaj] |
| deel (~ van de weg) | trayek | [trae'] |

asfalt (het)	aspal	[aspal]
trottoirband (de)	kerb jalan	[kerb dʒ¦alan]
greppel (de)	parit	[parit]
putdeksel (het)	lubang penutup jalan	[lubaŋ penutup dʒ¦alan]
vluchtstrook (de)	bahu jalan	[bahu dʒ¦alan]
kuil (de)	lubang	[lubaŋ]

| gaan (te voet) | berjalan | [bərdʒ¦alan] |
| inhalen (voorbijgaan) | mendahului | [məndahului] |

| stap (de) | langkah | [laŋkah] |
| te voet (bw) | berjalan kaki | [bərdʒ¦alan kaki] |

blokkeren (de weg ~)	merintangi	[merintaŋi]
slagboom (de)	palang jalan	[palaŋ dʒ¦alan]
doodlopende straat (de)	jalan buntu	[dʒ¦alan buntu]

191. De wet overtreden. Criminelen. Deel 1

bandiet (de)	bandit	[bandit]
misdaad (de)	kejahatan	[kedʒ¦ahatan]
misdadiger (de)	penjahat	[pendʒ¦ahat]

dief (de)	pencuri	[pentʃuri]
stelen (ww)	mencuri	[məntʃuri]
stelen, diefstal (de)	pencurian	[pentʃurian]

kidnappen (ww)	menculik	[məntʃuli']
kidnapping (de)	penculikan	[pentʃulikan]
kidnapper (de)	penculik	[pentʃuli']

| losgeld (het) | uang tebusan | [uaŋ tebusan] |
| eisen losgeld (ww) | menuntut uang tebusan | [mənuntut uaŋ tebusan] |

overvallen (ww)	merampok	[merampo']
overval (de)	perampokan	[pərampokan]
overvaller (de)	perampok	[pərampo']

afpersen (ww)	memeras	[memeras]
afperser (de)	pemeras	[pemeras]
afpersing (de)	pemerasan	[pemerasan]

vermoorden (ww)	membunuh	[membunuh]
moord (de)	pembunuhan	[pembunuhan]
moordenaar (de)	pembunuh	[pembunuh]

schot (het)	tembakan	[tembakan]
een schot lossen	melepaskan	[melepaskan]
neerschieten (ww)	menemba mati	[mənemba' mati]
schieten (ww)	menembak	[mənemba']
schieten (het)	penembakan	[penembakan]

ongeluk (gevecht, enz.)	insiden, kejadian	[insiden], [kedʒɨadian]
gevecht (het)	perkelahian	[perkelahian]
Help!	Tolong!	[toloŋ!]
slachtoffer (het)	korban	[korban]

beschadigen (ww)	merusak	[merusaʔ]
schade (de)	kerusakan	[kerusakan]
lijk (het)	jenazah, mayat	[dʒɨenazah], [majat]
zwaar (~ misdrijf)	berat	[berat]

aanvallen (ww)	menyerang	[mənjeraŋ]
slaan (iemand ~)	memukul	[memukul]
in elkaar slaan (toetakelen)	memukuli	[memukuli]
ontnemen (beroven)	merebut	[merebut]
steken (met een mes)	menikam mati	[mənikam mati]
verminken (ww)	mencederai	[məntʃederaj]
verwonden (ww)	melukai	[melukaj]

chantage (de)	pemerasan	[pemerasan]
chanteren (ww)	memeras	[memeras]
chanteur (de)	pemeras	[pemeras]

afpersing (de)	pemerasan	[pemerasan]
afperser (de)	pemeras	[pemeras]
gangster (de)	gangster, preman	[gaŋster], [preman]
maffia (de)	mafia	[mafia]

kruimeldief (de)	pencopet	[pentʃopet]
inbreker (de)	perampok	[perampoʔ]
smokkelen (het)	penyelundupan	[penjelundupan]
smokkelaar (de)	penyelundup	[penjelundup]

namaak (de)	pemalsuan	[pemalsuan]
namaken (ww)	memalsukan	[memalsukan]
namaak-, vals (bn)	palsu	[palsu]

192. De wet overtreden. Criminelen. Deel 2

verkrachting (de)	pemerkosaan	[pemerkosaʔan]
verkrachten (ww)	memerkosa	[memerkosa]
verkrachter (de)	pemerkosa	[pemerkosa]
maniak (de)	maniak	[maniaʔ]

prostituee (de)	pelacur	[pelatʃur]
prostitutie (de)	pelacuran	[pelatʃuran]
pooier (de)	germo	[germo]

| drugsverslaafde (de) | pecandu narkoba | [petʃandu narkoba] |
| drugshandelaar (de) | pengedar narkoba | [peŋedar narkoba] |

opblazen (ww)	meledakkan	[meledaʔkan]
explosie (de)	ledakan	[ledakan]
in brand steken (ww)	membakar	[membakar]
brandstichter (de)	pelaku pembakaran	[pelaku pembakaran]

terrorisme (het)	terorisme	[tərorisme]
terrorist (de)	teroris	[təroris]
gijzelaar (de)	sandera	[sandera]

bedriegen (ww)	menipu	[mənipu]
bedrog (het)	penipuan	[penipuan]
oplichter (de)	penipu	[penipu]

omkopen (ww)	menyuap	[mənyuap]
omkoperij (de)	penyuapan	[penyuapan]
smeergeld (het)	uang suap, suapan	[uaŋ suap], [suapan]

vergif (het)	racun	[ratʃun]
vergiftigen (ww)	meracuni	[meratʃuni]
vergif innemen (ww)	meracuni diri sendiri	[meratʃuni diri sendiri]

| zelfmoord (de) | bunuh diri | [bunuh diri] |
| zelfmoordenaar (de) | pelaku bunuh diri | [pelaku bunuh diri] |

bedreigen (bijv. met een pistool)	mengancam	[məŋantʃam]
bedreiging (de)	ancaman	[antʃaman]
een aanslag plegen	melakukan percobaan pembunuhan	[melakukan pərtʃoba'an pembunuhan]
aanslag (de)	percobaan pembunuhan	[pərtʃoba'an pembunuhan]

| stelen (een auto) | mencuri | [məntʃuri] |
| kapen (een vliegtuig) | membajak | [membadʒˈa'] |

| wraak (de) | dendam | [dendam] |
| wreken (ww) | membalas dendam | [membalas dendam] |

martelen (gevangenen)	menyiksa	[mənjiksa]
foltering (de)	siksaan	[siksa'an]
folteren (ww)	menyiksa	[mənjiksa]

piraat (de)	bajak laut	[badʒˈa' laut]
straatschender (de)	berandal	[berandal]
gewapend (bn)	bersenjata	[bərsendʒˈata]
geweld (het)	kekerasan	[kekerasan]
onwettig (strafbaar)	ilegal	[ilegal]

| spionage (de) | spionase | [spionase] |
| spioneren (ww) | memata-matai | [memata-mataj] |

193. Politie. Wet. Deel 1

| gerecht (het) | keadilan | [keadilan] |
| gerechtshof (het) | pengadilan | [peŋadilan] |

rechter (de)	hakim	[hakim]
jury (de)	anggota juri	[aŋgota dʒˈuri]
juryrechtspraak (de)	pengadilan juri	[peɲadilan dʒˈuri]
berechten (ww)	mengadili	[məŋadili]

advocaat (de)	advokat, pengacara	[advokat], [peɲatʃara]
beklaagde (de)	terdakwa	[tərdakwa]
beklaagdenbank (de)	bangku terdakwa	[baŋku tərdakwa]
beschuldiging (de)	tuduhan	[tuduhan]
beschuldigde (de)	terdakwa	[tərdakwa]
vonnis (het)	hukuman	[hukuman]
veroordelen	menjatuhkan hukuman	[mənʤatuhkan hukuman]
(in een rechtszaak)		
schuldige (de)	bersalah	[bərsalah]
straffen (ww)	menghukum	[məŋhukum]
bestraffing (de)	hukuman	[hukuman]
boete (de)	denda	[denda]
levenslange opsluiting (de)	penjara seumur hidup	[penʤara seumur hidup]
doodstraf (de)	hukuman mati	[hukuman mati]
elektrische stoel (de)	kursi listrik	[kursi listriʔ]
schavot (het)	tiang gantungan	[tiaŋ gantuŋan]
executeren (ww)	menjalankan hukuman mati	[mənʤalankan hukuman mati]
executie (de)	hukuman mati	[hukuman mati]
gevangenis (de)	penjara	[penʤara]
cel (de)	sel	[sel]
konvooi (het)	pengawal	[peɲawal]
gevangenisbewaker (de)	sipir, penjaga penjara	[sipir], [penʤaga penʤara]
gedetineerde (de)	tahanan	[tahanan]
handboeien (mv.)	borgol	[borgol]
handboeien omdoen	memborgol	[memborgol]
ontsnapping (de)	pelarian	[pelarian]
ontsnappen (ww)	melarikan diri	[melarikan diri]
verdwijnen (ww)	menghilang	[məŋhilaŋ]
vrijlaten (uit de gevangenis)	membebaskan	[membebaskan]
amnestie (de)	amnesti	[amnesti]
politie (de)	polisi, kepolisian	[polisi], [kepolisian]
politieagent (de)	polisi	[polisi]
politiebureau (het)	kantor polisi	[kantor polisi]
knuppel (de)	pentungan karet	[pentuŋan karet]
megafoon (de)	pengeras suara	[peɲeras suara]
patrouilleerwagen (de)	mobil patroli	[mobil patroli]
sirene (de)	sirene	[sirene]
de sirene aansteken	membunyikan sirene	[membunjikan sirene]
geloei (het) van de sirene	suara sirene	[suara sirene]
plaats delict (de)	tempat kejadian perkara	[tempat keʤadian pərkara]
getuige (de)	saksi	[saksi]
vrijheid (de)	kebebasan	[kebebasan]
handlanger (de)	kaki tangan	[kaki taŋan]

| ontvluchten (ww) | melarikan diri | [melarikan diri] |
| spoor (het) | jejak | [dʒ¹edʒ¹aʔ] |

194. Politie. Wet. Deel 2

opsporing (de)	pencarian	[pentʃarian]
opsporen (ww)	mencari ...	[mentʃari ...]
verdenking (de)	kecurigaan	[ketʃurigaʔan]
verdacht (bn)	mencurigakan	[mentʃurigakan]
aanhouden (stoppen)	menghentikan	[məŋhentikan]
tegenhouden (ww)	menahan	[mənahan]

strafzaak (de)	kasus, perkara	[kasus], [pərkara]
onderzoek (het)	investigasi, penyidikan	[investigasi], [penjidikan]
detective (de)	detektif	[detektif]
onderzoeksrechter (de)	penyidik	[penjidiʔ]
versie (de)	hipotesis	[hipotesis]

motief (het)	motif	[motif]
verhoor (het)	interogasi	[interogasi]
ondervragen (door de politie)	menginterogasi	[məŋinterogasi]
ondervragen (omstanders ~)	menanyai	[mənanjaj]
controle (de)	pemeriksaan	[pemeriksaʔan]

razzia (de)	razia	[razia]
huiszoeking (de)	penggeledahan	[peŋgeledahan]
achtervolging (de)	pengejaran, perburuan	[peŋedʒ¹aran], [pərburuan]
achtervolgen (ww)	mengejar	[məŋedʒ¹ar]
opsporen (ww)	melacak	[melatʃaʔ]

arrest (het)	penahanan	[penahanan]
arresteren (ww)	menahan	[mənahan]
vangen, aanhouden (een dief, enz.)	menangkap	[mənaŋkap]
aanhouding (de)	penangkapan	[penaŋkapan]

document (het)	dokumen	[dokumen]
bewijs (het)	bukti	[bukti]
bewijzen (ww)	membuktikan	[membuktikan]
voetspoor (het)	jejak	[dʒ¹edʒ¹aʔ]
vingerafdrukken (mv.)	sidik jari	[sidiʔ dʒ¹ari]
bewijs (het)	barang bukti	[baraŋ bukti]

alibi (het)	alibi	[alibi]
onschuldig (bn)	tidak bersalah	[tidaʔ bərsalah]
onrecht (het)	ketidakadilan	[ketidakadilan]
onrechtvaardig (bn)	tidak adil	[tidaʔ adil]

crimineel (bn)	pidana	[pidana]
confisqueren (in beslag nemen)	menyita	[mənjita]
drug (de)	narkoba	[narkoba]
wapen (het)	senjata	[sendʒ¹ata]
ontwapenen (ww)	melucuti	[melutʃuti]

bevelen (ww)	memerintahkan	[memerintahkan]
verdwijnen (ww)	menghilang	[məŋhilaŋ]
wet (de)	hukum	[hukum]
wettelijk (bn)	sah	[sah]
onwettelijk (bn)	tidak sah	[tida' sah]
verantwoordelijkheid (de)	tanggung jawab	[taŋguŋ dʒⁱawab]
verantwoordelijk (bn)	bertanggung jawab	[bərtaŋguŋ dʒⁱawab]

NATUUR

De Aarde. Deel 1

195. De kosmische ruimte

kosmos (de)	angkasa	[aŋkasa]
kosmisch (bn)	angkasa	[aŋkasa]
kosmische ruimte (de)	ruang angkasa	[ruaŋ aŋkasa]
wereld (de)	dunia	[dunia]
heelal (het)	jagat raya	[dʒ'agat raja]
sterrenstelsel (het)	galaksi	[galaksi]
ster (de)	bintang	[bintaŋ]
sterrenbeeld (het)	gugusan bintang	[gugusan bintaŋ]
planeet (de)	planet	[planet]
satelliet (de)	satelit	[satelit]
meteoriet (de)	meteorit	[meteorit]
komeet (de)	komet	[komet]
asteroïde (de)	asteroid	[asteroid]
baan (de)	orbit	[orbit]
draaien (om de zon, enz.)	berputar	[bərputar]
atmosfeer (de)	atmosfer	[atmosfer]
Zon (de)	matahari	[matahari]
zonnestelsel (het)	tata surya	[tata surja]
zonsverduistering (de)	gerhana matahari	[gerhana matahari]
Aarde (de)	**Bumi**	[bumi]
Maan (de)	**Bulan**	[bulan]
Mars (de)	**Mars**	[mars]
Venus (de)	**Venus**	[venus]
Jupiter (de)	**Yupiter**	[yupiter]
Saturnus (de)	**Saturnus**	[saturnus]
Mercurius (de)	**Merkurius**	[merkurius]
Uranus (de)	**Uranus**	[uranus]
Neptunus (de)	**Neptunus**	[neptunus]
Pluto (de)	**Pluto**	[pluto]
Melkweg (de)	**Bimasakti**	[bimasakti]
Grote Beer (de)	**Ursa Major**	[ursa madʒor]
Poolster (de)	**Bintang Utara**	[bintaŋ utara]
marsmannetje (het)	**makhluk Mars**	[mahlu' mars]
buitenaards wezen (het)	**makhluk ruang angkasa**	[mahlu' ruaŋ aŋkasa]

bovenaards (het)	alien, makhluk asing	[alien], [mahlu' asiŋ]
vliegende schotel (de)	piring terbang	[piriŋ tərbaŋ]
ruimtevaartuig (het)	kapal antariksa	[kapal antariksa]
ruimtestation (het)	stasiun antariksa	[stasiun antariksa]
start (de)	peluncuran	[peluntʃuran]
motor (de)	mesin	[mesin]
straalpijp (de)	nosel	[nosel]
brandstof (de)	bahan bakar	[bahan bakar]
cabine (de)	kokpit	[kokpit]
antenne (de)	antena	[antena]
patrijspoort (de)	jendela	[dʒˈendela]
zonnebatterij (de)	sel surya	[sel surja]
ruimtepak (het)	pakaian antariksa	[pakajan antariksa]
gewichtloosheid (de)	keadaan tanpa bobot	[keada'an tanpa bobot]
zuurstof (de)	oksigen	[oksigen]
koppeling (de)	penggabungan	[peŋgabuŋan]
koppeling maken	bergabung	[bərgabuŋ]
observatorium (het)	observatorium	[observatorium]
telescoop (de)	teleskop	[teleskop]
waarnemen (ww)	mengamati	[məŋamati]
exploreren (ww)	mengeksplorasi	[məŋeksplorasi]

196. De Aarde

Aarde (de)	Bumi	[bumi]
aardbol (de)	bola Bumi	[bola bumi]
planeet (de)	planet	[planet]
atmosfeer (de)	atmosfer	[atmosfer]
aardrijkskunde (de)	geografi	[geografi]
natuur (de)	alam	[alam]
wereldbol (de)	globe	[globe]
kaart (de)	peta	[peta]
atlas (de)	atlas	[atlas]
Europa (het)	Eropa	[eropa]
Azië (het)	Asia	[asia]
Afrika (het)	Afrika	[afrika]
Australië (het)	Australia	[australia]
Amerika (het)	Amerika	[amerika]
Noord-Amerika (het)	Amerika Utara	[amerika utara]
Zuid-Amerika (het)	Amerika Selatan	[amerika selatan]
Antarctica (het)	Antartika	[antartika]
Arctis (de)	Arktika	[arktika]

197. Windrichtingen

noorden (het)	utara	[utara]
naar het noorden	ke utara	[ke utara]
in het noorden	di utara	[di utara]
noordelijk (bn)	utara	[utara]

zuiden (het)	selatan	[selatan]
naar het zuiden	ke selatan	[ke selatan]
in het zuiden	di selatan	[di selatan]
zuidelijk (bn)	selatan	[selatan]

westen (het)	barat	[barat]
naar het westen	ke barat	[ke barat]
in het westen	di barat	[di barat]
westelijk (bn)	barat	[barat]

oosten (het)	timur	[timur]
naar het oosten	ke timur	[ke timur]
in het oosten	di timur	[di timur]
oostelijk (bn)	timur	[timur]

198. Zee. Oceaan

zee (de)	laut	[laut]
oceaan (de)	samudra	[samudra]
golf (baai)	teluk	[telu']
straat (de)	selat	[selat]

| grond (vaste grond) | daratan | [daratan] |
| continent (het) | benua | [benua] |

eiland (het)	pulau	[pulau]
schiereiland (het)	semenanjung, jazirah	[semenandʒiuŋ], [dʒiazirah]
archipel (de)	kepulauan	[kepulauan]

baai, bocht (de)	teluk	[telu']
haven (de)	pelabuhan	[pelabuhan]
lagune (de)	laguna	[laguna]
kaap (de)	tanjung	[tandʒiuŋ]

atol (de)	pulau karang	[pulau karaŋ]
rif (het)	terumbu	[terumbu]
koraal (het)	karang	[karaŋ]
koraalrif (het)	terumbu karang	[terumbu karaŋ]

diep (bn)	dalam	[dalam]
diepte (de)	kedalaman	[kedalaman]
diepzee (de)	jurang	[dʒiuraŋ]
trog (bijv. Marianentrog)	palung	[paluŋ]

| stroming (de) | arus | [arus] |
| omspoelen (ww) | berbatasan dengan | [berbatasan deŋan] |

| oever (de) | pantai | [pantaj] |
| kust (de) | pantai | [pantaj] |

vloed (de)	air pasang	[air pasaŋ]
eb (de)	air surut	[air surut]
ondiepte (ondiep water)	beting	[betiŋ]
bodem (de)	dasar	[dasar]

golf (hoge ~)	gelombang	[gelombaŋ]
golfkam (de)	puncak gelombang	[puntʃaʔ gelombaŋ]
schuim (het)	busa, buih	[busa], [buih]

storm (de)	badai	[badaj]
orkaan (de)	topan	[topan]
tsunami (de)	tsunami	[tsunami]
windstilte (de)	angin tenang	[aŋin tenaŋ]
kalm (bijv. ~e zee)	tenang	[tenaŋ]

| pool (de) | kutub | [kutub] |
| polair (bn) | kutub | [kutub] |

breedtegraad (de)	lintang	[lintaŋ]
lengtegraad (de)	garis bujur	[garis budʒ'ur]
parallel (de)	sejajar	[sedʒ'adʒ'ar]
evenaar (de)	khatulistiwa	[hatulistiwa]

hemel (de)	langit	[laŋit]
horizon (de)	horizon	[horizon]
lucht (de)	udara	[udara]

vuurtoren (de)	mercusuar	[mertʃusuar]
duiken (ww)	menyelam	[mənjelam]
zinken (ov. een boot)	karam	[karam]
schatten (mv.)	harta karun	[harta karun]

199. Namen van zeeën en oceanen

Atlantische Oceaan (de)	Samudra Atlantik	[samudra atlantiʔ]
Indische Oceaan (de)	Samudra Hindia	[samudra hindia]
Stille Oceaan (de)	Samudra Pasifik	[samudra pasifiʔ]
Noordelijke IJszee (de)	Samudra Arktik	[samudra arktiʔ]

Zwarte Zee (de)	Laut Hitam	[laut hitam]
Rode Zee (de)	Laut Merah	[laut merah]
Gele Zee (de)	Laut Kuning	[laut kuniŋ]
Witte Zee (de)	Laut Putih	[laut putih]

Kaspische Zee (de)	Laut Kaspia	[laut kaspia]
Dode Zee (de)	Laut Mati	[laut mati]
Middellandse Zee (de)	Laut Tengah	[laut teŋah]

Egeïsche Zee (de)	Laut Aegean	[laut aegean]
Adriatische Zee (de)	Laut Adriatik	[laut adriatiʔ]
Arabische Zee (de)	Laut Arab	[laut arab]

Japanse Zee (de)	Laut Jepang	[laut dʒ'epaŋ]
Beringzee (de)	Laut Bering	[laut beriŋ]
Zuid-Chinese Zee (de)	Laut Cina Selatan	[laut tʃina selatan]

Koraalzee (de)	Laut Karang	[laut karaŋ]
Tasmanzee (de)	Laut Tasmania	[laut tasmania]
Caribische Zee (de)	Laut Karibia	[laut karibia]

| Barentszzee (de) | Laut Barents | [laut barents] |
| Karische Zee (de) | Laut Kara | [laut kara] |

Noordzee (de)	Laut Utara	[laut utara]
Baltische Zee (de)	Laut Baltik	[laut balti']
Noorse Zee (de)	Laut Norwegia	[laut norwegia]

200. Bergen

berg (de)	gunung	[gunuŋ]
bergketen (de)	jajaran gunung	[dʒ'adʒ'aran gunuŋ]
gebergte (het)	sisir gunung	[sisir gunuŋ]

bergtop (de)	puncak	[puntʃa']
bergpiek (de)	puncak	[puntʃa']
voet (ov. de berg)	kaki	[kaki]
helling (de)	lereng	[lereŋ]

vulkaan (de)	gunung api	[gunuŋ api]
actieve vulkaan (de)	gunung api yang aktif	[gunuŋ api yaŋ aktif]
uitgedoofde vulkaan (de)	gunung api yang tidak aktif	[gunuŋ api yaŋ tida' aktif]

uitbarsting (de)	erupsi, letusan	[erupsi], [letusan]
krater (de)	kawah	[kawah]
magma (het)	magma	[magma]
lava (de)	lava, lahar	[lava], [lahar]
gloeiend (~e lava)	pijar	[pidʒ'ar]

kloof (canyon)	kanyon	[kanjon]
bergkloof (de)	jurang	[dʒ'uraŋ]
spleet (de)	celah	[tʃelah]
afgrond (de)	jurang	[dʒ'uraŋ]

bergpas (de)	pass, celah	[pass], [tʃelah]
plateau (het)	plato, dataran tinggi	[plato], [dataran tiŋgi]
klip (de)	tebing	[tebiŋ]
heuvel (de)	bukit	[bukit]

gletsjer (de)	gletser	[gletser]
waterval (de)	air terjun	[air terdʒ'un]
geiser (de)	geiser	[geyser]
meer (het)	danau	[danau]

vlakte (de)	dataran	[dataran]
landschap (het)	landskap	[landskap]
echo (de)	gema	[gema]

alpinist (de)	pendaki gunung	[pendaki gunuŋ]
bergbeklimmer (de)	pemanjat tebing	[pemandʒʲat tebiŋ]
trotseren (berg ~)	menaklukkan	[mənakluʔkan]
beklimming (de)	pendakian	[pendakian]

201. Bergen namen

Alpen (de)	Alpen	[alpen]
Mont Blanc (de)	Mont Blanc	[mon blan]
Pyreneeën (de)	Pirenia	[pirenia]

Karpaten (de)	Pegunungan Karpatia	[pegunuŋan karpatia]
Oeralgebergte (het)	Pegunungan Ural	[pegunuŋan ural]
Kaukasus (de)	Kaukasus	[kaukasus]
Elbroes (de)	Elbrus	[elbrus]

Altaj (de)	Altai	[altaj]
Tiensjan (de)	Tien Shan	[tjen ʃan]
Pamir (de)	Pegunungan Pamir	[pegunuŋan pamir]
Himalaya (de)	Himalaya	[himalaja]
Everest (de)	Everest	[everest]

| Andes (de) | Andes | [andes] |
| Kilimanjaro (de) | Kilimanjaro | [kilimandʒʲaro] |

202. Rivieren

rivier (de)	sungai	[suŋaj]
bron (~ van een rivier)	mata air	[mata air]
rivierbedding (de)	badan sungai	[badan suŋaj]
rivierbekken (het)	basin	[basin]
uitmonden in ...	mengalir ke ...	[məŋalir ke ...]

| zijrivier (de) | anak sungai | [anaʔ suŋaj] |
| oever (de) | tebing sungai | [tebiŋ suŋaj] |

stroming (de)	arus	[arus]
stroomafwaarts (bw)	ke hilir	[ke hilir]
stroomopwaarts (bw)	ke hulu	[ke hulu]

overstroming (de)	banjir	[bandʒir]
overstroming (de)	banjir	[bandʒir]
buiten zijn oevers treden	membanjiri	[membandʒiri]
overstromen (ww)	membanjiri	[membandʒiri]

| zandbank (de) | beting | [betiŋ] |
| stroomversnelling (de) | jeram | [dʒʲeram] |

dam (de)	dam, bendungan	[dam], [benduŋan]
kanaal (het)	kanal, terusan	[kanal], [tərusan]
spaarbekken (het)	waduk	[waduʔ]
sluis (de)	pintu air	[pintu air]

waterlichaam (het)	kolam	[kolam]
moeras (het)	rawa	[rawa]
broek (het)	bencah, paya	[bentʃah], [paja]
draaikolk (de)	pusaran air	[pusaran air]
stroom (de)	selokan	[selokan]
drink- (abn)	minum	[minum]
zoet (~ water)	tawar	[tawar]
IJs (het)	es	[es]
bevriezen (rivier, enz.)	membeku	[membeku]

203. Namen van rivieren

Seine (de)	Seine	[seine]
Loire (de)	Loire	[loire]
Theems (de)	Thames	[tems]
Rijn (de)	Rein	[reyn]
Donau (de)	Donau	[donau]
Wolga (de)	Volga	[volga]
Don (de)	Don	[don]
Lena (de)	Lena	[lena]
Gele Rivier (de)	Suang Kuning	[suaŋ kuniŋ]
Blauwe Rivier (de)	Yangtze	[yaŋtze]
Mekong (de)	Mekong	[mekoŋ]
Ganges (de)	Gangga	[gaŋga]
Nijl (de)	Sungai Nil	[suŋaj nil]
Kongo (de)	Kongo	[koŋo]
Okavango (de)	Okavango	[okavaŋo]
Zambezi (de)	Zambezi	[zambezi]
Limpopo (de)	Limpopo	[limpopo]
Mississippi (de)	Mississippi	[misisipi]

204. Bos

bos (het)	hutan	[hutan]
bos- (abn)	hutan	[hutan]
oerwoud (dicht bos)	hutan lebat	[hutan lebat]
bosje (klein bos)	hutan kecil	[hutan ketʃil]
open plek (de)	pembukaan hutan	[pembuka'an hutan]
struikgewas (het)	semak belukar	[sema' belukar]
struiken (mv.)	belukar	[belukar]
paadje (het)	jalan setapak	[dʒ¦alan setapa']
ravijn (het)	parit	[parit]
boom (de)	pohon	[pohon]

| blad (het) | daun | [daun] |
| gebladerte (het) | daun-daunan | [daun-daunan] |

vallende bladeren (mv.)	daun berguguran	[daun bərguguran]
vallen (ov. de bladeren)	luruh	[luruh]
boomtop (de)	puncak	[puntʃaʔ]

tak (de)	cabang	[tʃabaŋ]
ent (de)	dahan	[dahan]
knop (de)	tunas	[tunas]
naald (de)	daun jarum	[daun dʒʲarum]
dennenappel (de)	buah pinus	[buah pinus]

boom holte (de)	lubang pohon	[lubaŋ pohon]
nest (het)	sarang	[saraŋ]
hol (het)	lubang	[lubaŋ]

stam (de)	batang	[bataŋ]
wortel (bijv. boom~s)	akar	[akar]
schors (de)	kulit	[kulit]
mos (het)	lumut	[lumut]

ontwortelen (een boom)	mencabut	[məntʃabut]
kappen (een boom ~)	menebang	[mənebaŋ]
ontbossen (ww)	deforestasi, penggundulan hutan	[deforestasi], [pəŋgundulan hutan]
stronk (de)	tunggul	[tuŋgul]

kampvuur (het)	api unggun	[api uŋgun]
bosbrand (de)	kebakaran hutan	[kebakaran hutan]
blussen (ww)	memadamkan	[memadamkan]

boswachter (de)	penjaga hutan	[pendʒʲaga hutan]
bescherming (de)	perlindungan	[pərlinduŋan]
beschermen (bijv. de natuur ~)	melindungi	[melinduŋi]
stroper (de)	pemburu ilegal	[pemburu ilegal]
val (de)	perangkap	[pəraŋkap]

| plukken (vruchten, enz.) | memetik | [memetiʔ] |
| verdwalen (de weg kwijt zijn) | tersesat | [tərsesat] |

205. Natuurlijke hulpbronnen

natuurlijke rijkdommen (mv.)	sumber daya alam	[sumber daja alam]
delfstoffen (mv.)	bahan tambang	[bahan tambaŋ]
lagen (mv.)	endapan	[endapan]
veld (bijv. olie~)	ladang	[ladaŋ]

winnen (uit erts ~)	menambang	[mənambaŋ]
winning (de)	pertambangan	[pərtambaŋan]
erts (het)	bijih	[bidʒih]
mijn (bijv. kolenmijn)	tambang	[tambaŋ]
mijnschacht (de)	sumur tambang	[sumur tambaŋ]

mijnwerker (de)	penambang	[penambaŋ]
gas (het)	gas	[gas]
gasleiding (de)	pipa saluran gas	[pipa saluran gas]

olie (aardolie)	petroleum, minyak	[petroleum], [minja']
olieleiding (de)	pipa saluran minyak	[pipa saluran minja']
oliebron (de)	sumur minyak	[sumur minja']
boortoren (de)	menara bor minyak	[mənara bor minja']
tanker (de)	kapal tangki	[kapal taŋki]

zand (het)	pasir	[pasir]
kalksteen (de)	batu kapur	[batu kapur]
grind (het)	kerikil	[kerikil]
veen (het)	gambut	[gambut]
klei (de)	tanah liat	[tanah liat]
steenkool (de)	arang	[araŋ]

IJzer (het)	besi	[besi]
goud (het)	emas	[emas]
zilver (het)	perak	[pera']
nikkel (het)	nikel	[nikel]
koper (het)	tembaga	[tembaga]

zink (het)	seng	[seŋ]
mangaan (het)	mangan	[maŋan]
kwik (het)	air raksa	[air raksa]
lood (het)	timbal	[timbal]

mineraal (het)	mineral	[mineral]
kristal (het)	kristal, hablur	[kristal], [hablur]
marmer (het)	marmer	[marmer]
uraan (het)	uranium	[uranium]

De Aarde. Deel 2

206. Weer

weer (het)	cuaca	[ʧuaʧa]
weersvoorspelling (de)	prakiraan cuaca	[prakiraʔan ʧuaʧa]
temperatuur (de)	temperatur, suhu	[temperatur], [suhu]
thermometer (de)	termometer	[termometer]
barometer (de)	barometer	[barometer]
vochtig (bn)	lembap	[lembap]
vochtigheid (de)	kelembapan	[kelembapan]
hitte (de)	panas, gerah	[panas], [gerah]
heet (bn)	panas terik	[panas teriʔ]
het is heet	panas	[panas]
het is warm	hangat	[haŋat]
warm (bn)	hangat	[haŋat]
het is koud	dingin	[diŋin]
koud (bn)	dingin	[diŋin]
zon (de)	matahari	[matahari]
schijnen (de zon)	bersinar	[bersinar]
zonnig (~e dag)	cerah	[ʧerah]
opgaan (ov. de zon)	terbit	[terbit]
ondergaan (ww)	terbenam	[terbenam]
wolk (de)	awan	[awan]
bewolkt (bn)	berawan	[berawan]
regenwolk (de)	awan mendung	[awan menduŋ]
somber (bn)	mendung	[menduŋ]
regen (de)	hujan	[hudʒian]
het regent	hujan turun	[hudʒian turun]
regenachtig (bn)	hujan	[hudʒian]
motregenen (ww)	gerimis	[gerimis]
plensbui (de)	hujan lebat	[hudʒian lebat]
stortbui (de)	hujan lebat	[hudʒian lebat]
hard (bn)	lebat	[lebat]
plas (de)	kubangan	[kubaŋan]
nat worden (ww)	kehujanan	[kehudʒianan]
mist (de)	kabut	[kabut]
mistig (bn)	berkabut	[berkabut]
sneeuw (de)	salju	[saldʒiu]
het sneeuwt	turun salju	[turun saldʒiu]

207. Zwaar weer. Natuurrampen

noodweer (storm)	hujan badai	[hudʒʲan badaj]
bliksem (de)	kilat	[kilat]
flitsen (ww)	berkilau	[bərkilau]
donder (de)	petir	[petir]
donderen (ww)	bergemuruh	[bərgemuruh]
het dondert	bergemuruh	[bərgemuruh]
hagel (de)	hujan es	[hudʒʲan es]
het hagelt	hujan es	[hudʒʲan es]
overstromen (ww)	membanjiri	[membandʒiri]
overstroming (de)	banjir	[bandʒir]
aardbeving (de)	gempa bumi	[gempa bumi]
aardschok (de)	gempa	[gempa]
epicentrum (het)	episentrum	[episentrum]
uitbarsting (de)	erupsi, letusan	[erupsi], [letusan]
lava (de)	lava, lahar	[lava], [lahar]
wervelwind (de)	puting beliung	[putiŋ beliuŋ]
windhoos (de)	tornado	[tornado]
tyfoon (de)	topan	[topan]
orkaan (de)	topan	[topan]
storm (de)	badai	[badaj]
tsunami (de)	tsunami	[tsunami]
cycloon (de)	siklon	[siklon]
onweer (het)	cuaca buruk	[tʃuatʃa buruʔ]
brand (de)	kebakaran	[kebakaran]
ramp (de)	bencana	[bentʃana]
meteoriet (de)	meteorit	[meteorit]
lawine (de)	longsor	[loŋsor]
sneeuwverschuiving (de)	salju longsor	[saldʒʲu loŋsor]
sneeuwjacht (de)	badai salju	[badaj saldʒʲu]
sneeuwstorm (de)	badai salju	[badaj saldʒʲu]

208. Geluiden. Geluiden

stilte (de)	kesunyian	[kesunjian]
geluid (het)	bunyi	[bunji]
lawaai (het)	bising	[bisiŋ]
lawaai maken (ww)	membuat bising	[membuat bisiŋ]
lawaaierig (bn)	bising	[bisiŋ]
luid (~ spreken)	keras	[keras]
luid (bijv. ~e stem)	lantang	[lantaŋ]
aanhoudend (voortdurend)	terus menerus	[terus menerus]

schreeuw (de)	teriakan	[təriakan]
schreeuwen (ww)	berteriak	[bərteria?]
gefluister (het)	bisikan	[bisikan]
fluisteren (ww)	berbisik	[bərbisi?]
geblaf (het)	salak	[sala?]
blaffen (ww)	menyalak	[mənjala?]
gekreun (het)	rintihan	[rintihan]
kreunen (ww)	merintih	[merintih]
hoest (de)	batuk	[batu?]
hoesten (ww)	batuk	[batu?]
gefluit (het)	siulan	[siulan]
fluiten (op het fluitje blazen)	bersiul	[bərsiul]
geklop (het)	ketukan	[ketukan]
kloppen (aan een deur)	mengetuk	[məŋetu?]
kraken (hout, ijs)	retak	[reta?]
gekraak (het)	gemeretak	[gemereta?]
sirene (de)	sirene	[sirene]
fluit (stoom ~)	peluit	[peluit]
fluiten (schip, trein)	membunyikan peluit	[membunjikan peluit]
toeter (de)	klakson	[klakson]
toeteren (ww)	membunyikan klakson	[membunjikan klakson]

209. Winter

winter (de)	musim dingin	[musim diŋin]
winter- (abn)	musim dingin	[musim diŋin]
in de winter (bw)	pada musim dingin	[pada musim diŋin]
sneeuw (de)	salju	[saldʒʲu]
het sneeuwt	turun salju	[turun saldʒʲu]
sneeuwval (de)	hujan salju	[hudʒʲan saldʒʲu]
sneeuwhoop (de)	timbunan salju	[timbunan saldʒʲu]
sneeuwvlok (de)	kepingan salju	[kepiŋan saldʒʲu]
sneeuwbal (de)	bola salju	[bola saldʒʲu]
sneeuwman (de)	patung salju	[patuŋ saldʒʲu]
IJspegel (de)	tetes air beku	[tetes air beku]
december (de)	Desember	[desember]
januari (de)	Januari	[dʒʲanuari]
februari (de)	Februari	[februari]
vorst (de)	dingin	[diŋin]
vries- (abn)	dingin	[diŋin]
onder nul (bw)	di bawah nol	[di bawah nol]
eerste vorst (de)	es pertama	[es pertama]
rijp (de)	embun beku	[embun beku]
koude (de)	cuaca dingin	[tʃuatʃa diŋin]

het is koud	dingin	[diŋin]
bontjas (de)	mantel bulu	[mantel bulu]
wanten (mv.)	sarung tangan	[saruŋ taŋan]

ziek worden (ww)	sakit, jatuh sakit	[sakit], [dʒatuh sakit]
verkoudheid (de)	pilek, selesma	[pilek], [selesma]
verkouden raken (ww)	masuk angin	[masu' aŋin]

IJs (het)	es	[es]
IJzel (de)	es hitam	[es hitam]
bevriezen (rivier, enz.)	membeku	[membeku]
IJsschol (de)	gumpalan es terapung	[gumpalan es tərapuŋ]

ski's (mv.)	ski	[ski]
skiër (de)	pemain ski	[pemajn ski]
skiën (ww)	bermain ski	[bərmajn ski]
schaatsen (ww)	berseluncur	[bərseluntʃur]

Fauna

210. Zoogdieren. Roofdieren

roofdier (het)	predator, pemangsa	[predator], [pemaŋsa]
tijger (de)	harimau	[harimau]
leeuw (de)	singa	[siŋa]
wolf (de)	serigala	[serigala]
vos (de)	rubah	[rubah]

jaguar (de)	jaguar	[dʒʲaguar]
luipaard (de)	leopard, macan tutul	[leopard], [matʃan tutul]
jachtluipaard (de)	cheetah	[tʃeetah]

panter (de)	harimau kumbang	[harimau kumbaŋ]
poema (de)	singa gunung	[siŋa gunuŋ]
sneeuwluipaard (de)	harimau bintang salju	[harimau bintaŋ saldʒʲu]
lynx (de)	lynx	[links]

coyote (de)	koyote	[koyot]
jakhals (de)	jakal	[dʒʲakal]
hyena (de)	hiena	[hiena]

211. Wilde dieren

| dier (het) | binatang | [binataŋ] |
| beest (het) | binatang buas | [binataŋ buas] |

eekhoorn (de)	bajing	[badʒiŋ]
egel (de)	landak susu	[landaʔ susu]
haas (de)	terwelu	[tərwelu]
konijn (het)	kelinci	[kelintʃi]

das (de)	luak	[luaʔ]
wasbeer (de)	rakun	[rakun]
hamster (de)	hamster	[hamster]
marmot (de)	marmut	[marmut]

mol (de)	tikus mondok	[tikus mondoʔ]
muis (de)	tikus	[tikus]
rat (de)	tikus besar	[tikus besar]
vleermuis (de)	kelelawar	[kelelawar]

hermelijn (de)	ermin	[ermin]
sabeldier (het)	sabel	[sabel]
marter (de)	marten	[marten]
wezel (de)	musang	[musaŋ]
nerts (de)	cerpelai	[tʃerpelaj]

bever (de)	beaver	[beaver]
otter (de)	berang-berang	[bəraŋ-bəraŋ]
paard (het)	kuda	[kuda]
eland (de)	rusa besar	[rusa besar]
hert (het)	rusa	[rusa]
kameel (de)	unta	[unta]
bizon (de)	bison	[bison]
oeros (de)	aurochs	[oroks]
buffel (de)	kerbau	[kerbau]
zebra (de)	kuda belang	[kuda belaŋ]
antilope (de)	antelop	[antelop]
ree (de)	kijang	[kidʒʲaŋ]
damhert (het)	rusa	[rusa]
gems (de)	chamois	[ʃemva]
everzwijn (het)	babi hutan jantan	[babi hutan dʒʲantan]
walvis (de)	ikan paus	[ikan paus]
rob (de)	anjing laut	[andʒiŋ laut]
walrus (de)	walrus	[walrus]
zeehond (de)	anjing laut berbulu	[andʒiŋ laut bərbulu]
dolfijn (de)	lumba-lumba	[lumba-lumba]
beer (de)	beruang	[bəruaŋ]
IJsbeer (de)	beruang kutub	[bəruaŋ kutub]
panda (de)	panda	[panda]
aap (de)	monyet	[monjet]
chimpansee (de)	simpanse	[simpanse]
orang-oetan (de)	orang utan	[oraŋ utan]
gorilla (de)	gorila	[gorila]
makaak (de)	kera	[kera]
gibbon (de)	siamang, ungka	[siamaŋ], [uŋka]
olifant (de)	gajah	[gadʒʲah]
neushoorn (de)	badak	[badaʔ]
giraffe (de)	jerapah	[dʒʲerapah]
nijlpaard (het)	kuda nil	[kuda nil]
kangoeroe (de)	kanguru	[kaŋuru]
koala (de)	koala	[koala]
mangoest (de)	garangan	[garaŋan]
chinchilla (de)	chinchilla	[ʧinʧilla]
stinkdier (het)	sigung	[siguŋ]
stekelvarken (het)	landak	[landaʔ]

212. Huisdieren

poes (de)	kucing betina	[kuʧiŋ betina]
kater (de)	kucing jantan	[kuʧiŋ dʒʲantan]
hond (de)	anjing	[andʒiŋ]

paard (het)	kuda	[kuda]
hengst (de)	kuda jantan	[kuda dʒʲantan]
merrie (de)	kuda betina	[kuda betina]

koe (de)	sapi	[sapi]
stier (de)	sapi jantan	[sapi dʒʲantan]
os (de)	lembu jantan	[lembu dʒʲantan]

schaap (het)	domba	[domba]
ram (de)	domba jantan	[domba dʒʲantan]
geit (de)	kambing betina	[kambiŋ betina]
bok (de)	kambing jantan	[kambiŋ dʒʲantan]

ezel (de)	keledai	[keledaj]
muilezel (de)	bagal	[bagal]

varken (het)	babi	[babi]
biggetje (het)	anak babi	[anaʔ babi]
konijn (het)	kelinci	[kelintʃi]

kip (de)	ayam betina	[ajam betina]
haan (de)	ayam jago	[ajam dʒʲago]

eend (de)	bebek	[bebeʔ]
woerd (de)	bebek jantan	[bebeʔ dʒʲantan]
gans (de)	angsa	[aŋsa]

kalkoen haan (de)	kalkun jantan	[kalkun dʒʲantan]
kalkoen (de)	kalkun betina	[kalkun betina]

huisdieren (mv.)	binatang piaraan	[binataŋ piaraʔan]
tam (bijv. hamster)	jinak	[dʒinaʔ]
temmen (tam maken)	menjinakkan	[mәndʒinaʔkan]
fokken (bijv. paarden ~)	membiakkan	[membiaʔkan]

boerderij (de)	peternakan	[peternakan]
gevogelte (het)	unggas	[uŋgas]
rundvee (het)	ternak	[ternaʔ]
kudde (de)	kawanan	[kawanan]

paardenstal (de)	kandang kuda	[kandaŋ kuda]
zwijnenstal (de)	kandang babi	[kandaŋ babi]
koeienstal (de)	kandang sapi	[kandaŋ sapi]
konijnenhok (het)	sangkar kelinci	[saŋkar kelintʃi]
kippenhok (het)	kandang ayam	[kandaŋ ajam]

213. Honden. Hondenrassen

hond (de)	anjing	[andʒiŋ]
herdershond (de)	anjing gembala	[andʒiŋ gembala]
Duitse herdershond (de)	anjing gembala jerman	[andʒiŋ gembala dʒʲerman]
poedel (de)	pudel	[pudel]
teckel (de)	anjing tekel	[andʒiŋ tekel]
buldog (de)	buldog	[buldog]

boxer (de)	boxer	[bokser]
mastiff (de)	Mastiff	[mastiff]
rottweiler (de)	Rottweiler	[rotweyler]
doberman (de)	Doberman	[doberman]

basset (de)	Basset	[basset]
bobtail (de)	bobtail	[bobteyl]
dalmatiër (de)	Dalmatian	[dalmatian]
cockerspaniël (de)	Cocker Spaniel	[koker spaniel]

| newfoundlander (de) | Newfoundland | [njufaundland] |
| sint-bernard (de) | Saint Bernard | [sen bərnar] |

poolhond (de)	Husky	[haski]
chowchow (de)	Chow Chow	[tʃau tʃau]
spits (de)	Spitz	[spits]
mopshond (de)	Pug	[pag]

214. Dierengeluiden

geblaf (het)	salak	[salaʔ]
blaffen (ww)	menyalak	[mənjalaʔ]
miauwen (ww)	mengeong	[məŋeoŋ]
spinnen (katten)	mendengkur	[məndeŋkur]

loeien (ov. een koe)	melenguh	[meleŋuh]
brullen (stier)	menguak	[məŋuaʔ]
grommen (ov. de honden)	menggeram	[məŋgeram]

gehuil (het)	auman	[auman]
huilen (wolf, enz.)	mengaum	[məŋaum]
janken (ov. een hond)	merengek	[mereŋeʔ]

mekkeren (schapen)	mengembik	[məŋembiʔ]
knorren (varkens)	menguik	[məŋuiʔ]
gillen (bijv. varken)	memekik	[memekiʔ]

kwaken (kikvorsen)	berdengkang	[bərdeŋkaŋ]
zoemen (hommel, enz.)	mendengung	[məndeŋuŋ]
tjirpen (sprinkhanen)	mencicit	[məntʃitʃit]

215. Jonge dieren

jong (het)	anak	[anaʔ]
poesje (het)	anak kucing	[anaʔ kutʃiŋ]
muisje (het)	anak tikus	[anaʔ tikus]
puppy (de)	anak anjing	[anaʔ andʒiŋ]

jonge haas (de)	anak terwelu	[anaʔ tərwelu]
konijntje (het)	anak kelinci	[anaʔ kelintʃi]
wolfje (het)	anak serigala	[anaʔ serigala]
vosje (het)	anak rubah	[anaʔ rubah]

beertje (het)	anak beruang	[ana' beruaŋ]
leeuwenjong (het)	anak singa	[ana' siŋa]
tijgertje (het)	anak harimau	[ana' harimau]
olifantenjong (het)	anak gajah	[ana' gadʒʲah]

biggetje (het)	anak babi	[ana' babi]
kalf (het)	anak sapi	[ana' sapi]
geitje (het)	anak kambing	[ana' kambiŋ]
lam (het)	anak domba	[ana' domba]
reekalf (het)	anak rusa	[ana' rusa]
jonge kameel (de)	anak unta	[ana' unta]

| slangenjong (het) | anak ular | [ana' ular] |
| kikkertje (het) | anak katak | [ana' kata'] |

vogeltje (het)	anak burung	[ana' buruŋ]
kuiken (het)	anak ayam	[ana' ajam]
eendje (het)	anak bebek	[ana' bebe']

216. Vogels

vogel (de)	burung	[buruŋ]
duif (de)	burung dara	[buruŋ dara]
mus (de)	burung gereja	[buruŋ geredʒʲa]
koolmees (de)	burung tit	[buruŋ tit]
ekster (de)	burung murai	[buruŋ muraj]

raaf (de)	burung raven	[buruŋ raven]
kraai (de)	burung gagak	[buruŋ gaga']
kauw (de)	burung gagak kecil	[buruŋ gaga' ketʃil]
roek (de)	burung rook	[buruŋ roo']

eend (de)	bebek	[bebe']
gans (de)	angsa	[aŋsa]
fazant (de)	burung kuau	[buruŋ kuau]

arend (de)	rajawali	[radʒʲawali]
havik (de)	elang	[elaŋ]
valk (de)	alap-alap	[alap-alap]
gier (de)	hering	[heriŋ]
condor (de)	kondor	[kondor]

zwaan (de)	angsa	[aŋsa]
kraanvogel (de)	burung jenjang	[buruŋ dʒʲendʒʲaŋ]
ooievaar (de)	bangau	[baŋau]

papegaai (de)	burung nuri	[buruŋ nuri]
kolibrie (de)	burung kolibri	[buruŋ kolibri]
pauw (de)	burung merak	[buruŋ mera']

struisvogel (de)	burung unta	[buruŋ unta]
reiger (de)	kuntul	[kuntul]
flamingo (de)	burung flamingo	[buruŋ flamiŋo]
pelikaan (de)	pelikan	[pelikan]

| nachtegaal (de) | burung bulbul | [buruŋ bulbul] |
| zwaluw (de) | burung walet | [buruŋ walet] |

lijster (de)	burung jalak	[buruŋ dʒiala']
zanglijster (de)	burung jalak suren	[buruŋ dʒiala' suren]
merel (de)	burung jalak hitam	[buruŋ dʒiala' hitam]

gierzwaluw (de)	burung apus-apus	[buruŋ apus-apus]
leeuwerik (de)	burung lark	[buruŋ lar']
kwartel (de)	burung puyuh	[buruŋ puyuh]

specht (de)	burung pelatuk	[buruŋ pelatu']
koekoek (de)	burung kukuk	[buruŋ kuku']
uil (de)	burung hantu	[buruŋ hantu]
oehoe (de)	burung hantu bertanduk	[buruŋ hantu bertandu']
auerhoen (het)	burung murai kayu	[buruŋ muraj kaju]
korhoen (het)	burung belibis hitam	[buruŋ belibis hitam]
patrijs (de)	ayam hutan	[ajam hutan]

spreeuw (de)	burung starling	[buruŋ starliŋ]
kanarie (de)	burung kenari	[buruŋ kenari]
hazelhoen (het)	ayam hutan hazel	[ajam hutan hazel]
vink (de)	burung chaffinch	[buruŋ ʧaffinʧ]
goudvink (de)	burung bullfinch	[buruŋ bullfinʧ]

meeuw (de)	burung camar	[buruŋ ʧamar]
albatros (de)	albatros	[albatros]
pinguïn (de)	penguin	[peŋuin]

217. Vogels. Zingen en geluiden

fluiten, zingen (ww)	menyanyi	[menjanji]
schreeuwen (dieren, vogels)	berteriak	[berteria']
kraaien (ov. een haan)	berkokok	[berkoko']
kukeleku	kukuruyuk	[kukuruyu']

klokken (hen)	berkotek	[berkote']
krassen (kraai)	berkaok-kaok	[berkao'-kao']
kwaken (eend)	meleter	[meleter]
piepen (kuiken)	berdecit	[berdeʧit]
tjilpen (bijv. een mus)	berkicau	[berkiʧau]

218. Vis. Zeedieren

brasem (de)	ikan bream	[ikan bream]
karper (de)	ikan karper	[ikan karper]
baars (de)	ikan tilapia	[ikan tilapia]
meerval (de)	lais junggang	[lajs dʒiungaŋ]
snoek (de)	ikan pike	[ikan paik]

| zalm (de) | salmon | [salmon] |
| steur (de) | ikan sturgeon | [ikan sturdʒien] |

haring (de)	ikan haring	[ikan hariŋ]
atlantische zalm (de)	ikan salem	[ikan salem]
makreel (de)	ikan kembung	[ikan kembuŋ]
platvis (de)	ikan sebelah	[ikan sebelah]

snoekbaars (de)	ikan seligi tenggeran	[ikan seligi teŋgeran]
kabeljauw (de)	ikan kod	[ikan kod]
tonijn (de)	tuna	[tuna]
forel (de)	ikan forel	[ikan forel]

paling (de)	belut	[belut]
sidderrog (de)	ikan pari listrik	[ikan pari listriʔ]
murene (de)	belut moray	[belut morey]
piranha (de)	ikan piranha	[ikan piranha]

haai (de)	ikan hiu	[ikan hiu]
dolfijn (de)	lumba-lumba	[lumba-lumba]
walvis (de)	ikan paus	[ikan paus]

krab (de)	kepiting	[kepitiŋ]
kwal (de)	ubur-ubur	[ubur-ubur]
octopus (de)	gurita	[gurita]

zeester (de)	bintang laut	[bintaŋ laut]
zee-egel (de)	landak laut	[landaʔ laut]
zeepaardje (het)	kuda laut	[kuda laut]

oester (de)	tiram	[tiram]
garnaal (de)	udang	[udaŋ]
kreeft (de)	udang karang	[udaŋ karaŋ]
langoest (de)	lobster berduri	[lobster berduri]

219. Amfibieën. Reptielen

| slang (de) | ular | [ular] |
| giftig (slang) | berbisa | [berbisa] |

adder (de)	ular viper	[ular viper]
cobra (de)	kobra	[kobra]
python (de)	ular sanca	[ular santʃa]
boa (de)	ular boa	[ular boa]

ringslang (de)	ular tanah	[ular tanah]
ratelslang (de)	ular derik	[ular deriʔ]
anaconda (de)	ular anakonda	[ular anakonda]

hagedis (de)	kadal	[kadal]
leguaan (de)	iguana	[iguana]
varaan (de)	biawak	[biawaʔ]
salamander (de)	salamander	[salamander]
kameleon (de)	bunglon	[buŋlon]
schorpioen (de)	kalajengking	[kaladʒ'eŋkiŋ]
schildpad (de)	kura-kura	[kura-kura]
kikker (de)	katak	[kataʔ]

| pad (de) | kodok | [kodoʔ] |
| krokodil (de) | buaya | [buaja] |

220. Insecten

insect (het)	serangga	[seraŋga]
vlinder (de)	kupu-kupu	[kupu-kupu]
mier (de)	semut	[semut]
vlieg (de)	lalat	[lalat]
mug (de)	nyamuk	[njamuʔ]
kever (de)	kumbang	[kumbaŋ]

wesp (de)	tawon	[tawon]
bij (de)	lebah	[lebah]
hommel (de)	kumbang	[kumbaŋ]
horzel (de)	lalat kerbau	[lalat kerbau]

| spin (de) | laba-laba | [laba-laba] |
| spinnenweb (het) | sarang laba-laba | [saraŋ laba-laba] |

libel (de)	capung	[ʧapuŋ]
sprinkhaan (de)	belalang	[belalaŋ]
nachtvlinder (de)	ngengat	[ŋeŋat]

kakkerlak (de)	kecoa	[keʧoa]
mijt (de)	kutu	[kutu]
vlo (de)	kutu loncat	[kutu lonʧat]
kriebelmug (de)	agas	[agas]

treksprinkhaan (de)	belalang	[belalaŋ]
slak (de)	siput	[siput]
krekel (de)	jangkrik	[dʒiaŋkriʔ]
glimworm (de)	kunang-kunang	[kunaŋ-kunaŋ]
lieveheersbeestje (het)	kumbang koksi	[kumbaŋ koksi]
meikever (de)	kumbang Cockchafer	[kumbaŋ kokʃafer]

bloedzuiger (de)	lintah	[lintah]
rups (de)	ulat	[ulat]
aardworm (de)	cacing	[ʧaʧiŋ]
larve (de)	larva	[larva]

221. Dieren. Lichaamsdelen

snavel (de)	paruh	[paruh]
vleugels (mv.)	sayap	[sajap]
poot (ov. een vogel)	kaki	[kaki]
verenkleed (het)	bulu-bulu	[bulu-bulu]
veer (de)	bulu	[bulu]
kuifje (het)	jambul	[dʒiambul]

| kieuwen (mv.) | insang | [insaŋ] |
| kuit, dril (de) | telur ikan | [telur ikan] |

larve (de)	larva	[larva]
vin (de)	sirip	[sirip]
schubben (mv.)	sisik	[sisiˀ]

slagtand (de)	taring	[tariŋ]
poot (bijv. ~ van een kat)	kaki	[kaki]
muil (de)	moncong	[montʃoŋ]
bek (mond van dieren)	mulut	[mulut]
staart (de)	ekor	[ekor]
snorharen (mv.)	kumis	[kumis]

| hoef (de) | tapak, kuku | [tapak], [kuku] |
| hoorn (de) | tanduk | [tanduˀ] |

schild (schildpad, enz.)	cangkang	[tʃaŋkaŋ]
schelp (de)	kerang	[keraŋ]
eierschaal (de)	kulit telur	[kulit telur]

| vacht (de) | bulu | [bulu] |
| huid (de) | kulit | [kulit] |

222. Acties van de dieren

| vliegen (ww) | terbang | [tərbaŋ] |
| cirkelen (vogel) | berputar-putar | [bərputar-putar] |

| wegvliegen (ww) | terbang | [tərbaŋ] |
| klapwieken (ww) | mengepakkan | [məŋepaˀkan] |

| pikken (vogels) | mematuk | [mematuˀ] |
| broeden (de eend zit te ~) | mengeram | [məŋeram] |

| uitbroeden (ww) | menetas | [mənetas] |
| een nest bouwen | membuat sarang | [membuat saraŋ] |

kruipen (ww)	merayap, merangkak	[merajap], [meraŋkaˀ]
steken (bij)	menyengat	[mənjeŋat]
bijten (de hond, enz.)	menggigit	[məŋgigit]

snuffelen (ov. de dieren)	mencium	[məntʃium]
blaffen (ww)	menyalak	[mənjalaˀ]
sissen (slang)	mendesis	[məndesis]

| doen schrikken (ww) | menakuti | [mənakuti] |
| aanvallen (ww) | menyerang | [mənjeraŋ] |

knagen (ww)	menggerogoti	[məŋgerogoti]
schrammen (ww)	mencakar	[məntʃakar]
zich verbergen (ww)	bersembunyi	[bərsembunji]

spelen (ww)	bermain	[bərmajn]
jagen (ww)	berburu	[bərburu]
winterslapen	hibernasi, tidur	[hibernasi], [tidur]
uitsterven (dinosauriërs, enz.)	punah	[punah]

223. Dieren. Leefomgevingen

leefgebied (het)	habitat	[habitat]
migratie (de)	migrasi	[migrasi]
berg (de)	gunung	[gunuŋ]
rif (het)	terumbu	[tərumbu]
klip (de)	tebing	[tebiŋ]
bos (het)	hutan	[hutan]
jungle (de)	rimba	[rimba]
savanne (de)	sabana	[sabana]
toendra (de)	tundra	[tundra]
steppe (de)	stepa	[stepa]
woestijn (de)	gurun	[gurun]
oase (de)	oasis, oase	[oasis], [oase]
zee (de)	laut	[laut]
meer (het)	danau	[danau]
oceaan (de)	samudra	[samudra]
moeras (het)	rawa	[rawa]
zoetwater- (abn)	air tawar	[air tawar]
vijver (de)	kolam	[kolam]
rivier (de)	sungai	[suŋaj]
berenhol (het)	goa	[goa]
nest (het)	sarang	[saraŋ]
boom holte (de)	lubang pohon	[lubaŋ pohon]
hol (het)	lubang	[lubaŋ]
mierenhoop (de)	sarang semut	[saraŋ semut]

224. Dierverzorging

dierentuin (de)	kebun binatang	[kebun binataŋ]
natuurreservaat (het)	cagar alam	[ʧagar alam]
fokkerij (de)	peternak, penangkar	[peternak], [penaŋkar]
openluchtkooi (de)	kandang terbuka	[kandaŋ tərbuka]
kooi (de)	sangkar	[saŋkar]
hondenhok (het)	rumah anjing	[rumah anʤiŋ]
duiventil (de)	rumah burung dara	[rumah buruŋ dara]
aquarium (het)	akuarium	[akuarium]
dolfinarium (het)	dolfinarium	[dolfinarium]
fokken (bijv. honden ~)	mengembangbiakkan	[məŋembaŋbia'kan]
nakomelingen (mv.)	mengerami	[məŋerami]
temmen (tam maken)	menjinakkan	[mənʤina'kan]
voeding (de)	pakan	[pakan]
voederen (ww)	memberi pakan	[memberi pakan]
dresseren (ww)	melatih	[melatih]

dierenwinkel (de)	toko binatang piaraan	[toko binataŋ piara²an]
muilkorf (de)	berangus	[bəraŋus]
halsband (de)	kalung anjing	[kaluŋ andʒiŋ]
naam (ov. een dier)	nama	[nama]
stamboom (honden met ~)	silsilah, trah	[silsilah], [trah]

225. Dieren. Diversen

meute (wolven)	kawanan	[kawanan]
zwerm (vogels)	kawanan	[kawanan]
school (vissen)	kawanan	[kawanan]
kudde (wilde paarden)	kawanan	[kawanan]

mannetje (het)	jantan	[dʒʲantan]
vrouwtje (het)	betina	[betina]

hongerig (bn)	lapar	[lapar]
wild (bn)	liar	[liar]
gevaarlijk (bn)	berbahaya	[bərbahaja]

226. Paarden

paard (het)	kuda	[kuda]
ras (het)	keturunan	[keturunan]

veulen (het)	anak kuda	[ana² kuda]
merrie (de)	kuda betina	[kuda betina]

mustang (de)	mustang	[mustaŋ]
pony (de)	kuda poni	[kuda poni]
koudbloed (de)	kuda penarik	[kuda penari²]

manen (mv.)	surai	[suraj]
staart (de)	ekor	[ekor]

hoef (de)	tapak, kuku	[tapak], [kuku]
hoefijzer (het)	ladam	[ladam]
beslaan (ww)	memakaikan ladam	[memakajkan ladam]
paardensmid (de)	tukang besi	[tukaŋ besi]

zadel (het)	pelana	[pelana]
stijgbeugel (de)	sanggurdi	[saŋgurdi]
breidel (de)	kendali	[kendali]
leidsels (mv.)	tali kendali	[tali kendali]
zweep (de)	cemeti	[tʃemeti]

ruiter (de)	penunggang	[penuŋgaŋ]
zadelen (ww)	memelanai	[memelanaj]
een paard bestijgen	berpelana	[bərpelana]

galop (de)	congklang	[derap]
galopperen (ww)	mencongklang	[məntʃoŋlaŋ]

draf (de)	derap, drap	[derap], [drap]
draven (ww)	menderap	[mənderap]
renpaard (het)	kuda pacuan	[kuda patʃuan]
paardenrace (de)	pacuan kuda	[patʃuan kuda]
paardenstal (de)	kandang kuda	[kandaŋ kuda]
voederen (ww)	memberi pakan	[memberi pakan]
hooi (het)	rumput kering	[rumput keriŋ]
water geven (ww)	memberi minum	[memberi minum]
wassen (paard ~)	membersihkan	[membersihkan]
paardenkar (de)	pedati	[pedati]
grazen (gras eten)	bergembala	[bərgembala]
hinniken (ww)	meringkuk	[meriŋkuʔ]
een trap geven	menendang	[mənendaŋ]

Flora

227. Bomen

boom (de)	pohon	[pohon]
loof- (abn)	daun luruh	[daun luruh]
dennen- (abn)	pohon jarum	[pohon dʒarum]
groenblijvend (bn)	selalu hijau	[selalu hidʒau]
appelboom (de)	pohon apel	[pohon apel]
perenboom (de)	pohon pir	[pohon pir]
zoete kers (de)	pohon ceri manis	[pohon tʃeri manis]
zure kers (de)	pohon ceri asam	[pohon tʃeri asam]
pruimelaar (de)	pohon plum	[pohon plum]
berk (de)	pohon berk	[pohon bər']
eik (de)	pohon eik	[pohon ei']
linde (de)	pohon linden	[pohon linden]
esp (de)	pohon aspen	[pohon aspen]
esdoorn (de)	pohon mapel	[pohon mapel]
spar (de)	pohon den	[pohon den]
den (de)	pohon pinus	[pohon pinus]
lariks (de)	pohon larch	[pohon lartʃ]
zilverspar (de)	pohon fir	[pohon fir]
ceder (de)	pohon aras	[pohon aras]
populier (de)	pohon poplar	[pohon poplar]
lijsterbes (de)	pohon rowan	[pohon rowan]
wilg (de)	pohon dedalu	[pohon dedalu]
els (de)	pohon alder	[pohon alder]
beuk (de)	pohon nothofagus	[pohon notofagus]
iep (de)	pohon elm	[pohon elm]
es (de)	pohon abu	[pohon abu]
kastanje (de)	kastanye	[kastanje]
magnolia (de)	magnolia	[magnolia]
palm (de)	palem	[palem]
cipres (de)	pokok cipres	[poko' sipres]
mangrove (de)	bakau	[bakau]
baobab (apenbroodboom)	baobab	[baobab]
eucalyptus (de)	kayu putih	[kaju putih]
mammoetboom (de)	sequoia	[sekuoia]

228. Heesters

struik (de)	rumpun	[rumpun]
heester (de)	semak	[sema']

| wijnstok (de) | pohon anggur | [pohon aŋgur] |
| wijngaard (de) | kebun anggur | [kebun aŋgur] |

frambozenstruik (de)	pohon frambus	[pohon frambus]
zwarte bes (de)	pohon blackcurrant	[pohon ble'karen]
rode bessenstruik (de)	pohon redcurrant	[pohon redkaren]
kruisbessenstruik (de)	pohon arbei hijau	[pohon arbei hidʒ'au]

acacia (de)	pohon akasia	[pohon akasia]
zuurbes (de)	pohon barberis	[pohon barberis]
jasmijn (de)	melati	[melati]

jeneverbes (de)	pohon juniper	[pohon dʒ'uniper]
rozenstruik (de)	pohon mawar	[pohon mawar]
hondsroos (de)	pohon mawar liar	[pohon mawar liar]

229. Champignons

paddenstoel (de)	jamur	[dʒ'amur]
eetbare paddenstoel (de)	jamur makanan	[dʒ'amur makanan]
giftige paddenstoel (de)	jamur beracun	[dʒ'amur beratʃun]
hoed (de)	kepala jamur	[kepala dʒ'amur]
steel (de)	batang jamur	[bataŋ dʒ'amur]

gewoon eekhoorntjesbrood (het)	jamur boletus	[dʒ'amur boletus]
rosse populierenboleet (de)	jamur topi jingga	[dʒ'amur topi dʒiŋga]
berkenboleet (de)	jamur boletus berk	[dʒ'amur boletus ber']
cantharel (de)	jamur chanterelle	[dʒ'amur tʃanterelle]
russula (de)	jamur rusula	[dʒ'amur rusula]

morille (de)	jamur morel	[dʒ'amur morel]
vliegenzwam (de)	jamur Amanita muscaria	[dʒ'amur amanita mustʃaria]
groene knolzwam (de)	jamur topi kematian	[dʒ'amur topi kematian]

230. Vruchten. Bessen

| vrucht (de) | buah | [buah] |
| vruchten (mv.) | buah-buahan | [buah-buahan] |

appel (de)	apel	[apel]
peer (de)	pir	[pir]
pruim (de)	plum	[plum]

aardbei (de)	stroberi	[stroberi]
zure kers (de)	buah ceri asam	[buah tʃeri asam]
zoete kers (de)	buah ceri manis	[buah tʃeri manis]
druif (de)	buah anggur	[buah aŋgur]

framboos (de)	buah frambus	[buah frambus]
zwarte bes (de)	blackcurrant	[ble'karen]
rode bes (de)	redcurrant	[redkaren]

| kruisbes (de) | buah arbei hijau | [buah arbei hiʤʲau] |
| veenbes (de) | buah kranberi | [buah kranberi] |

sinaasappel (de)	jeruk manis	[ʤʲeruʔ manis]
mandarijn (de)	jeruk mandarin	[ʤʲeruʔ mandarin]
ananas (de)	nanas	[nanas]
banaan (de)	pisang	[pisaŋ]
dadel (de)	buah kurma	[buah kurma]

citroen (de)	jeruk sitrun	[ʤʲeruʔ sitrun]
abrikoos (de)	aprikot	[aprikot]
perzik (de)	persik	[persiʔ]
kiwi (de)	kiwi	[kiwi]
grapefruit (de)	jeruk Bali	[ʤʲeruʔ bali]

bes (de)	buah beri	[buah beri]
bessen (mv.)	buah-buah beri	[buah-buah beri]
vossenbes (de)	buah cowberry	[buah kowberi]
bosaardbei (de)	stroberi liar	[stroberi liar]
bosbes (de)	buah bilberi	[buah bilberi]

231. Bloemen. Planten

| bloem (de) | bunga | [buŋa] |
| boeket (het) | buket | [buket] |

roos (de)	mawar	[mawar]
tulp (de)	tulip	[tulip]
anjer (de)	bunga anyelir	[buŋa anjelir]
gladiool (de)	bunga gladiol	[buŋa gladiol]

korenbloem (de)	cornflower	[kornflawa]
klokje (het)	bunga lonceng biru	[buŋa lontʃeŋ biru]
paardenbloem (de)	dandelion	[dandelion]
kamille (de)	bunga margrit	[buŋa margrit]

aloë (de)	lidah buaya	[lidah buaja]
cactus (de)	kaktus	[kaktus]
ficus (de)	pohon ara	[pohon ara]

lelie (de)	bunga lili	[buŋa lili]
geranium (de)	geranium	[geranium]
hyacint (de)	bunga bakung lembayung	[buŋa bakuŋ lembajuŋ]

mimosa (de)	putri malu	[putri malu]
narcis (de)	bunga narsis	[buŋa narsis]
Oostindische kers (de)	bunga nasturtium	[buŋa nasturtium]

orchidee (de)	anggrek	[aŋgreʔ]
pioenroos (de)	bunga peoni	[buŋa peoni]
viooltje (het)	bunga violet	[buŋa violet]
driekleurig viooltje (het)	bunga pansy	[buŋa pansi]
vergeet-mij-nietje (het)	bunga jangan-lupakan-daku	[buŋa ʤʲaŋan-lupakan-daku]

madeliefje (het)	bunga desi	[buŋa desi]
papaver (de)	bunga madat	[buŋa madat]
hennep (de)	rami	[rami]
munt (de)	mint	[min]

| lelietje-van-dalen (het) | lili lembah | [lili lembah] |
| sneeuwklokje (het) | bunga tetesan salju | [buŋa tetesan salʤu] |

brandnetel (de)	jelatang	[ʤelataŋ]
veldzuring (de)	daun sorrel	[daun sorrel]
waterlelie (de)	lili air	[lili air]
varen (de)	pakis	[pakis]
korstmos (het)	lichen	[liʧen]

oranjerie (de)	rumah kaca	[rumah kaʧa]
gazon (het)	halaman berumput	[halaman berumput]
bloemperk (het)	bedeng bunga	[bedeŋ buŋa]

plant (de)	tumbuhan	[tumbuhan]
gras (het)	rumput	[rumput]
grasspriet (de)	sehelai rumput	[sehelaj rumput]

blad (het)	daun	[daun]
bloemblad (het)	kelopak	[kelopaʔ]
stengel (de)	batang	[bataŋ]
knol (de)	ubi	[ubi]

| scheut (de) | tunas | [tunas] |
| doorn (de) | duri | [duri] |

bloeien (ww)	berbunga	[berbuŋa]
verwelken (ww)	layu	[laju]
geur (de)	bau	[bau]
snijden (bijv. bloemen ~)	memotong	[memotoŋ]
plukken (bloemen ~)	memetik	[memetiʔ]

232. Granen, graankorrels

graan (het)	biji-bijian	[biʤi-biʤian]
graangewassen (mv.)	padi-padian	[padi-padian]
aar (de)	bulir	[bulir]

tarwe (de)	gandum	[gandum]
rogge (de)	gandum hitam	[gandum hitam]
haver (de)	oat	[oat]
gierst (de)	jawawut	[ʤawawut]
gerst (de)	jelai	[ʤelaj]

maïs (de)	jagung	[ʤaguŋ]
rijst (de)	beras	[beras]
boekweit (de)	buckwheat	[bakvit]

| erwt (de) | kacang polong | [kaʧaŋ poloŋ] |
| boon (de) | kacang buncis | [kaʧaŋ bunʧis] |

soja (de)	kacang kedelai	[katʃaŋ kedelaj]
linze (de)	kacang lentil	[katʃaŋ lentil]
bonen (mv.)	kacang-kacangan	[katʃaŋ-katʃaŋan]

233. Groenten. Groene groenten

| groenten (mv.) | sayuran | [sajuran] |
| verse kruiden (mv.) | sayuran hijau | [sajuran hidʒiau] |

tomaat (de)	tomat	[tomat]
augurk (de)	mentimun, ketimun	[məntimun], [ketimun]
wortel (de)	wortel	[wortel]
aardappel (de)	kentang	[kentaŋ]
ui (de)	bawang	[bawaŋ]
knoflook (de)	bawang putih	[bawaŋ putih]

kool (de)	kol	[kol]
bloemkool (de)	kembang kol	[kembaŋ kol]
spruitkool (de)	kol Brussels	[kol brusels]
broccoli (de)	brokoli	[brokoli]

rode biet (de)	ubi bit merah	[ubi bit merah]
aubergine (de)	terung, terong	[teruŋ], [teroŋ]
courgette (de)	labu siam	[labu siam]
pompoen (de)	labu	[labu]
knolraap (de)	turnip	[turnip]

peterselie (de)	peterseli	[peterseli]
dille (de)	adas sowa	[adas sowa]
sla (de)	selada	[selada]
selderij (de)	seledri	[seledri]
asperge (de)	asparagus	[asparagus]
spinazie (de)	bayam	[bajam]

erwt (de)	kacang polong	[katʃaŋ poloŋ]
bonen (mv.)	kacang-kacangan	[katʃaŋ-katʃaŋan]
maïs (de)	jagung	[dʒiaguŋ]
boon (de)	kacang buncis	[katʃaŋ buntʃis]

peper (de)	cabai	[tʃabaj]
radijs (de)	radis	[radis]
artisjok (de)	artisyok	[artiʃoʔ]

REGIONALE AARDRIJKSKUNDE

Landen. Nationaliteiten

234. West-Europa

Europa (het)	Eropa	[eropa]
Europese Unie (de)	Uni Eropa	[uni eropa]
Europeaan (de)	orang Eropa	[oraŋ eropa]
Europees (bn)	Eropa	[eropa]
Oostenrijk (het)	Austria	[austria]
Oostenrijker (de)	lelaki Austria	[lelaki austria]
Oostenrijkse (de)	wanita Austria	[wanita austria]
Oostenrijks (bn)	Austria	[austria]
Groot-Brittannië (het)	Britania Raya	[britania raja]
Engeland (het)	Inggris	[iŋgris]
Engelsman (de)	lelaki Inggris	[lelaki iŋgris]
Engelse (de)	wanita Inggris	[wanita iŋgris]
Engels (bn)	Inggris	[iŋgris]
België (het)	Belgia	[belgia]
Belg (de)	lelaki Belgia	[lelaki belgia]
Belgische (de)	wanita Belgia	[wanita belgia]
Belgisch (bn)	Belgia	[belgia]
Duitsland (het)	Jerman	[dʒʲerman]
Duitser (de)	lelaki Jerman	[lelaki dʒʲerman]
Duitse (de)	wanita Jerman	[wanita dʒʲerman]
Duits (bn)	Jerman	[dʒʲerman]
Nederland (het)	Belanda	[belanda]
Holland (het)	Belanda	[belanda]
Nederlander (de)	lelaki Belanda	[lelaki belanda]
Nederlandse (de)	wanita Belanda	[wanita belanda]
Nederlands (bn)	Belanda	[belanda]
Griekenland (het)	Yunani	[yunani]
Griek (de)	lelaki Yunani	[lelaki yunani]
Griekse (de)	wanita Yunani	[wanita yunani]
Grieks (bn)	Yunani	[yunani]
Denemarken (het)	Denmark	[denmarʔ]
Deen (de)	lelali Denmark	[lelali denmarʔ]
Deense (de)	wanita Denmark	[wanita denmarʔ]
Deens (bn)	Denmark	[denmarʔ]
Ierland (het)	Irlandia	[irlandia]
Ier (de)	lelaki Irlandia	[lelaki irlandia]

| Ierse (de) | wanita Irlandia | [wanita irlandia] |
| Iers (bn) | Irlandia | [irlandia] |

IJsland (het)	Islandia	[islandia]
IJslander (de)	lelaki Islandia	[lelaki islandia]
IJslandse (de)	wanita Islandia	[wanita islandia]
IJslands (bn)	Islandia	[islandia]

Spanje (het)	Spanyol	[spanjol]
Spanjaard (de)	lelaki Spanyol	[lelaki spanjol]
Spaanse (de)	wanita Spanyol	[wanita spanjol]
Spaans (bn)	Spanyol	[spanjol]

Italië (het)	Italia	[italia]
Italiaan (de)	lelaki Italia	[lelaki italia]
Italiaanse (de)	wanita Italia	[wanita italia]
Italiaans (bn)	Italia	[italia]

Cyprus (het)	Siprus	[siprus]
Cyprioot (de)	lelaki Siprus	[lelaki siprus]
Cypriotische (de)	wanita Siprus	[wanita siprus]
Cypriotisch (bn)	Siprus	[siprus]

Malta (het)	Malta	[malta]
Maltees (de)	lelaki Malta	[lelaki malta]
Maltese (de)	wanita Malta	[wanita malta]
Maltees (bn)	Malta	[malta]

Noorwegen (het)	Norwegia	[norwegia]
Noor (de)	lelaki Norwegia	[lelaki norwegia]
Noorse (de)	wanita Norwegia	[wanita norwegia]
Noors (bn)	Norwegia	[norwegia]

Portugal (het)	Portugal	[portugal]
Portugees (de)	lelaki Portugis	[lelaki portugis]
Portugese (de)	wanita Portugis	[wanita portugis]
Portugees (bn)	Portugis	[portugis]

Finland (het)	Finlandia	[finlandia]
Fin (de)	lelaki Finlandia	[lelaki finlandia]
Finse (de)	wanita Finlandia	[wanita finlandia]
Fins (bn)	Finlandia	[finlandia]

Frankrijk (het)	Prancis	[prantʃis]
Fransman (de)	lelaki Prancis	[lelaki prantʃis]
Française (de)	wanita Prancis	[wanita prantʃis]
Frans (bn)	Prancis	[prantʃis]

Zweden (het)	Swedia	[swedia]
Zweed (de)	lelaki Swedia	[lelaki swedia]
Zweedse (de)	wanita Swedia	[wanita swedia]
Zweeds (bn)	Swedia	[swedia]

Zwitserland (het)	Swiss	[swiss]
Zwitser (de)	lelaki Swiss	[lelaki swiss]
Zwitserse (de)	wanita Swiss	[wanita swiss]

Zwitsers (bn)	Swiss	[swiss]
Schotland (het)	Skotlandia	[skotlandia]
Schot (de)	lelaki Skotlandia	[lelaki skotlandia]
Schotse (de)	wanita Skotlandia	[wanita skotlandia]
Schots (bn)	Skotlandia	[skotlandia]

Vaticaanstad (de)	Vatikan	[vatikan]
Liechtenstein (het)	Liechtenstein	[lajhtensteyn]
Luxemburg (het)	Luksemburg	[luksemburg]
Monaco (het)	Monako	[monako]

235. Centraal- en Oost-Europa

Albanië (het)	Albania	[albania]
Albanees (de)	lelaki Albania	[lelaki albania]
Albanese (de)	wanita Albania	[wanita albania]
Albanees (bn)	Albania	[albania]

Bulgarije (het)	Bulgaria	[bulgaria]
Bulgaar (de)	lelaki Bulgaria	[lelaki bulgaria]
Bulgaarse (de)	wanita Bulgaria	[wanita bulgaria]
Bulgaars (bn)	Bulgaria	[bulgaria]

Hongarije (het)	Hongaria	[hoŋaria]
Hongaar (de)	lelaki Hongaria	[lelaki hoŋaria]
Hongaarse (de)	wanita Hongaria	[wanita hoŋaria]
Hongaars (bn)	Hongaria	[hoŋaria]

Letland (het)	Latvia	[latvia]
Let (de)	lelaki Latvia	[lelaki latvia]
Letse (de)	wanita Latvia	[wanita latvia]
Lets (bn)	Latvia	[latvia]

Litouwen (het)	Lituania	[lituania]
Litouwer (de)	lelaki Lituania	[lelaki lituania]
Litouwse (de)	wanita Lituania	[wanita lituania]
Litouws (bn)	Lituania	[lituania]

Polen (het)	Polandia	[polandia]
Pool (de)	lelaki Polandia	[lelaki polandia]
Poolse (de)	wanita Polandia	[wanita polandia]
Pools (bn)	Polandia	[polandia]

Roemenië (het)	Romania	[romania]
Roemeen (de)	lelaki Romania	[lelaki romania]
Roemeense (de)	wanita Romania	[wanita romania]
Roemeens (bn)	Romania	[romania]

Servië (het)	Serbia	[serbia]
Serviër (de)	lelaki Serbia	[lelaki serbia]
Servische (de)	wanita Serbia	[wanita serbia]
Servisch (bn)	Serbia	[serbia]
Slowakije (het)	Slowakia	[slowakia]
Slowaak (de)	lelaki Slowakia	[lelaki slowakia]

| Slowaakse (de) | wanita Slowakia | [wanita slowakia] |
| Slowaakse (bn) | Slowakia | [slowakia] |

Kroatië (het)	Kroasia	[kroasia]
Kroaat (de)	lelaki Kroasia	[lelaki kroasia]
Kroatische (de)	wanita Kroasia	[wanita kroasia]
Kroatisch (bn)	Kroasia	[kroasia]

Tsjechië (het)	Republik Ceko	[republi' tʃeko]
Tsjech (de)	lelaki Ceko	[lelaki tʃeko]
Tsjechische (de)	wanita Ceko	[wanita tʃeko]
Tsjechisch (bn)	Ceko	[tʃeko]

Estland (het)	Estonia	[estonia]
Est (de)	lelaki Estonia	[lelaki estonia]
Estse (de)	wanita Estonia	[wanita estonia]
Ests (bn)	Estonia	[estonia]

Bosnië en Herzegovina (het)	Bosnia-Hercegovina	[bosnia-hersegovina]
Macedonië (het)	Makedonia	[makedonia]
Slovenië (het)	Slovenia	[slovenia]
Montenegro (het)	Montenegro	[montenegro]

236. Voormalige USSR landen

Azerbeidzjan (het)	Azerbaijan	[azerbajdʒ'an]
Azerbeidzjaan (de)	lelaki Azerbaijan	[lelaki azerbajdʒ'an]
Azerbeidjaanse (de)	wanita Azerbaijan	[wanita azerbajdʒ'an]
Azerbeidjaans (bn)	Azerbaijan	[azerbajdʒ'an]

Armenië (het)	Armenia	[armenia]
Armeen (de)	lelaki Armenia	[lelaki armenia]
Armeense (de)	wanita Armenia	[wanita armenia]
Armeens (bn)	Armenia	[armenia]

Wit-Rusland (het)	Belarusia	[belarusia]
Wit-Rus (de)	lelaki Belarusia	[lelaki belarusia]
Wit-Russische (de)	wanita Belarusia	[wanita belarusia]
Wit-Russisch (bn)	Belarusia	[belarusia]

Georgië (het)	Georgia	[dʒordʒia]
Georgiër (de)	lelaki Georgia	[lelaki dʒordʒia]
Georgische (de)	wanita Georgia	[wanita georgia]
Georgisch (bn)	Georgia	[dʒordʒia]

Kazakstan (het)	Kazakistan	[kazakstan]
Kazak (de)	lelaki Kazakh	[lelaki kazah]
Kazakse (de)	wanita Kazakh	[wanita kazah]
Kazakse (bn)	Kazakh	[kazah]

Kirgizië (het)	Kirgizia	[kirgizia]
Kirgiziër (de)	lelaki Kirgiz	[lelaki kirgiz]
Kirgizische (de)	wanita Kirgiz	[wanita kirgiz]
Kirgizische (bn)	Kirgiz	[kirgiz]

Moldavië (het)	Moldova	[moldova]
Moldaviër (de)	lelaki Moldova	[lelaki moldova]
Moldavische (de)	wanita Moldova	[wanita moldova]
Moldavisch (bn)	Moldova	[moldova]

Rusland (het)	Rusia	[rusia]
Rus (de)	lelaki Rusia	[lelaki rusia]
Russin (de)	wanita Rusia	[wanita rusia]
Russisch (bn)	Rusia	[rusia]

Tadzjikistan (het)	Tajikistan	[tadʒikistan]
Tadzjiek (de)	lelaki Tajik	[lelaki tadʒiˀ]
Tadzjiekse (de)	wanitaTajik	[wanitatadʒiˀ]
Tadzjieks (bn)	Tajik	[tadʒiˀ]

Turkmenistan (het)	Turkmenistan	[turkmenistan]
Turkmeen (de)	lelaki Turkmen	[lelaki turkmen]
Turkmeense (de)	wanita Turkmen	[wanita turkmen]
Turkmeens (bn)	Turkmen	[turkmen]

Oezbekistan (het)	Uzbekistan	[uzbekistan]
Oezbeek (de)	lelaki Uzbek	[lelaki uzbeˀ]
Oezbeekse (de)	wanita Uzbek	[wanita uzbeˀ]
Oezbeeks (bn)	Uzbek	[uzbeˀ]

Oekraïne (het)	Ukraina	[ukrajna]
Oekraïner (de)	lelaki Ukraina	[lelaki ukrajna]
Oekraïense (de)	wanita Ukraina	[wanita ukrajna]
Oekraïens (bn)	Ukraina	[ukrajna]

237. Azië

| Azië (het) | Asia | [asia] |
| Aziatisch (bn) | Asia | [asia] |

Vietnam (het)	Vietnam	[vjetnam]
Vietnamees (de)	lelaki Vietnam	[lelaki vjetnam]
Vietnamese (de)	wanita Vietnam	[wanita vjetnam]
Vietnamees (bn)	Vietnam	[vjetnam]

India (het)	India	[india]
Indiër (de)	lelaki India	[lelaki india]
Indische (de)	wanita India	[wanita india]
Indisch (bn)	India	[india]

Israël (het)	Israel	[israel]
Israëliër (de)	lelaki Israel	[lelaki israel]
Israëlische (de)	wanita Israel	[wanita israel]
Israëlisch (bn)	Israel	[israel]

Jood (etniciteit)	lelaki Yahudi	[lelaki yahudi]
Jodin (de)	wanita Yahudi	[wanita yahudi]
Joods (bn)	Yahudi	[yahudi]
China (het)	Tiongkok	[tjoŋkoˀ]

Chinees (de)	**lelaki Tionghoa**	[lelaki tioŋhoa]
Chinese (de)	**wanita Tionghoa**	[wanita tioŋhoa]
Chinees (bn)	**Tionghua**	[tjoŋhua]
Koreaan (de)	**lelaki Korea**	[lelaki korea]
Koreaanse (de)	**wanita Korea**	[wanita korea]
Koreaans (bn)	**Korea**	[korea]
Libanon (het)	**Lebanon**	[lebanon]
Libanees (de)	**lelaki Lebanon**	[lelaki lebanon]
Libanese (de)	**wanita Lebanon**	[wanita lebanon]
Libanees (bn)	**Lebanon**	[lebanon]
Mongolië (het)	**Mongolia**	[moŋolia]
Mongool (de)	**lelaki Mongolia**	[lelaki moŋolia]
Mongoolse (de)	**wanita Mongolia**	[wanita moŋolia]
Mongools (bn)	**Mongolia**	[moŋolia]
Maleisië (het)	**Malaysia**	[malajsia]
Maleisiër (de)	**lelaki Malaysia**	[lelaki malajsia]
Maleisische (de)	**wanita Malaysia**	[wanita malajsia]
Maleisisch (bn)	**Melayu**	[melaju]
Pakistan (het)	**Pakistan**	[pakistan]
Pakistaan (de)	**lelaki Pakistan**	[lelaki pakistan]
Pakistaanse (de)	**wanita Pakistan**	[wanita pakistan]
Pakistaans (bn)	**Pakistan**	[pakistan]
Saoedi-Arabië (het)	**Arab Saudi**	[arab saudi]
Arabier (de)	**lelaki Arab**	[lelaki arab]
Arabische (de)	**wanita Arab**	[wanita arab]
Arabisch (bn)	**Arab**	[arab]
Thailand (het)	**Thailand**	[tajland]
Thai (de)	**lelaki Thai**	[lelaki taj]
Thaise (de)	**wanita Thai**	[wanita tajwan]
Thai (bn)	**Thai**	[taj]
Taiwan (het)	**Taiwan**	[tajwan]
Taiwanees (de)	**lelaki Taiwan**	[lelaki tajwan]
Taiwanese (de)	**wanita Taiwan**	[wanita tajwan]
Taiwanees (bn)	**Taiwan**	[tajwan]
Turkije (het)	**Turki**	[turki]
Turk (de)	**lelaki Turki**	[lelaki turki]
Turkse (de)	**wanita Turki**	[wanita turki]
Turks (bn)	**Turki**	[turki]
Japan (het)	**Jepang**	[dʒ'epaŋ]
Japanner (de)	**lelaki Jepang**	[lelaki dʒ'epaŋ]
Japanse (de)	**wanita Jepang**	[wanita dʒ'epaŋ]
Japans (bn)	**Jepang**	[dʒ'epaŋ]
Afghanistan (het)	**Afghanistan**	[afganistan]
Bangladesh (het)	**Bangladesh**	[baŋladeʃ]
Indonesië (het)	**Indonesia**	[indonesia]

Jordanië (het)	Yordania	[yordania]
Irak (het)	Irak	[ira?]
Iran (het)	Iran	[iran]
Cambodja (het)	Kamboja	[kambodʒia]
Koeweit (het)	Kuwait	[kuweyt]

Laos (het)	Laos	[laos]
Myanmar (het)	Myanmar	[myanmar]
Nepal (het)	Nepal	[nepal]
Verenigde Arabische Emiraten	Uni Emirat Arab	[uni emirat arab]

Syrië (het)	Suriah	[suriah]
Palestijnse autonomie (de)	Palestina	[palestina]
Zuid-Korea (het)	Korea Selatan	[korea selatan]
Noord-Korea (het)	Korea Utara	[korea utara]

238. Noord-Amerika

Verenigde Staten van Amerika	Amerika Serikat	[amerika serikat]
Amerikaan (de)	lelaki Amerika	[lelaki amerika]
Amerikaanse (de)	wanita Amerika	[wanita amerika]
Amerikaans (bn)	Amerika	[amerika]

Canada (het)	Kanada	[kanada]
Canadees (de)	lelaki Kanada	[lelaki kanada]
Canadese (de)	wanita Kanada	[wanita kanada]
Canadees (bn)	Kanada	[kanada]

Mexico (het)	Meksiko	[meksiko]
Mexicaan (de)	lelaki Meksiko	[lelaki meksiko]
Mexicaanse (de)	wanita Meksiko	[wanita meksiko]
Mexicaans (bn)	Meksiko	[meksiko]

239. Midden- en Zuid-Amerika

Argentinië (het)	Argentina	[argentina]
Argentijn (de)	lelaki Argentina	[lelaki argentina]
Argentijnse (de)	wanita Argentina	[wanita argentina]
Argentijns (bn)	Argentina	[argentina]

Brazilië (het)	Brasil	[brasil]
Braziliaan (de)	lelaki Brasil	[lelaki brasil]
Braziliaanse (de)	wanita Brasil	[wanita brasil]
Braziliaans (bn)	Brasil	[brasil]

Colombia (het)	Kolombia	[kolombia]
Colombiaan (de)	lelaki Kolombia	[lelaki kolombia]
Colombiaanse (de)	wanita Kolombia	[wanita kolombia]
Colombiaans (bn)	Kolombia	[kolombia]
Cuba (het)	Kuba	[kuba]

Cubaan (de)	Ielaki Kuba	[lelaki kuba]
Cubaanse (de)	wanita Kuba	[wanita kuba]
Cubaans (bn)	Kuba	[kuba]

Chili (het)	Chili	[tʃili]
Chileen (de)	Ielaki Chili	[lelaki tʃili]
Chileense (de)	wanita Chili	[wanita tʃili]
Chileens (bn)	Chili	[tʃili]

Bolivia (het)	Bolivia	[bolivia]
Venezuela (het)	Venezuela	[venezuela]
Paraguay (het)	Paraguay	[paraguaj]
Peru (het)	Peru	[peru]
Suriname (het)	Suriname	[suriname]
Uruguay (het)	Uruguay	[uruguaj]
Ecuador (het)	Ekuador	[ekuador]

Bahama's (mv.)	Kepulauan Bahama	[kepulauan bahama]
Haïti (het)	Haiti	[haiti]
Dominicaanse Republiek (de)	Republik Dominika	[republiˀ dominika]
Panama (het)	Panama	[panama]
Jamaica (het)	Jamaika	[dʒʲamajka]

240. Afrika

Egypte (het)	Mesir	[mesir]
Egyptenaar (de)	Ielaki Mesir	[lelaki mesir]
Egyptische (de)	wanita Mesir	[wanita mesir]
Egyptisch (bn)	Mesir	[mesir]

Marokko (het)	Maroko	[maroko]
Marokkaan (de)	Ielaki Maroko	[lelaki maroko]
Marokkaanse (de)	wanita Maroko	[wanita maroko]
Marokkaans (bn)	Maroko	[maroko]

Tunesië (het)	Tunisia	[tunisia]
Tunesiër (de)	Ielaki Tunisia	[lelaki tunisia]
Tunesische (de)	wanita Tunisia	[wanita tunisia]
Tunesisch (bn)	Tunisia	[tunisia]

Ghana (het)	Ghana	[gana]
Zanzibar (het)	Zanzibar	[zanzibar]
Kenia (het)	Kenya	[kenia]
Libië (het)	Libia	[libia]
Madagaskar (het)	Madagaskar	[madagaskar]

Namibië (het)	Namibia	[namibia]
Senegal (het)	Senegal	[senegal]
Tanzania (het)	Tanzania	[tanzania]
Zuid-Afrika (het)	Afrika Selatan	[afrika selatan]

Afrikaan (de)	Ielaki Afrika	[lelaki afrika]
Afrikaanse (de)	wanita Afrika	[wanita afrika]
Afrikaans (bn)	Afrika	[afrika]

241. Australië. Oceanië

Australië (het)	**Australia**	[australia]
Australiër (de)	**lelaki Australia**	[lelaki australia]
Australische (de)	**wanita Australia**	[wanita australia]
Australisch (bn)	**Australia**	[australia]
Nieuw-Zeeland (het)	**Selandia Baru**	[selandia baru]
Nieuw-Zeelander (de)	**lelaki Selandia Baru**	[lelaki selandia baru]
Nieuw-Zeelandse (de)	**wanita Selandia Baru**	[wanita selandia baru]
Nieuw-Zeelands (bn)	**Selandia Baru**	[selandia baru]
Tasmanië (het)	**Tasmania**	[tasmania]
Frans-Polynesië	**Polinesia Prancis**	[polinesia prantʃis]

242. Steden

Amsterdam	**Amsterdam**	[amsterdam]
Ankara	**Ankara**	[ankara]
Athene	**Athena**	[atena]
Bagdad	**Bagdad**	[bagdad]
Bangkok	**Bangkok**	[baŋko']
Barcelona	**Barcelona**	[bartʃelona]
Beiroet	**Beirut**	[beyrut]
Berlijn	**Berlin**	[berlin]
Boedapest	**Budapest**	[budapest]
Boekarest	**Bukares**	[bukares]
Bombay, Mumbai	**Mumbai**	[mumbaj]
Bonn	**Bonn**	[bonn]
Bordeaux	**Bordeaux**	[bordo]
Bratislava	**Bratislava**	[bratislava]
Brussel	**Brussel**	[brusel]
Caïro	**Kairo**	[kajro]
Calcutta	**Kolkata**	[kolkata]
Chicago	**Chicago**	[tʃikago]
Dar Es Salaam	**Darussalam**	[darussalam]
Delhi	**Delhi**	[delhi]
Den Haag	**Den Hague**	[den hag]
Dubai	**Dubai**	[dubaj]
Dublin	**Dublin**	[dublin]
Düsseldorf	**Düsseldorf**	[dyuseldorf]
Florence	**Firenze**	[firenze]
Frankfort	**Frankfurt**	[frankfurt]
Genève	**Jenewa**	[dʒ'enewa]
Hamburg	**Hamburg**	[hamburg]
Hanoi	**Hanoi**	[hanoi]
Havana	**Havana**	[havana]
Helsinki	**Helsinki**	[helsinki]

Hiroshima	Hiroshima	[hiroʃima]
Hongkong	Hong Kong	[hoŋ koŋ]
Istanbul	Istambul	[istambul]
Jeruzalem	Yerusalem	[erusalem]
Kiev	Kiev	[kiev]

Kopenhagen	Kopenhagen	[kopenhagen]
Kuala Lumpur	Kuala Lumpur	[kuala lumpur]
Lissabon	Lisbon	[lisbon]
Londen	London	[london]
Los Angeles	Los Angeles	[los enzheles]

Lyon	Lyons	[lion]
Madrid	Madrid	[madrid]
Marseille	Marseille	[marseille]
Mexico-Stad	Meksiko	[meksiko]
Miami	Miami	[miami]

Montreal	Montréal	[montreal]
Moskou	Moskow	[moskow]
München	Munich	[munitʃ]
Nairobi	Nairobi	[najrobi]
Napels	Napoli	[napoli]

New York	New York	[nju yorʔ]
Nice	Nice	[nitʃe]
Oslo	Oslo	[oslo]
Ottawa	Ottawa	[ottawa]
Parijs	Paris	[paris]

Peking	Beijing	[beydʒiŋ]
Praag	Praha	[praha]
Rio de Janeiro	Rio de Janeiro	[rio de dʒ'aneyro]
Rome	Roma	[roma]
Seoel	Seoul	[seoul]
Singapore	Singapura	[siŋapura]

Sint-Petersburg	Saint Petersburg	[sajnt petersburg]
Sjanghai	Shanghai	[ʃanhaj]
Stockholm	Stockholm	[stokholm]
Sydney	Sydney	[sidni]
Taipei	Taipei	[tajpey]
Tokio	Tokyo	[tokio]

Toronto	Toronto	[toronto]
Venetië	Venesia	[venesia]
Warschau	Warsawa	[warsawa]
Washington	Washington	[waʃiŋton]
Wenen	Wina	[wina]

243. Politiek. Overheid. Deel 1

| politiek (de) | politik | [politiʔ] |
| politiek (bn) | politis | [politis] |

politicus (de)	politisi, politikus	[politisi], [politikus]
staat (land)	negara	[negara]
burger (de)	warganegara	[warganegara]
staatsburgerschap (het)	kewarganegaraan	[kewarganegara'an]
nationaal wapen (het)	lambang negara	[lambaŋ negara]
volkslied (het)	lagu kebangsaan	[lagu kebaŋsa'an]
regering (de)	pemerintah	[pemerintah]
staatshoofd (het)	kepala negara	[kepala negara]
parlement (het)	parlemen	[parlemen]
partij (de)	partai	[partaj]
kapitalisme (het)	kapitalisme	[kapitalisme]
kapitalistisch (bn)	kapitalis	[kapitalis]
socialisme (het)	sosialisme	[sosialisme]
socialistisch (bn)	sosialis	[sosialis]
communisme (het)	komunisme	[komunisme]
communistisch (bn)	komunis	[komunis]
communist (de)	orang komunis	[oraŋ komunis]
democratie (de)	demokrasi	[demokrasi]
democraat (de)	demokrat	[demokrat]
democratisch (bn)	demokratis	[demokratis]
democratische partij (de)	Partai Demokrasi	[partaj demokrasi]
liberaal (de)	orang liberal	[oraŋ liberal]
liberaal (bn)	liberal	[liberal]
conservator (de)	orang yang konservatif	[oraŋ yaŋ konservatif]
conservatief (bn)	konservatif	[konservatif]
republiek (de)	republik	[republiʔ]
republikein (de)	pendukung Partai Republik	[pendukuŋ partaj republiʔ]
Republikeinse Partij (de)	Partai Republik	[partaj republiʔ]
verkiezing (de)	pemilu	[pemilu]
kiezen (ww)	memilih	[memilih]
kiezer (de)	pemilih	[pemilih]
verkiezingscampagne (de)	kampanye pemilu	[kampane pemilu]
stemming (de)	pemungutan suara	[pemuŋutan suara]
stemmen (ww)	memberikan suara	[memberikan suara]
stemrecht (het)	hak suara	[haʔ suara]
kandidaat (de)	kandidat, calon	[kandidat], [ʧalon]
zich kandideren	mencalonkan diri	[menʧalonkan diri]
campagne (de)	kampanye	[kampanje]
oppositie- (abn)	oposisi	[oposisi]
oppositie (de)	oposisi	[oposisi]
bezoek (het)	kunjungan	[kunʤ'uŋan]
officieel bezoek (het)	kunjungan resmi	[kunʤ'uŋan resmi]
internationaal (bn)	internasional	[internasional]

| onderhandelingen (mv.) | negosiasi, perundingan | [negosiasi], [pərundiŋan] |
| onderhandelen (ww) | bernegosiasi | [bərnegosiasi] |

244. Politiek. Overheid. Deel 2

maatschappij (de)	masyarakat	[maʃarakat]
grondwet (de)	Konstitusi,	[konstitusi],
	Undang-Undang Dasar	[undaŋ-undaŋ dasar]
macht (politieke ~)	kekuasaan	[kekuasa'an]
corruptie (de)	korupsi	[korupsi]

| wet (de) | hukum | [hukum] |
| wettelijk (bn) | sah | [sah] |

| rechtvaardigheid (de) | keadilan | [keadilan] |
| rechtvaardig (bn) | adil | [adil] |

comité (het)	komite	[komite]
wetsvoorstel (het)	rancangan undang-undang	[rantʃaŋan undaŋ-undaŋ]
begroting (de)	anggaran belanja	[aŋgaran belandʒia]
beleid (het)	kebijakan	[kebidʒiakan]
hervorming (de)	reformasi	[reformasi]
radicaal (bn)	radikal	[radikal]

macht (vermogen)	kuasa	[kuasa]
machtig (bn)	adikuasa, berkuasa	[adikuasa], [bərkuasa]
aanhanger (de)	pendukung	[pendukuŋ]
invloed (de)	pengaruh	[peŋaruh]

regime (het)	rezim	[rezim]
conflict (het)	konflik	[konfli']
samenzwering (de)	komplotan	[komplotan]
provocatie (de)	provokasi	[provokasi]

omverwerpen (ww)	menggulingkan	[məŋguliŋkan]
omverwerping (de)	penggulingan	[peŋguliŋan]
revolutie (de)	revolusi	[revolusi]

| staatsgreep (de) | kudeta | [kudeta] |
| militaire coup (de) | kudeta militer | [kudeta militer] |

crisis (de)	krisis	[krisis]
economische recessie (de)	resesi ekonomi	[resesi ekonomi]
betoger (de)	pendemo	[pendemo]
betoging (de)	demonstrasi	[demonstrasi]
krijgswet (de)	darurat militer	[darurat militer]
militaire basis (de)	pangkalan militer	[paŋkalan militer]

| stabiliteit (de) | stabilitas | [stabilitas] |
| stabiel (bn) | stabil | [stabil] |

uitbuiting (de)	eksploitasi	[eksploitasi]
uitbuiten (ww)	mengeksploitasi	[məŋeksploitasi]
racisme (het)	rasisme	[rasisme]

racist (de)	rasis	[rasis]
fascisme (het)	fasisme	[fasisme]
fascist (de)	fasis	[fasis]

245. Landen. Diversen

vreemdeling (de)	orang asing	[oraŋ asiŋ]
buitenlands (bn)	asing	[asiŋ]
in het buitenland (bw)	di luar negeri	[di luar negeri]

emigrant (de)	emigran	[emigran]
emigratie (de)	emigrasi	[emigrasi]
emigreren (ww)	beremigrasi	[bəremigrasi]

Westen (het)	Barat	[barat]
Oosten (het)	Timur	[timur]
Verre Oosten (het)	Timur Jauh	[timur dʒ'auh]
beschaving (de)	peradaban	[pəradaban]
mensheid (de)	umat manusia	[umat manusia]
wereld (de)	dunia	[dunia]
vrede (de)	perdamaian	[pərdamajan]
wereld- (abn)	sedunia	[sedunia]

vaderland (het)	tanah air	[tanah air]
volk (het)	rakyat	[rakjat]
bevolking (de)	populasi, penduduk	[populasi], [pendudu']
mensen (mv.)	orang-orang	[oraŋ-oraŋ]
natie (de)	bangsa	[baŋsa]
generatie (de)	generasi	[generasi]
gebied (bijv. bezette ~en)	wilayah	[wilajah]
regio, streek (de)	kawasan	[kawasan]
deelstaat (de)	negara bagian	[negara bagian]

traditie (de)	tradisi	[tradisi]
gewoonte (de)	adat	[adat]
ecologie (de)	ekologi	[ekologi]

Indiaan (de)	orang Indian	[oraŋ indian]
zigeuner (de)	lelaki Gipsi	[lelaki gipsi]
zigeunerin (de)	wanita Gipsi	[wanita gipsi]
zigeuner- (abn)	Gipsi, Rom	[gipsi], [rom]

rijk (het)	kekaisaran	[kekajsaran]
kolonie (de)	koloni, negeri jajahan	[koloni], [negeri dʒ'adʒ'ahan]
slavernij (de)	perbudakan	[pərbudakan]
invasie (de)	invasi, penyerbuan	[invasi], [penerbuan]
hongersnood (de)	kelaparan, paceklik	[kelaparan], [patʃekli']

246. Grote religieuze groepen. Bekentenissen

| religie (de) | agama | [agama] |
| religieus (bn) | religius | [religius] |

geloof (het)	keyakinan, iman	[keyakinan], [iman]
geloven (ww)	percaya	[pərtʃaja]
gelovige (de)	penganut agama	[peŋanut agama]
atheïsme (het)	ateisme	[ateisme]
atheïst (de)	ateis	[ateis]
christendom (het)	agama Kristen	[agama kristen]
christen (de)	orang Kristen	[oraŋ kristen]
christelijk (bn)	Kristen	[kristen]
katholicisme (het)	agama Katolik	[agama katoliʔ]
katholiek (de)	orang Katolik	[oraŋ katoliʔ]
katholiek (bn)	Katolik	[katoliʔ]
protestantisme (het)	Protestanisme	[protestanisme]
Protestante Kerk (de)	Gereja Protestan	[geredʒa protestan]
protestant (de)	Protestan	[protestan]
orthodoxie (de)	Kristen Ortodoks	[kristen ortodoks]
Orthodoxe Kerk (de)	Gereja Kristen Ortodoks	[geredʒa kristen ortodoks]
orthodox	Ortodoks	[ortodoks]
presbyterianisme (het)	Gereja Presbiterian	[geredʒa presbiterian]
Presbyteriaanse Kerk (de)	Gereja Presbiterian	[geredʒa presbiterian]
presbyteriaan (de)	penganut Gereja Presbiterian	[peŋanut geredʒa presbiterian]
lutheranisme (het)	Gereja Lutheran	[geredʒa luteran]
lutheraan (de)	pengikut Gereja Lutheran	[peŋikut geredʒa luteran]
baptisme (het)	Gereja Baptis	[geredʒa baptis]
baptist (de)	penganut Gereja Baptis	[peŋanut geredʒa baptis]
Anglicaanse Kerk (de)	Gereja Anglikan	[geredʒa aŋlikan]
anglicaan (de)	penganut Anglikanisme	[peŋanut aŋlikanisme]
mormonisme (het)	Mormonisme	[mormonisme]
mormoon (de)	Mormon	[mormon]
Jodendom (het)	agama Yahudi	[agama yahudi]
jood (aanhanger van het Jodendom)	orang Yahudi	[oraŋ yahudi]
boeddhisme (het)	agama Buddha	[agama budda]
boeddhist (de)	penganut Buddha	[peŋanut budda]
hindoeïsme (het)	agama Hindu	[agama hindu]
hindoe (de)	penganut Hindu	[peŋanut hindu]
islam (de)	Islam	[islam]
islamiet (de)	Muslim	[muslim]
islamitisch (bn)	Muslim	[muslim]
sjiisme (het)	Syi'ah	[ʃi-a]
sjiiet (de)	penganut Syi'ah	[peŋanut ʃi-a]
soennisme (het)	Sunni	[sunni]
soenniet (de)	ahli Sunni	[ahli sunni]

247. Religies. Priesters

priester (de)	**pendeta**	[pendeta]
paus (de)	**Paus**	[paus]
monnik (de)	**biarawan, rahib**	[biarawan], [rahib]
non (de)	**biarawati**	[biarawati]
pastoor (de)	**pastor**	[pastor]
abt (de)	**abbas**	[abbas]
vicaris (de)	**vikaris**	[vikaris]
bisschop (de)	**uskup**	[uskup]
kardinaal (de)	**kardinal**	[kardinal]
predikant (de)	**pengkhotbah**	[peŋhotbah]
preek (de)	**khotbah**	[hotbah]
kerkgangers (mv.)	**ahli paroki**	[ahli paroki]
gelovige (de)	**penganut agama**	[peŋanut agama]
atheïst (de)	**ateis**	[ateis]

248. Geloof. Christendom. Islam

Adam	**Adam**	[adam]
Eva	**Hawa**	[hawa]
God (de)	**Tuhan**	[tuhan]
Heer (de)	**Tuhan**	[tuhan]
Almachtige (de)	**Yang Maha Kuasa**	[yaŋ maha kuasa]
zonde (de)	**dosa**	[dosa]
zondigen (ww)	**berdosa**	[bərdosa]
zondaar (de)	**pedosa lelaki**	[pedosa lelaki]
zondares (de)	**pedosa wanita**	[pedosa wanita]
hel (de)	**neraka**	[neraka]
paradijs (het)	**surga**	[surga]
Jezus	**Yesus**	[yesus]
Jezus Christus	**Yesus Kristus**	[yesus kristus]
Heilige Geest (de)	**Roh Kudus**	[roh kudus]
Verlosser (de)	**Juru Selamat**	[dʒʲuru selamat]
Maagd Maria (de)	**Perawan Maria**	[pərawan maria]
duivel (de)	**Iblis**	[iblis]
duivels (bn)	**setan**	[setan]
Satan	**setan**	[setan]
satanisch (bn)	**setan**	[setan]
engel (de)	**malaikat**	[malajkat]
beschermengel (de)	**malaikat pelindung**	[malajkat pelinduŋ]
engelachtig (bn)	**malaikat**	[malajkat]

apostel (de)	rasul	[rasul]
aartsengel (de)	malaikat utama	[malajkat utama]
antichrist (de)	Antikristus	[antikristus]
Kerk (de)	Gereja	[geredʒʲa]
bijbel (de)	Alkitab	[alkitab]
bijbels (bn)	Alkitab	[alkitab]
Oude Testament (het)	Perjanjian Lama	[pərdʒʲandʒian lama]
Nieuwe Testament (het)	Perjanjian Baru	[pərdʒʲandʒian baru]
evangelie (het)	Injil	[indʒil]
Heilige Schrift (de)	Kitab Suci	[kitab sutʃi]
Hemel, Hemelrijk (de)	Surga	[surga]
gebod (het)	Perintah Allah	[pərintah allah]
profeet (de)	nabi	[nabi]
profetie (de)	ramalan	[ramalan]
Allah	Allah	[alah]
Mohammed	Muhammad	[muhammad]
Koran (de)	Al Quran	[al kur'an]
moskee (de)	masjid	[masdʒid]
moellah (de)	mullah	[mullah]
gebed (het)	sembahyang, doa	[sembahjaŋ], [doa]
bidden (ww)	bersembahyang, berdoa	[bərsembahjaŋ], [bərdoa]
pelgrimstocht (de)	ziarah	[ziarah]
pelgrim (de)	peziarah	[peziarah]
Mekka	Mekah	[mekah]
kerk (de)	gereja	[geredʒʲa]
tempel (de)	kuil, candi	[kuil], [tʃandi]
kathedraal (de)	katedral	[katedral]
gotisch (bn)	Gotik	[goti']
synagoge (de)	sinagoga, kanisah	[sinagoga], [kanisah]
moskee (de)	masjid	[masdʒid]
kapel (de)	kapel	[kapel]
abdij (de)	keabbasan	[keabbasan]
nonnenklooster (het)	biara	[biara]
mannenklooster (het)	biara	[biara]
klok (de)	lonceng	[lontʃeŋ]
klokkentoren (de)	menara lonceng	[mənara lontʃeŋ]
luiden (klokken)	berbunyi	[bərbunji]
kruis (het)	salib	[salib]
koepel (de)	kubah	[kubah]
icoon (de)	ikon	[ikon]
ziel (de)	jiwa	[dʒiwa]
lot, noodlot (het)	takdir	[takdir]
kwaad (het)	kejahatan	[kedʒʲahatan]
goed (het)	kebaikan	[kebajkan]
vampier (de)	vampir	[vampir]

heks (de)	tukang sihir	[tukaŋ sihir]
demoon (de)	iblis	[iblis]
geest (de)	roh	[roh]
verzoeningsleer (de)	penebusan	[penebusan]
vrijkopen (ww)	menebus	[mənebus]
mis (de)	misa	[misa]
de mis opdragen	menyelenggarakan misa	[mənjeleŋgarakan misa]
biecht (de)	pengakuan dosa	[peŋakuan dosa]
biechten (ww)	mengaku dosa	[məŋaku dosa]
heilige (de)	santo	[santo]
heilig (bn)	suci, kudus	[suʧi], [kudus]
wijwater (het)	air suci	[air suʧi]
ritueel (het)	ritus	[ritus]
ritueel (bn)	ritual	[ritual]
offerande (de)	pengorbangan	[peŋorbaŋan]
bijgeloof (het)	takhayul	[tahajul]
bijgelovig (bn)	bertakhayul	[bertahajul]
hiernamaals (het)	akhirat	[ahirat]
eeuwige leven (het)	hidup abadi	[hidup abadi]

DIVERSEN

249. Diverse nuttige woorden

achtergrond (de)	latar belakang	[latar belakaŋ]
balans (de)	keseimbangan	[keseimbaŋan]
basis (de)	basis, dasar	[basis], [dasar]
begin (het)	permulaan	[pərmula'an]
beurt (wie is aan de ~?)	giliran	[giliran]
categorie (de)	kategori	[kategori]
comfortabel (~ bed, enz.)	nyaman	[njaman]
compensatie (de)	kompensasi, ganti rugi	[kompensasi], [ganti rugi]
deel (gedeelte)	bagian	[bagian]
deeltje (het)	partikel, bagian kecil	[partikel], [bagian ketʃil]
ding (object, voorwerp)	barang	[baraŋ]
dringend (bn, urgent)	segera	[segera]
dringend (bw, met spoed)	segera	[segera]
effect (het)	efek, pengaruh	[efek], [peŋaruh]
eigenschap (kwaliteit)	sifat	[sifat]
einde (het)	akhir	[ahir]
element (het)	unsur	[unsur]
feit (het)	fakta	[fakta]
fout (de)	kesalahan	[kesalahan]
geheim (het)	rahasia	[rahasia]
graad (mate)	tingkat	[tiŋkat]
groei (ontwikkeling)	pertumbuhan	[pertumbuhan]
hindernis (de)	rintangan	[rintaŋan]
hinderpaal (de)	rintangan	[rintaŋan]
hulp (de)	bantuan	[bantuan]
ideaal (het)	ideal	[ideal]
inspanning (de)	usaha	[usaha]
keuze (een grote ~)	pilihan	[pilihan]
labyrint (het)	labirin	[labirin]
manier (de)	cara	[tʃara]
moment (het)	saat, waktu	[sa'at], [waktu]
nut (bruikbaarheid)	kegunaan	[keguna'an]
onderscheid (het)	perbedaan	[perbeda'an]
ontwikkeling (de)	perkembangan	[perkembaŋan]
oplossing (de)	solusi, penyelesaian	[solusi], [penjelesajan]
origineel (het)	orisinal, dokumen asli	[orisinal], [dokumen asli]
pauze (de)	istirahat	[istirahat]
positie (de)	posisi	[posisi]
principe (het)	prinsip	[prinsip]

probleem (het)	masalah	[masalah]
proces (het)	proses	[proses]
reactie (de)	reaksi	[reaksi]

reden (om ~ van)	sebab	[sebab]
risico (het)	risiko	[risiko]
samenvallen (het)	kebetulan	[kebetulan]
serie (de)	rangkaian	[raŋkajan]

situatie (de)	situasi	[situasi]
soort (bijv. ~ sport)	jenis	[dʒ'enis]
standaard (bn)	standar	[standar]
standaard (de)	standar	[standar]
stijl (de)	gaya	[gaja]

stop (korte onderbreking)	perhentian	[pərhentian]
systeem (het)	sistem	[sistem]
tabel (bijv. ~ van Mendelejev)	tabel	[tabel]
tempo (langzaam ~)	tempo, laju	[tempo], [ladʒ'u]
term (medische ~en)	istilah	[istilah]

type (soort)	jenis	[dʒ'enis]
variant (de)	varian	[varian]
veelvuldig (bn)	kerap, sering	[kerap], [seriŋ]
vergelijking (de)	perbandingan	[pərbandiŋan]
voorbeeld (het goede ~)	contoh	[tʃontoh]

voortgang (de)	kemajuan	[kemadʒ'uan]
voorwerp (ding)	objek	[obdʒ'e']
vorm (uiterlijke ~)	bentuk, rupa	[bentuk], [rupa]
waarheid (de)	kebenaran	[kebenaran]
zone (de)	zona	[zona]

250. Beperkende bijwoorden. Bijvoeglijke naamwoorden. Deel 1

accuraat (uurwerk, enz.)	cermat	[tʃermat]
achter- (abn)	belakang	[belakaŋ]
additioneel (bn)	tambahan	[tambahan]
anders (bn)	berbeda	[bərbeda]

arm (bijv. ~e landen)	miskin	[miskin]
begrijpelijk (bn)	jelas	[dʒ'elas]
belangrijk (bn)	penting	[pentiŋ]
belangrijkst (bn)	paling penting	[paliŋ pentiŋ]

beleefd (bn)	sopan	[sopan]
beperkt (bn)	terbatas	[tərbatas]
betekenisvol (bn)	signifikan, luar biasa	[signifikan], [luar biasa]
bijziend (bn)	rabun jauh	[rabun dʒ'auh]
binnen- (abn)	dalam	[dalam]

bitter (bn)	pahit	[pahit]
blind (bn)	buta	[buta]
breed (een ~e straat)	lebar	[lebar]

| breekbaar (porselein, glas) | rapuh | [rapuh] |
| buiten- (abn) | luar | [luar] |

buitenlands (bn)	asing	[asiŋ]
burgerlijk (bn)	sipil	[sipil]
centraal (bn)	sentral	[sentral]
dankbaar (bn)	berterima kasih	[berterima kasih]
dicht (~e mist)	pekat	[pekat]

dicht (bijv. ~e mist)	tebal	[tebal]
dicht (in de ruimte)	dekat	[dekat]
dichtbij (bn)	dekat	[dekat]
dichtstbijzijnd (bn)	terdekat	[terdekat]

diepvries (~product)	beku	[beku]
dik (bijv. muur)	tebal	[tebal]
dof (~ licht)	redup	[redup]
dom (dwaas)	bodoh	[bodoh]

donker (bijv. ~e kamer)	gelap	[gelap]
dood (bn)	mati	[mati]
doorzichtig (bn)	transparan	[transparan]
droevig (~ blik)	sedih	[sedih]
droog (bn)	kering	[keriŋ]

dun (persoon)	kurus	[kurus]
duur (bn)	mahal	[mahal]
eender (bn)	sama, serupa	[sama], [serupa]
eenvoudig (bn)	mudah	[mudah]
eenvoudig (bn)	mudah, sederhana	[mudah], [sederhana]

eeuwenoude (~ beschaving)	kuno	[kuno]
enorm (bn)	sangat besar	[saŋat besar]
geboorte- (stad, land)	asli	[asli]
gebruind (bn)	hitam terbakar matahari	[hitam terbakar matahari]

gelijkend (bn)	mirip	[mirip]
gelukkig (bn)	bahagia	[bahagia]
gesloten (bn)	tertutup	[tertutup]
getaand (bn)	berkulit hitam	[berkulit hitam]

gevaarlijk (bn)	berbahaya	[berbahaja]
gewoon (bn)	biasa	[biasa]
gezamenlijk (~ besluit)	bersama	[bersama]
glad (~ oppervlak)	rata, halus	[rata], [halus]
glad (~ oppervlak)	rata, datar	[rata], [datar]

goed (bn)	baik	[baj']
goedkoop (bn)	murah	[murah]
gratis (bn)	gratis	[gratis]
groot (bn)	besar	[besar]

hard (niet zacht)	keras	[keras]
heel (volledig)	seluruh	[seluruh]
heet (bn)	panas	[panas]
hongerig (bn)	lapar	[lapar]

hoofd- (abn)	utama	[utama]
hoogste (bn)	tertinggi	[tərtiŋgi]
huidig (courant)	sekarang ini, saat ini	[sekaraŋ ini], [sa'at ini]
jong (bn)	muda	[muda]

juist, correct (bn)	benar	[benar]
kalm (bn)	tenang	[tenaŋ]
kinder- (abn)	kanak-kanak	[kana'-kana']
klein (bn)	kecil	[ketʃil]
koel (~ weer)	sejuk	[sedʒiu']

kort (kortstondig)	sebentar	[sebentar]
kort (niet lang)	pendek	[pende']
koud (~ water, weer)	dingin	[diŋin]
kunstmatig (bn)	buatan	[buatan]

laatst (bn)	terakhir	[tərahir]
lang (een ~ verhaal)	panjang	[pandʒiaŋ]
langdurig (bn)	panjang	[pandʒiaŋ]
lastig (~ probleem)	rumit	[rumit]

leeg (glas, kamer)	kosong	[kosoŋ]
lekker (bn)	enak	[ena']
licht (kleur)	muda	[muda]
licht (niet veel weegt)	ringan	[riŋan]

linker (bn)	kiri	[kiri]
luid (bijv. ~e stem)	lantang	[lantaŋ]
mager (bn)	ramping	[rampiŋ]
mat (bijv. ~ verf)	kusam	[kusam]
moe (bn)	lelah	[lelah]

moeilijk (~ besluit)	sukar, sulit	[sukar], [sulit]
mogelijk (bn)	mungkin	[muŋkin]
mooi (bn)	cantik	[tʃanti']
mysterieus (bn)	misterius	[misterius]

naburig (bn)	tetangga	[tetaŋga]
nalatig (bn)	ceroboh	[tʃeroboh]
nat (~te kleding)	basah	[basah]
nerveus (bn)	gugup, grogi	[gugup], [grogi]
niet groot (bn)	tidak besar	[tida' besar]

niet moeilijk (bn)	tidak sukar	[tida' sukar]
nieuw (bn)	baru	[baru]
nodig (bn)	perlu	[perlu]
normaal (bn)	normal	[normal]

251. Beperkende bijwoorden. Bijvoeglijke naamwoorden. Deel 2

onbegrijpelijk (bn)	tak dapat dimengerti	[ta' dapat dimeŋerti]
onbelangrijk (bn)	kecil	[ketʃil]
onbeweeglijk (bn)	tak bergerak	[ta' bərgera']
onbewolkt (bn)	tak berawan	[ta' bərawan]

ondergronds (geheim)	**rahasia, diam-diam**	[rahasia], [diam-diam]
ondiep (bn)	**dangkal**	[daŋkal]
onduidelijk (bn)	**tidak jelas**	[tidaˀ dʒʲelas]
onervaren (bn)	**tak berpengalaman**	[taˀ bərpeŋalaman]
onmogelijk (bn)	**mustahil**	[mustahil]
onontbeerlijk (bn)	**tak tergantikan**	[taˀ tərgantikan]

onophoudelijk (bn)	**kontinu, terus menerus**	[kontinu], [tərus menerus]
ontkennend (bn)	**negatif**	[negatif]
open (bn)	**terbuka**	[tərbuka]
openbaar (bn)	**umum**	[umum]
origineel (ongewoon)	**orisinal, asli**	[orisinal], [asli]

oud (~ huis)	**tua**	[tua]
overdreven (bn)	**berlebihan**	[bərlebihan]
passend (bn)	**sesuai**	[sesuaj]
permanent (bn)	**tetap**	[tetap]
persoonlijk (bn)	**pribadi**	[pribadi]

plat (bijv. ~ scherm)	**datar**	[datar]
prachtig (~ paleis, enz.)	**cantik**	[ʧantiˀ]
precies (bn)	**tepat**	[tepat]
prettig (bn)	**indah**	[indah]
privé (bn)	**pribadi**	[pribadi]

punctueel (bn)	**tepat waktu**	[tepat waktu]
rauw (niet gekookt)	**mentah**	[məntah]
recht (weg, straat)	**lurus**	[lurus]
rechter (bn)	**kanan**	[kanan]
rijp (fruit)	**masak**	[masaˀ]

riskant (bn)	**riskan**	[riskan]
ruim (een ~ huis)	**lapang, luas**	[lapaŋ], [luas]
rustig (bn)	**sunyi**	[sunji]
scherp (bijv. ~ mes)	**tajam**	[tadʒʲam]
schoon (niet vies)	**bersih**	[bərsih]

slecht (bn)	**buruk, jelek**	[buruk], [dʒʲeleˀ]
slim (verstandig)	**pandai, pintar**	[pandaj], [pintar]
smal (~le weg)	**sempit**	[sempit]
snel (vlug)	**cepat**	[ʧepat]
somber (bn)	**suram**	[suram]
speciaal (bn)	**khusus**	[husus]

sterk (bn)	**kuat**	[kuat]
stevig (bn)	**kuat, kukuh**	[kuat], [kukuh]
straatarm (bn)	**papa, sangat miskin**	[papa], [saŋat miskin]
strak (schoenen, enz.)	**ketat**	[ketat]
teder (liefderijk)	**lembut**	[lembut]

tegenovergesteld (bn)	**bertentangan**	[bərtentaŋan]
tevreden (bn)	**puas**	[puas]
tevreden (klant, enz.)	**puas**	[puas]
treurig (bn)	**sedih**	[sedih]
tweedehands (bn)	**bekas**	[bekas]
uitstekend (bn)	**sangat baik**	[saŋat baiˀ]

uitstekend (bn)	cemerlang	[tʃemerlaŋ]
uniek (bn)	unik	[uniʔ]
veilig (niet gevaarlijk)	aman	[aman]
ver (in de ruimte)	jauh	[dʒ'auh]

verenigbaar (bn)	serasi, cocok	[serasi], [tʃotʃoʔ]
vermoeiend (bn)	melelahkan	[melelahkan]
verplicht (bn)	wajib	[wadʒib]
vers (~ brood)	segar	[segar]
verschillende (bn)	berbagai	[bərbagaj]

verst (meest afgelegen)	jauh	[dʒ'auh]
vettig (voedsel)	berlemak	[bərlemaʔ]
vijandig (bn)	bermusuhan	[bərmusuhan]
vloeibaar (bn)	cair	[tʃair]
vochtig (bn)	lembap	[lembap]
vol (helemaal gevuld)	penuh	[penuh]

volgend (~ jaar)	depan	[depan]
voorbij (bn)	lalu	[lalu]
voornaamste (bn)	utama	[utama]
vorig (~ jaar)	lalu	[lalu]
vorig (bijv. ~e baas)	sebelumnya	[sebelumnja]

vriendelijk (aardig)	baik	[bajʔ]
vriendelijk (goedhartig)	baik hati	[bajʔ hati]
vrij (bn)	bebas	[bebas]
vrolijk (bn)	riang, gembira	[riaŋ], [gembira]
vruchtbaar (~ land)	subur	[subur]

vuil (niet schoon)	kotor	[kotor]
waarschijnlijk (bn)	mungkin	[muŋkin]
warm (bn)	hangat	[haŋat]
wettelijk (bn)	sah	[sah]
zacht (bijv. ~ kussen)	empuk	[empuʔ]

zacht (bn)	lirih	[lirih]
zeldzaam (bn)	jarang	[dʒ'araŋ]
ziek (bn)	sakit	[sakit]
zoet (~ water)	tawar	[tawar]
zoet (bn)	manis	[manis]

zonnig (~e dag)	cerah	[tʃerah]
zorgzaam (bn)	penuh perhatian	[penuh pərhatian]
zout (de soep is ~)	asin	[asin]
zuur (smaak)	masam	[masam]
zwaar (~ voorwerp)	berat	[berat]

DE 500 BELANGRIJKSTE WERKWOORDEN

252. Werkwoorden A-C

aaien (bijv. een konijn ~)	mengusap	[məŋusap]
aanbevelen (ww)	merekomendasi	[merekomendasi]
aandringen (ww)	mendesak	[məndesaʔ]
aankomen (ov. de treinen)	datang	[dataŋ]
aanleggen (bijv. bij de pier)	merapat	[merapat]
aanraken (met de hand)	menyentuh	[mənjentuh]
aansteken (kampvuur, enz.)	menyalakan	[mənjalakan]
aanstellen (in functie plaatsen)	melantik	[melantiʔ]
aanvallen (mil.)	menyerang	[mənjeraŋ]
aanvoelen (gevaar ~)	merasa	[merasa]
aanvoeren (leiden)	memimpin	[memimpin]
aanwijzen (de weg ~)	menunjuk	[mənundʒʲuʔ]
aanzetten (computer, enz.)	menyalakan	[mənjalakan]
ademen (ww)	bernapas	[bərnapas]
adverteren (ww)	mengiklankan	[məŋiklankan]
adviseren (ww)	menasihati	[mənasihati]
afdalen (on.ww.)	turun	[turun]
afgunstig zijn (ww)	iri	[iri]
afhakken (ww)	memotong	[memotoŋ]
afhangen van …	tergantung pada …	[tərgantuŋ pada …]
afluisteren (ww)	mencuri dengar	[mənt͡ʃuri deŋar]
afnemen (verwijderen)	mengangkat	[mənaŋkat]
afrukken (ww)	merobek	[merobeʔ]
afslaan (naar rechts ~)	membelok, berbelok	[membelok], [bərbeloʔ]
afsnijden (ww)	memotong	[memotoŋ]
afzeggen (ww)	membatalkan	[membatalkan]
amputeren (ww)	mengamputasi	[mənamputasi]
amuseren (ww)	menghibur	[məŋhibur]
antwoorden (ww)	menjawab	[məndʒʲawab]
applaudisseren (ww)	bertepuk tangan	[bərtepuʔ taŋan]
aspireren (iets willen worden)	bercita-cita …	[bərt͡ʃita-t͡ʃita …]
assisteren (ww)	membantu	[membantu]
bang zijn (ww)	takut	[takut]
barsten (plafond, enz.)	retak	[retaʔ]
bedienen (in restaurant)	melayani	[melajani]
bedreigen (bijv. met een pistool)	mengancam	[mənant͡ʃam]

bedriegen (ww)	menipu	[mənipu]
beduiden (betekenen)	berarti	[bərarti]
bedwingen (ww)	menahan	[mənahan]
beëindigen (ww)	mengakhiri	[məŋahiri]
begeleiden (vergezellen)	menemani	[mənemani]
begieten (water geven)	menyiram	[mənjiram]
beginnen (ww)	memulai	[memulaj]
begrijpen (ww)	mengerti	[məŋerti]
behandelen (patiënt, ziekte)	merawat	[merawat]
beheren (managen)	memimpin	[memimpin]
beïnvloeden (ww)	memengaruhi	[memeŋaruhi]
bekennen (misdadiger)	mengaku salah	[məŋaku salah]
beledigen (met scheldwoorden)	menghina	[məŋhina]
beledigen (ww)	menyinggung	[mənjiŋguŋ]
beloven (ww)	berjanji	[bərdʒ'andʒi]
beperken (de uitgaven ~)	membatasi	[membatasi]
bereiken (doel ~, enz.)	mencapai	[məntʃapaj]
bereiken (plaats van bestemming ~)	mencapai	[məntʃapaj]
beschermen (bijv. de natuur ~)	melindungi	[melinduŋi]
beschuldigen (ww)	menuduh	[mənuduh]
beslissen (~ iets te doen)	memutuskan	[memutuskan]
besmet worden (met ...)	terinfeksi, tertular ...	[tərinfeksi], [tərtular ...]
besmetten (ziekte overbrengen)	menulari	[mənulari]
bespreken (spreken over)	membicarakan	[membitʃarakan]
bestaan (een ~ voeren)	hidup	[hidup]
bestellen (eten ~)	memesan	[memesan]
bestraffen (een stout kind ~)	menghukum	[məŋhukum]
betalen (ww)	membayar	[membajar]
betekenen (beduiden)	berarti	[bərarti]
betreuren (ww)	menyesal	[mənjesal]
bevallen (prettig vinden)	suka	[suka]
bevelen (mil.)	memerintahkan	[memerintahkan]
bevredigen (ww)	memuaskan	[memuaskan]
bevrijden (stad, enz.)	membebaskan	[membebaskan]
bewaren (oude brieven, enz.)	menyimpan	[mənjimpan]
bewaren (vrede, leven)	melestarikan	[melestarikan]
bewijzen (ww)	membuktikan	[membuktikan]
bewonderen (ww)	mengagumi	[məŋagumi]
bezitten (ww)	memiliki	[memiliki]
bezorgd zijn (ww)	khawatir	[hawatir]
bezorgd zijn (ww)	khawatir	[hawatir]
bidden (praten met God)	bersembahyang, berdoa	[bərsembahjaŋ], [bərdoa]
bijvoegen (ww)	menambah	[mənambah]

binden (ww)	mengikat	[məŋikat]
binnengaan (een kamer ~)	masuk, memasuki	[masuk], [memasuki]
blazen (ww)	meniup	[məniup]
blozen (zich schamen)	tersipu	[tərsipu]
blussen (brand ~)	memadamkan	[memadamkan]
boos maken (ww)	membuat marah	[membuat marah]
boos zijn (ww)	marah (dengan ...)	[marah (deŋan ...)]
breken	putus	[putus]
(on.ww., van een touw)		
breken (speelgoed, enz.)	memecahkan	[memetʃahkan]
brengen (iets ergens ~)	membawa	[membawa]
charmeren (ww)	memesona	[memesona]
citeren (ww)	mengutip	[məŋutip]
compenseren (ww)	mengganti rugi	[məŋganti rugi]
compliceren (ww)	memperumit	[memperumit]
componeren (muziek ~)	menggubah	[məŋgubah]
compromitteren (ww)	mencemarkan	[məntʃemarkan]
concurreren (ww)	bersaing	[bərsajŋ]
controleren (ww)	mengontrol	[məŋontrol]
coöpereren (samenwerken)	bekerja sama	[bekerdʒ'a sama]
coördineren (ww)	mengoordinasikan	[məŋoordinasikan]
corrigeren (fouten ~)	mengoreksi	[məŋoreksi]
creëren (ww)	menciptakan	[məntʃiptakan]

253. Werkwoorden D-K

danken (ww)	mengucapkan terima kasih	[məŋutʃapkan tərima kasih]
de was doen	mencuci	[məntʃutʃi]
de weg wijzen	mengarahkan	[məŋarahkan]
deelnemen (ww)	turut serta	[turut serta]
delen (wisk.)	membagi	[membagi]
denken (ww)	berpikir	[bərpikir]
doden (ww)	membunuh	[membunuh]
doen (ww)	membuat	[membuat]
dresseren (ww)	melatih	[melatih]
drinken (ww)	minum	[minum]
drogen (klederen, haar)	mengeringkan	[məŋeriŋkan]
dromen (in de slaap)	bermimpi	[bərmimpi]
dromen (over vakantie ~)	bermimpi	[bərmimpi]
duiken (ww)	menyelam	[mənjelam]
durven (ww)	berani	[berani]
duwen (ww)	mendorong	[məndoroŋ]
een auto besturen	menyetir mobil	[mənjetir mobil]
een bad geven	memandikan	[memandikan]
een bad nemen	mandi	[mandi]
een conclusie trekken	menarik kesimpulan	[mənari' kesimpulan]

een foto maken (ww)	memotret	[memotret]
eisen (met klem vragen)	menuntut	[mənuntut]
erkennen (schuld)	mengakui	[məŋakui]
erven (ww)	mewarisi	[mewarisi]
eten (ww)	makan	[makan]
excuseren (vergeven)	memaafkan	[mema'afkan]
existeren (bestaan)	ada	[ada]
feliciteren (ww)	mengucapkan selamat	[məŋutʃapkan selamat]
gaan (te voet)	berjalan	[bərdʒʲalan]
gaan slapen	tidur	[tidur]
gaan zitten (ww)	duduk	[dudu']
gaan zwemmen	berenang	[bərenaŋ]
garanderen (garantie geven)	menjamin	[məndʒʲamin]
gebruiken (bijv. een potlood ~)	menggunakan ...	[məŋgunakan ...]
gebruiken (woord, uitdrukking)	memakai	[memakaj]
geconserveerd zijn (ww)	diawetkan	[diawetkan]
gedateerd zijn (ww)	berasal dari tahun ...	[bərasal dari tahun ...]
gehoorzamen (ww)	mematuhi	[mematuhi]
gelijken (op elkaar lijken)	menyerupai, mirip	[mənerupaj], [mirip]
geloven (vinden)	percaya	[pərtʃaja]
genoeg zijn (ww)	cukup	[tʃukup]
geven (ww)	memberi	[memberi]
gieten (in een beker ~)	menuangkan	[mənuaŋkan]
glimlachen (ww)	tersenyum	[tərsenyum]
glimmen (glanzen)	bersinar	[bərsinar]
gluren (ww)	mencuri lihat	[məntʃuri lihat]
goed raden (ww)	menerka	[mənerka]
gooien (een steen, enz.)	melemparkan	[melemparkan]
grappen maken (ww)	bergurau	[bərgurau]
graven (tunnel, enz.)	menggali	[məŋgali]
haasten (iemand ~)	menggesa-gesakan	[məŋgesa-gesakan]
hebben (ww)	mempunyai	[mempunjaj]
helpen (hulp geven)	membantu	[membantu]
herhalen (opnieuw zeggen)	mengulangi	[məŋulaŋi]
herinneren (ww)	ingat	[iŋat]
herinneren aan ... (afspraak, opdracht)	mengingatkan ...	[məŋiŋatkan ...]
herkennen (identificeren)	mengenali	[məŋenali]
herstellen (repareren)	memperbaiki	[memperbajki]
het haar kammen	bersisir, menyisir	[bərsisir], [menjisir]
hopen (ww)	berharap	[bərharap]
horen (waarnemen met het oor)	mendengar	[məndeŋar]
houden van (muziek, enz.)	suka	[suka]
huilen (wenen)	menangis	[mənaŋis]
huiveren (ww)	tersentak	[tərsenta']

huren (een boot ~)	menyewa	[mənjewa]
huren (huis, kamer)	menyewa	[mənjewa]
huren (personeel)	mempekerjakan	[mempekerdʒ'akan]
imiteren (ww)	meniru	[məniru]
importeren (ww)	mengimpor	[məŋimpor]
inenten (vaccineren)	memvaksinasi	[memvaksinasi]
informeren (informatie geven)	menginformasikan	[məŋinformasikan]
informeren naar ... (navraag doen)	menanyakan	[mənanjakan]
inlassen (invoegen)	menyisipkan	[mənjisipkan]
inpakken (in papier)	membungkus	[membuŋkus]
inspireren (ww)	mengilhami	[məŋilhami]
instemmen (akkoord gaan)	setuju	[setudʒ'u]
interesseren (ww)	menimbulkan minat	[mənimbulkan minat]
irriteren (ww)	menjengkelkan	[məndʒ'eŋkelkan]
isoleren (ww)	mengisolasi	[məŋisolasi]
jagen (ww)	berburu	[bərburu]
kalmeren (kalm maken)	menenangkan	[mənenaŋkan]
kennen (kennis hebben van iemand)	kenal	[kenal]
kennismaken (met ...)	berkenalan	[bərkenalan]
kiezen (ww)	memilih	[memilih]
kijken (ww)	melihat	[melihat]
klaarmaken (een plan ~)	menyiapkan	[mənjiapkan]
klaarmaken (het eten ~)	memasak	[memasaʔ]
klagen (ww)	mengeluh	[məŋeluh]
kloppen (aan een deur)	mengetuk	[məŋetuʔ]
kopen (ww)	membeli	[membeli]
kopieën maken	memperbanyak	[memperbanjaʔ]
kosten (ww)	berharga	[bərharga]
kunnen (ww)	bisa	[bisa]
kweken (planten ~)	menanam	[mənanam]

254. Werkwoorden L-R

lachen (ww)	tertawa	[tərtawa]
laden (geweer, kanon)	mengisi	[məŋisi]
laden (vrachtwagen)	memuat	[memuat]
laten vallen (ww)	menjatuhkan	[məndʒ'atuhkan]
lenen (geld ~)	meminjam	[memindʒ'am]
leren (lesgeven)	mengajar	[məŋadʒ'ar]
leven (bijv. in Frankrijk ~)	tinggal	[tiŋgal]
lezen (een boek ~)	membaca	[membatʃa]
lid worden (ww)	ikut, bergabung	[ikut], [bərgabuŋ]
liefhebben (ww)	mencintai	[məntʃintaj]
liegen (ww)	berbohong	[bərbohoŋ]

liggen (op de tafel ~)	terletak	[tərleta?]
liggen (persoon)	berbaring	[bərbariŋ]
lijden (pijn voelen)	menderita	[mənderita]
losbinden (ww)	membuka ikatan	[membuka ikatan]
luisteren (ww)	mendengarkan	[məndeŋarkan]
lunchen (ww)	makan siang	[makan siaŋ]
markeren (op de kaart, enz.)	menandai	[mənandaj]
melden (nieuws ~)	memberi tahu	[memberi tahu]
memoriseren (ww)	menghafalkan	[məŋhafalkan]
mengen (ww)	mencampur	[mentʃampur]
mikken op (ww)	membidik	[membidi?]
minachten (ww)	benci, membenci	[bentʃi], [membentʃi]
moeten (ww)	harus	[harus]
morsen (koffie, enz.)	menumpahkan	[mənumpahkan]
naderen (dichterbij komen)	mendekati	[məndekati]
neerlaten (ww)	menurunkan	[mənurunkan]
nemen (ww)	mengambil	[məŋambil]
nodig zijn (ww)	dibutuhkan	[dibutuhkan]
noemen (ww)	menamakan	[mənamakan]
noteren (opschrijven)	mencatat	[mentʃatat]
omhelzen (ww)	memeluk	[memelu?]
omkeren (steen, voorwerp)	membalikkan	[membali?kan]
onderhandelen (ww)	bernegosiasi	[bərnegosiasi]
ondernemen (ww)	mengusahakan	[məŋusahakan]
onderschatten (ww)	meremehkan	[meremehkan]
onderscheiden (een ereteken geven)	menganugerahi	[məŋanugerahi]
onderstrepen (ww)	menggaris bawahi	[məŋgaris bawahi]
ondertekenen (ww)	menandatangani	[mənandataŋani]
onderwijzen (ww)	mengajari	[məŋadʒari]
onderzoeken (alle feiten, enz.)	mempertimbangkan	[mempertimbaŋkan]
ongerust maken (ww)	membuat khawatir	[membuat hawatir]
onmisbaar zijn (ww)	dibutuhkan	[dibutuhkan]
ontbijten (ww)	sarapan	[sarapan]
ontdekken (bijv. nieuw land)	menemukan	[mənemukan]
ontkennen (ww)	memungkiri	[memuŋkiri]
ontlopen (gevaar, taak)	mengelak	[məŋela?]
ontnemen (ww)	merampas	[merampas]
ontwerpen (machine, enz.)	mendesain	[məndesajn]
oorlog voeren (ww)	berperang	[bərperaŋ]
op orde brengen	membereskan	[membereskan]
opbergen (in de kast, enz.)	membenahi	[membenahi]
opduiken (ov. een duikboot)	timbul ke permukaan air	[timbul ke pərmuka?an air]
openen (ww)	membuka	[membuka]
ophangen (bijv. gordijnen ~)	menggantungkan	[məŋgantuŋkan]

ophouden (ww)	menghentikan	[məŋhentikan]
oplossen (een probleem ~)	menyelesaikan	[mənjelesajkan]
opmerken (zien)	memperhatikan	[memperhatikan]
opmerken (zien)	memperhatikan	[memperhatikan]
opscheppen (ww)	membual	[membual]
opschrijven (op een lijst)	mendaftarkan	[məndaftarkan]
opschrijven (ww)	mencatat	[mənt∫atat]
opstaan (uit je bed)	bangun	[baŋun]
opstarten (project, enz.)	meluncurkan	[melunt∫urkan]
opstijgen (vliegtuig)	lepas landas	[lepas landas]
optreden (resoluut ~)	bertindak	[bertinda']
organiseren (concert, feest)	mengatur	[məŋatur]
overdoen (ww)	mengulangi	[məŋulaŋi]
overheersen (dominant zijn)	mendominasi	[məndominasi]
overschatten (ww)	menilai terlalu tinggi	[mənilaj tərlalu tiŋgi]
overtuigd worden (ww)	yakin	[yakin]
overtuigen (ww)	meyakinkan	[meyakinkan]
passen (jurk, broek)	pas, cocok	[pas], [t∫ot∫o']
passeren	melewati	[melewati]
(~ mooie dorpjes, enz.)		
peinzen (lang nadenken)	termenung	[tərmenuŋ]
penetreren (ww)	menyusup	[mənyusup]
plaatsen (ww)	meletakkan	[meleta'kan]
plaatsen (zetten)	menempatkan	[mənempatkan]
plannen (ww)	merencanakan	[merent∫anakan]
plezier hebben (ww)	bersukaria	[bərsukaria]
plukken (bloemen ~)	memetik	[memeti']
prefereren (verkiezen)	lebih suka	[lebih suka]
proberen (trachten)	mencoba	[mənt∫oba]
proberen (trachten)	mencoba	[mənt∫oba]
protesteren (ww)	memprotes	[memprotes]
provoceren (uitdagen)	memicu	[memit∫u]
raadplegen (dokter, enz.)	berkonsultasi dengan	[bərkonsultasi deŋan]
rapporteren (ww)	melaporkan	[melaporkan]
redden (ww)	menyelamatkan	[mənjelamatkan]
regelen (conflict)	menyelesaikan	[mənjelesajkan]
reinigen (schoonmaken)	membersihkan	[membersihkan]
rekenen op ...	mengharapkan ...	[məŋharapkan ...]
rennen (ww)	berlari	[bərlari]
reserveren	memesan	[memesan]
(een hotelkamer ~)		
rijden (per auto, enz.)	naik	[nai']
rillen (ov. de kou)	menggigil	[məŋgigil]
riskeren (ww)	merisikokan	[merisikokan]
roepen (met je stem)	memanggil	[memaŋgil]
roepen (om hulp)	memanggil	[memaŋgil]

ruiken (bepaalde geur verspreiden)	berbau	[berbau]
ruiken (rozen)	mencium	[mənʧium]
rusten (verpozen)	beristirahat	[bəristirahat]

255. Verbs S-V

samenstellen, maken (een lijst ~)	menyusun	[mənyusun]
schieten (ww)	menembak	[mənemba']
schoonmaken (bijv. schoenen ~)	membersihkan	[membersihkan]
schoonmaken (ww)	membereskan	[membereskan]

schrammen (ww)	mencakar	[mənʧakar]
schreeuwen (ww)	berteriak	[bərteria']
schrijven (ww)	menulis	[mənulis]
schudden (ww)	mengguncang	[məŋgunʧaŋ]

selecteren (ww)	memilih	[memilih]
simplificeren (ww)	menyederhanakan	[mənjederhanakan]
slaan (een hond ~)	memukul	[memukul]
sluiten (ww)	menutup	[mənutup]

smeken (bijv. om hulp ~)	memohon	[memohon]
souperen (ww)	makan malam	[makan malam]
spelen (bijv. filmacteur)	berperan	[bərperan]
spelen (kinderen, enz.)	bermain	[bərmajn]

spreken met ...	bebicara dengan ...	[bebiʧara deŋan ...]
spuwen (ww)	meludah	[meludah]
stelen (ww)	mencuri	[mənʧuri]
stemmen (verkiezing)	memberikan suara	[memberikan suara]
steunen (een goed doel, enz.)	mendukung	[məndukuŋ]

stoppen (pauzeren)	berhenti	[bərhenti]
storen (lastigvallen)	mengganggu	[məŋgaŋgu]
strijden (tegen een vijand)	berjuang	[bərdʒ'uaŋ]
strijden (ww)	bertempur	[bərtempur]

strijken (met een strijkbout)	menyeterika	[mənjeterika]
studeren (bijv. wiskunde ~)	mempelajari	[mempeladʒ'ari]
sturen (zenden)	mengirim	[məŋirim]
tellen (bijv. geld ~)	menghitung	[məŋhituŋ]

terugkeren (ww)	kembali	[kembali]
terugsturen (ww)	mengirim kembali	[məŋirim kembali]
toebehoren aan ...	kepunyaan ...	[kepunja'an ...]
toegeven (zwichten)	mengalah	[məɲalah]

toenemen (on. ww)	bertambah	[bərtambah]
toespreken (zich tot iemand richten)	memanggil	[memaŋgil]

toestaan (goedkeuren)	membenarkan	[membenarkan]
toestaan (ww)	mengizinkan	[məŋizinkan]
toewijden (boek, enz.)	mendedikasikan	[məndedikasikan]
tonen (uitstallen, laten zien)	menunjukkan	[mənundʒiuʔkan]
trainen (ww)	melatih	[melatih]
transformeren (ww)	mengubah	[məŋubah]
trekken (touw)	menarik	[mənariʔ]
trouwen (ww)	menikah, beristri	[mənikah], [bəristri]
tussenbeide komen (ww)	campur tangan	[tʃampur taŋan]
twijfelen (onzeker zijn)	ragu-ragu	[ragu-ragu]
uitdelen (pamfletten ~)	membagi-bagikan	[membagi-bagikan]
uitdoen (licht)	mematikan	[mematikan]
uitdrukken (opinie, gevoel)	mengungkapkan	[məŋuŋkapkan]
uitgaan (om te dineren, enz.)	keluar	[keluar]
uitlachen (bespotten)	mencemooh	[məntʃemooh]
uitnodigen (ww)	mengundang	[məŋundaŋ]
uitrusten (ww)	memperlengkapi	[memperleŋkapi]
uitsluiten (wegsturen)	memecat	[memetʃat]
uitspreken (ww)	melafalkan	[melafalkan]
uittorenen (boven …)	mejulang tinggi …	[medʒiulaŋ tiŋgi …]
uitvaren tegen (ww)	memarahi, menegur	[memarahi], [menegur]
uitvinden (machine, enz.)	menemukan	[mənemukan]
uitwissen (ww)	menghapuskan	[məŋhapuskan]
vangen (ww)	menangkap	[mənaŋkap]
vastbinden aan …	mengikat ke …	[məŋikat ke …]
vechten (ww)	berkelahi	[bərkelahi]
veranderen (bijv. mening ~)	mengubah	[məŋubah]
verbaasd zijn (ww)	heran	[heran]
verbazen (verwonderen)	mengherankan	[məŋherankan]
verbergen (ww)	menyembunyikan	[mənjembunjikan]
verbieden (ww)	melarang	[melaraŋ]
verblinden (andere chauffeurs)	menyilaukan	[mənjilaukan]
verbouwereerd zijn (ww)	bingung	[biŋuŋ]
verbranden (bijv. papieren ~)	membakar	[membakar]
verdedigen (je land ~)	membela	[membela]
verdenken (ww)	mencurigai	[məntʃurigaj]
verdienen (een complimentje, enz.)	patut	[patut]
verdragen (tandpijn, enz.)	menahan	[mənahan]
verdrinken (in het water omkomen)	tenggelam	[teŋgelam]
verdubbelen (ww)	menggandakan	[məŋgandakan]
verdwijnen (ww)	menghilang	[məŋhilaŋ]
verenigen (ww)	menyatukan	[mənjatukan]
vergelijken (ww)	membandingkan	[membandiŋkan]

vergeten (achterlaten)	meninggalkan	[məniŋgalkan]
vergeten (ww)	melupakan	[melupakan]
vergeven (ww)	memaafkan	[mema'afkan]
vergroten (groter maken)	menambah	[mənambah]
verklaren (uitleggen)	menjelaskan	[mənʤelaskan]

verklaren (volhouden)	menegaskan	[mənegaskan]
verklikken (ww)	mengadukan	[məŋadukan]
verkopen (per stuk ~)	menjual	[mənʤual]
verlaten (echtgenoot, enz.)	meninggalkan	[məniŋgalkan]
verlichten (gebouw, straat)	menyinari	[mənjinari]

verlichten (gemakkelijker maken)	meringankan	[meriŋankan]
verliefd worden (ww)	jatuh cinta (dengan ...)	[dʒatuh ʧinta (deŋan ...)]
verliezen (bagage, enz.)	kehilangan	[kehilaŋan]
vermelden (praten over)	menyebut	[mənjebut]

vermenigvuldigen (wisk.)	mengalikan	[məŋalikan]
verminderen (ww)	mengurangi	[məŋuraŋi]
vermoeid raken (ww)	lelah	[lelah]
vermoeien (ww)	melelahkan	[melelahkan]

256. Verbs V-Z

vernietigen (documenten, enz.)	menghancurkan	[məŋhanʧurkan]
veronderstellen (ww)	menduga	[mənduga]
verontwaardigd zijn (ww)	marah	[marah]
veroordelen (in een rechtszaak)	menjatuhkan hukuman	[mənʤatuhkan hukuman]

veroorzaken ... (oorzaak zijn van ...)	menyebabkan ...	[mənebabkan ...]
verplaatsen (ww)	memindahkan	[memindahkan]
verpletteren (een insect, enz.)	menghancurkan	[məŋhanʧurkan]
verplichten (ww)	memaksa	[memaksa]
verschijnen (bijv. boek)	terbit	[terbit]

verschijnen (in zicht komen)	muncul	[munʧul]
verschillen (~ van iets anders)	berbeza	[bərbeza]
versieren (decoreren)	menghiasi	[məŋhiasi]
verspreiden (pamfletten, enz.)	mengedarkan	[məŋedarkan]

verspreiden (reuk, enz.)	memancarkan	[memanʧarkan]
versterken (positie ~)	mengukuhkan	[məŋukuhkan]
verstommen (ww)	berhenti berbicara	[bərhenti bərbiʧara]
vertalen (ww)	menerjemahkan	[mənerdʒemahkan]
vertellen (verhaal ~)	menceritakan	[mənʧeritakan]
vertrekken (bijv. naar Mexico ~)	pergi	[pergi]

vertrouwen (ww)	mempercayai	[mempertʃajaj]
vervolgen (ww)	meneruskan	[məneruskan]
verwachten (ww)	mengharapkan	[məŋharapkan]

verwarmen (ww)	memanaskan	[memanaskan]
verwarren (met elkaar ~)	bingung membedakan	[biŋuŋ membedakan]
verwelkomen (ww)	menyambut	[mənjambut]
verwezenlijken (ww)	melaksanakan	[melaksanakan]

verwijderen (een obstakel)	menyingkirkan	[mənjiŋkirkan]
verwijderen (een vlek ~)	menghapuskan	[məŋhapuskan]
verwijten (ww)	menegur	[mənegur]
verwisselen (ww)	menukar	[mənukar]
verzoeken (ww)	meminta	[meminta]

verzuimen (school, enz.)	absen	[absen]
vies worden (ww)	kena kotor	[kena kotor]
vinden (denken)	yakin	[yakin]
vinden (ww)	menemukan	[mənemukan]

vissen (ww)	memancing	[memantʃiŋ]
vleien (ww)	menyanjung	[mənjandʒjuŋ]
vliegen (vogel, vliegtuig)	terbang	[tərbaŋ]
voederen	memberi makan	[memberi makan]
(een dier voer geven)		

volgen (ww)	mengikuti ...	[məŋikuti ...]
voorstellen (introduceren)	memperkenalkan	[memperkenalkan]
voorstellen (Mag ik jullie ~)	memperkenalkan	[memperkenalkan]
voorstellen (ww)	mengusulkan	[məŋusulkan]

voorzien (verwachten)	menduga	[mənduga]
vorderen (vooruitgaan)	maju	[madʒju]
vormen (samenstellen)	membentuk	[membentuʔ]
vullen (glas, fles)	memenuhi	[memenuhi]

waarnemen (ww)	mengamati	[məŋamati]
waarschuwen (ww)	memperingatkan	[memperiŋatkan]
wachten (ww)	menunggu	[mənuŋgu]
wassen (ww)	mencuci	[məntʃutʃi]

weerspreken (ww)	berkeberatan	[bərkebəratan]
wegdraaien (ww)	berpaling	[bərpaliŋ]
wegdragen (ww)	membawa pulang	[membawa pulaŋ]
wegen (gewicht hebben)	berbobot	[bərbobot]

wegjagen (ww)	mengusir	[məŋusir]
weglaten (woord, zin)	menghilangkan	[məŋiŋalkan]
wegvaren	bertolak	[bərtolaʔ]
(uit de haven vertrekken)		
weigeren (iemand ~)	menolak	[mənolaʔ]

wekken (ww)	membangunkan	[membaŋunkan]
wensen (ww)	menghendaki	[məŋhendaki]
werken (ww)	bekerja	[bekerdʒja]
weten (ww)	tahu	[tahu]

willen (verlangen)	mau, ingin	[mau], [iŋin]
wisselen (omruilen, iets ~)	bertukar	[bərtukar]
worden (bijv. oud ~)	menjadi	[məndʒ¦adi]
worstelen (sport)	bergulat	[bərgulat]
wreken (ww)	membalas dendam	[membalas dendam]

zaaien (zaad strooien)	menanam	[mənanam]
zeggen (ww)	berkata	[bərkata]
zich baseerd op	berdasarkan ...	[bərdasarkan ...]
zich bevrijden van ... (afhelpen)	terhindar dari ...	[tərhindar dari ...]

zich concentreren (ww)	berkonsentrasi	[bərkonsentrasi]
zich ergeren (ww)	jengkel	[dʒ¦eŋkel]
zich gedragen (ww)	berkelakuan	[bərkelakuan]
zich haasten (ww)	tergesa-gesa	[tərgesa-gesa]
zich herinneren (ww)	mengingat	[məŋiŋat]

zich herstellen (ww)	sembuh	[sembuh]
zich indenken (ww)	membayangkan	[membajaŋkan]
zich interesseren voor ...	menaruh minat pada ...	[mənaruh minat pada ...]
zich scheren (ww)	bercukur	[bərtʃukur]

zich trainen (ww)	berlatih	[bərlatih]
zich verdedigen (ww)	membela diri	[membela diri]
zich vergissen (ww)	salah	[salah]
zich verontschuldigen	meminta maaf	[meminta ma'af]

zich verspreiden (meel, suiker, enz.)	tercecer	[tərtʃetʃer]
zich vervelen (ww)	bosan	[bosan]
zijn (leraar ~)	ialah, adalah	[ialah], [adalah]
zijn (op dieet ~)	sedang	[sedaŋ]

zinspelen (ww)	mengisyaratkan	[məŋiʃaratkan]
zitten (ww)	duduk	[dudu']
zoeken (ww)	mencari ...	[məntʃari ...]
zondigen (ww)	berdosa	[bərdosa]

zuchten (ww)	mendesah	[məndesah]
zwaaien (met de hand)	melambaikan	[melambajkan]
zwemmen (ww)	berenang	[bərenaŋ]
zwijgen (ww)	diam	[diam]